全国高等职业教育财会类规划教材——工学结合项目化系列

管理会计项目化教程

（第2版）

罗平实　蒋　莉　主编
邹　敏　吴　迅　阮筱棋　副主编

電子工業出版社
Publishing House of Electronics Industry
北京·BEIJING

内 容 简 介

“管理会计”是高职高专财务会计专业的一门专业必修课，同时也是其他管理类、经济类专业的一门选修课程。本书共有10个项目，主要讲解了总论、成本性态分析与变动成本法、本量利分析、预测分析、短期经营决策分析、长期投资决策分析、全面预算、标准成本法、作业成本计算、责任会计等内容。本书采用项目、任务、子任务的设计理念，并融入大量引导案例、任务案例，每个项目后都设有项目总结及项目综合训练。

本书适合高等职业技术学院、高等专科学校、成人高校及中职学校的会计专业及相关专业作为教材使用，也可供经济管理人员、财务人员学习及培训时参考。

图书在版编目（CIP）数据

管理会计项目化教程 / 罗平实，蒋莉主编. —2版. —北京：电子工业出版社，2017.8
ISBN 978-7-121-31706-4

Ⅰ. ①管… Ⅱ. ①罗… ②蒋… Ⅲ. ①管理会计－高等职业教育－教材 Ⅳ. ①F234.3

中国版本图书馆CIP数据核字（2017）第120991号

策划编辑：贾瑞敏
责任编辑：贾瑞敏　　文字编辑：李　静
印　　刷：北京盛通印刷股份有限公司
装　　订：北京盛通印刷股份有限公司
出版发行：电子工业出版社
　　　　　北京市海淀区万寿路173信箱　邮编 100036
开　　本：787×1 092　1/16　印张：12.75　字数：326.4千字
版　　次：2011年9月第1版
　　　　　2017年8月第2版
印　　次：2019年5月第3次印刷
定　　价：29.50元

凡所购买电子工业出版社图书有缺损问题，请向购买书店调换。若书店售缺，请与本社发行部联系，联系及邮购电话：（010）88254888，88258888。

质量投诉请发邮件至 zlts@phei.com.cn，盗版侵权举报请发邮件至 dbqq@phei.com.cn。

本书咨询联系方式：（010）88254019，jrm@phei.com.cn。

前　言

本书采用主教材与辅助教材合一的形式，并增设了大量导学、助学内容。该书在内容的选择、体系的安排和体例的设计方面都遵循了高职教育“以就业为导向，以能力为本位，以实践为中心，以获得职业资格证书为标志，以促进学生的职业生涯发展为最终目标”的原则。本书在编写的过程中力求突出以下特点。

（1）任务驱动。打破了以往传统学科体系以知识传授为主要特征的教材模式，转变为以任务为中心组织教材内容，用任务案例的形式促进学生进行任务分析与处理，让学生在完成具体任务的过程中促进其对相关理论知识的学习，并发展职业能力，培养分析和解决实际问题的职业技能。

（2）遵循认知规律。管理会计具有理论性、实践性、技术性强的特点，同时也存在教师使用传统教学方法讲解难、学生理解管理会计专业术语难、运用管理会计方法难的教学特点。针对这些特点，本书从企业的实际案例出发，引出学习内容，通过知识介绍，让学生从任务案例的分析、处理、总结中掌握管理会计操作技能，遵循从感性到理性的认知规律，符合循序渐进的教学原则，能较好地帮助学生正确掌握管理会计的基本理论知识和专门技能。

（3）助学性强。为了帮助学生巩固学习内容，在每个项目后面都列出了项目总结、项目综合训练，总结所学内容，强化学生对重点知识的理解和认识。

《管理会计项目化教程》（第 1 版），于 2011 年 9 月出版。该书自出版以来，先后由全国数十家高职高专学校选用，是电子工业出版社同类教材中发行量较大的教材之一，得到广大师生的一致好评。

《管理会计项目化教程》（第 1 版）出版至今，我国的会计改革事业进一步发展和深化，2014 年，财政部提出了关于全面推进管理会计体系建设的指导意见；2016 年，财政部印发了《管理会计基本指引》。这些重大变化对企业管理会计产生很大影响，为此，我们对《管理会计项目化教程》（第 1 版）相关内容进行了调整、补充和修订，完成了该书的第 2 版。

本书修订的主要内容如下。

（1）在传统保本分析图上，增加了贡献毛益式保本图、利量式保本图及单位式盈亏临界图。

（2）增加了差量分析法的一般步骤。

（3）增加了边际贡献分析法的适用范围的明确表述。

（4）增加了成本无差别点的公式由来、图示。

（5）成本导向定价法中增加了变动成本加成定价法。

（6）增加了全面预算体系图及专门决策预算的简单介绍。

（7）增加了标准成本差异账务处理方法——递延法的简单说明。

本书修订由重庆城市管理职业学院罗平实教授和重庆国中包装制品有限公司蒋莉高级经济师统稿并提出具体修订计划。罗平实、蒋莉任主编，湖南现代物流职业技术学院邹敏讲师、广西国际商务职业技术学院吴迅副教授、湖南理工职业技术学院阮筱棋讲师任副主编。各项目修订分工为：重庆城市管理职业学院罗平实修订项目 4，重庆国中包装制品有限公司蒋莉修订项目 2，湖南现代物流职业技术学院邹敏修订项目 3、项目 5、项目 7、项目 8，广西国际商务职业技术学院吴迅修订项目 6，湖南理工职业技术学院阮筱棋修订项目 1、项目 9、项目 10。

在本次修订过程中，借鉴了有关专家编著的书籍和发表的论文，采纳了部分用书单位师生提出的修改建议，得到了电子工业出版社的大力支持，在此一并表示衷心的感谢。

由于编者水平有限，有关修订内容初次涉及，本书难免存在疏漏和不足之处，恳请专家和读者批评指正，以便不断完善。

编　者

2017 年 5 月

目　　录

项目 1 总论

引导案例

生产与销售部门如何负起责任

东北某药业股份有限公司的主要产品为蜂王浆和人参素，市场旺销，特别是在春节前后，该产品在市场上常常脱销，供不应求。

今年春节期间，该公司销售部门要求进行突击生产，加班加点，生产更多的产品以增加销售，提高利润。然而公司生产部门却反对这一做法，认为这样做会打乱全年生产计划，花费的代价太大。另外，生产部门知道，由于节假日加班加点往往要支付双倍甚至三倍的工资，因此产品成本很高，在进行一系列成本指标考核时，显然对生产部门十分不利，甚至会影响奖金。所以公司生产部门极力反对，并抱怨销售部门只顾自己的一系列销售指标，而不考虑生产部门的苦衷。

但销售部门马上提出：生产部门是否愿意承担失去大量客户的责任，是否考虑到销售收入和企业利润等各项经济指标。当然，生产部门是不愿承担这些责任的。但双方争论不休，最后矛盾上交总经理室。总经理请财务部门提出意见，是否接受各项加班加点任务，怎样处理生产部门和销售部门之间的矛盾。

请问：假如你是财务部经理，应该怎样回答这两个问题？

学习目标

通过本单元的学习，你应该能够：

➢ 了解管理会计的产生与发展；
➢ 掌握管理会计的基本概念、内容；
➢ 掌握管理会计的职能；
➢ 区分管理会计与财务会计。

项目任务

任务一　管理会计的产生与发展
任务二　管理会计概述
任务三　管理会计与财务会计的区别与联系

任务一　管理会计的产生与发展

会计是以货币为主要计量单位，反映和监督一个单位经济活动的一种经济管理工作。现代企业会计可分为企业财务会计和管理会计两个分支，而管理会计是从传统的财务会计系统中派生出来的一门独立的新兴学科，是社会生产力进步和管理水平不断提高的必然产物。管理会计能够成为与企业财务会计并列的独立领域，经历了一个逐步发展的过程。

（一）管理会计的产生

管理会计与财务会计相比，发展历程较短，它萌芽于20世纪初，随着社会经济和科学技术的发展，生产工艺日益复杂，企业的规模不断扩大，传统的经验管理难以对企业的生产经营活动进行有效的控制。这时，被誉为“科学管理之父”的美国管理学家泰勒（Frederick Taylor）于1911年发表《科学管理原理》一书，提出科学管理应顺应管理要求，其科学管理强调对动作和时间的研究，对生产过程的各个方面进行严格的标准化管理。随着泰勒科学管理的推行，会计为配合科学管理的实施和提高生产效率，便产生了标准成本、预算控制和差异分析。这些用于企业内部管理方面的会计方法的出现，为管理会计的形成奠定了基础。从另一个层面来说，管理学为管理会计提供了理论指导，企业管理的实践对会计方法的变革和发展起了重要的推动作用。

（二）管理会计的发展

1. 传统的管理会计阶段（20世纪初至50年代）

自从会计产生以后，传统的财务会计始终停留在记账、算账上，其主要的目标就是事后向与企业有经济利害关系的团体和个人提供有关企业的财务状况、经营结果的会计信息。

20世纪20年代末至30年代初，全世界出现了第一次世界范围的资本主义经济危机。危机的到来，使人们清醒地意识到泰勒创建的科学管理理论的重要性，这一理论对加强企业内部管理，减少浪费，降低成本，提高劳动生产率等起着不容忽视的作用。泰勒将秒表带入车间，通过标准化的劳动工具、劳动动作、劳动定额等进行标准化的管理，从根源上降低成本，提高劳动生产率。与此同时，传统的财务会计所提供的事后信息已不能满足这种科学管理的需求，为了配合科学管理的实施，将事先的计算和事后的分析，如“标准化成本制度”“预算控制”和“差异分析”等方法引入原有的会计体系，强调会计不仅要为外界的所有者服务，也要为加强内部管理服务。在美国会计实务中这一系列以差异分析为主要内容的方法的出现，标志着管理会计雏形的形成。随后，在美国会计学者奎因斯坦1922年编写的《管理会计：财务管理入门》一书中，第一次正式出现“管理会计”这个名词。1920年以后，管理会计才开始从传统会计中分离出来，成为一门崭新的学科，但此时的管理会计是在市场供不应求的情况下产生的，还只是一种局部性、执行性的管理会计，还没有形成一套独立的、完整的理论方法体系。所以这一阶段可以称为管理会计发展历程的初级阶段。

2. 现代管理会计阶段（20世纪50年代至今）

20世纪50年代至60年代初，是市场逐渐进入供过于求的时期，因而预测、决策分析成为此时期管理会计新的研究焦点。此时，运用传统的会计模型来预测和决策，已不能满足企业经营管理的需要，因此，西方出现了数量管理学派。人们根据会计部门提供的相关信息，将本量利分析、成本预算、线性规划等科学计算方法广泛应用于管理会计，利用计算机来帮助管理人员进行最优化的预测和决策，从而大大提高了管理会计预测和决策的水平，丰富了管理会计的内容。

1952年，会计学术界在伦敦举行会计国际代表大会，在大会上通过了“管理会计”这个专业术语。

1972年，全美会计师联合会（NAA）下面单独设立了“管理会计协会”（IMA），并创办了“管理会计证书”项目，举行取得管理会计师资格的考试。与此同时，英国也成立了“成本和管理会计师协会”，并安排了取得管理会计师资格的考试。从此，在西方国家，除注册会计师（CPA）外，又多了注册管理会计师（CMA）。

20世纪80年代初期，管理会计理论发展的最大推动力是经济学的委托代理理论。这一理论为责任会计的产生和企业的内部控制奠定了基础。随着信息技术和社会经济的迅速发展，特别是通过对管理会计实践经验的研究，逐步形成了一套能够与实践相结合的理论与方法体系，从而迎来了一个以“作业”为核心的“作业管理会计”时代。此阶段的管理会计“以预测决策会计为主、以规划控制会计和责任会计为辅”，并紧紧围绕如何为企业进行优化和增值开展一系列内部管理活动。

总之，从管理会计的发展历程来看，现代管理学的应用，有效地促进了管理会计的理论和技术方法的深入发展；现代数学的应用，有效地提高了管理会计进行预测分析的准确性；电子计算机的引入有效地增强了管理会计的计算能力，扩大了计算方法的范畴，加快了信息处理的速度，提升了信息处理的质量，在一定程度上使企业的管理人员能更好地利用会计信息来规划和控制生产经营活动。当今社会是一个高科技发展的信息时代，会计的作用也不再局限于对生产过程的反映和监督，人们将充分利用会计所提供的信息来预测前景，规划未来，参与决策，改善管理，有效地控制和考核经济活动，从而最大限度地降低成本，获得最佳的经济效益。

（三）管理会计在我国的发展

我国是从20世纪70年代末至80年代初开始向西方发达国家学习和引进管理会计知识的，至今已有30余年的历史。

在20世纪70年代末至80年代初，我国会计学术界大量引进西方的管理会计知识，我国会计学家厦门大学余绪缨教授率先编著了我国第一本管理会计专著，继而“管理会计”在我国得到广泛传播。与此同时，我国财政部、教育部先后在厦门大学、上海财经学院和大连工学院等院校举办了全国性的管理会计师资格培训和相关讲座，聘请多名国外学者来华讲学，从此管理会计正式成为财务会计专业的主干课程。

任务二 管理会计概述

随着现代企业管理制度的普及，许多企业都相继设立了管理会计，管理会计在帮助企业预测前景、规划未来、科学决策、控制和评价各责任单位经济活动等方面的作用已越来越被人们所重视。

（一）管理会计的概念

管理会计虽然最先产生于西方，但迄今为止，国内外专家学者对其定义尚未形成统一的定论。1958年，美国会计学会将其定义为：“管理会计师运用适当的技术和概念，处理和分析企业历史的或预测的经济资料，以帮助经营管理人员制定经营目标，编制计划，做出一系列决策，以达到企业的经营目标。”1982年，英国成本与管理会计师协会（ICMA）对管理会计的定义认为，除内部审计以外，会计的其他各个组成部分（如财务会计、成本会计等）均属于管理会计。国际会计师联合会认为，财务会计属于管理会计的理由是充分的，因为财务会计的一切工作都是为企业经济管理的需要而服务的。

综上所述，我们把管理会计定义为：管理会计是以现代管理科学和会计学为理论基础，为加强企业内部的经营管理，以提高经济效益为最终目的，通过运用经过实践检验的理论和科学的技术方法对财务会计信息进行加工和再利用，为企业内部管理人员制定决策、规划和控制企业的经济活动提供有用信息的会计学的一门新兴的分支学科。它是从传统会计中分离并发展起来的现代会计的一个分支，对会计学的发展作出了巨大的贡献。从管理会计的内容看，它完全冲破了传统会计的束缚，广泛吸收了现代行为科学、管理科学和系统理论，形成了一门综合多学科的科学。它既是会计的一个分支，同时也是企业管理的组成部分。

（二）管理会计的职能

管理会计是从企业会计中派生出来的一个重要分支，它不同于财务会计，它将传统的会计职能发展得更加广泛，不仅能够分析过去，还可以控制现在，更加能预测未来。

1. 预测职能

管理会计的预测职能主要是指运用科学的方法，根据历史资料和现实情况，预计和推测经济活动的未来趋势和变化程度的过程，包括销售预测、成本预测、利润预测、资金需要量预测等内容。

2. 决策职能

管理会计的决策职能主要是指按照既定的目标，通过预测、分析、比较和判断，从两个或两个以上被选方案中选择最优方案的过程，包括经营决策（产品品种决策、产品组合决策、生产组织决策、定价决策）和投资决策等内容。

3. 预算职能

管理会计的预算职能主要是指用货币量度和非货币量度反映企业一定期间内的收入、成本、利润，对资产的要求及资金需要，反映经营目标和结果的计划的过程，包括业务预算、专门决策预算和财务预算等内容。

4. 控制职能

管理会计的控制职能主要是指按预算要求，控制经济活动，使之符合预算的过程，包括标准成本法和责任会计等内容。

5. 考核和评价职能

管理会计的考核和评价职能主要是指通过实际与预算的比较，确定差异，分析差异形成的原因，并据以对责任者的业绩进行评价，进而对生产经营进行调整的过程，这一过程往往在标准成本法和责任会计的实施中体现出来。

（三）管理会计的基本内容

管理会计主要为企业的内部管理服务，其主要内容可以分为规划与决策会计和控制与责任会计两个部分。

1. 规划与决策会计

“规划与决策会计”是为企业管理中预测前景、参与决策和规划未来服务的。它首先利用会计资料及相关信息，运用科学的预测方法对利润、成本、销售及资金等进行预测分析，进而运用专门的决策方法对与企业经营和投资有关的问题进行决策分析。“规划与决策会计”主要包括预测分析、短期经营决策和长期投资决策。

2. 控制与责任会计

“控制与责任会计”是为企业进行事后分析、控制和评价现在的经济管理活动服务的。即首先将预测确定的目标通过数量形式进行汇总、协调，编制企业的全面预算，并明确各责任中心的责任。随后，利用标准成本制度对日常发生的经济活动进行追踪、收集和计算，将其实际发生数与预算数进行对比分析，编制日常绩效评价报告，用以考核和评价各责任中心的业绩。与此同时，“控制与责任会计”还要将经营过程中所发现的问题及时反馈给相关部门，以便及时调整经济活动，将管理会计的“控制”职能落实到位，便于改进以后的经营管理工作。“控制与责任会计” 主要包括全面预算、成本控制和责任会计。

（四）管理会计的特点

1. 服务于企业内部管理

管理会计的基本目标是服务于企业内部管理，目的在于提高经济效益，获取尽可能多的利润。

2. 方法灵活多样性

管理会计通常在财务会计信息的基础上进行技术处理，突破了财务会计的传统模式，吸收和借鉴了管理学、微观经济学和现代数学的一些理论与方法，其特征主要是分析性、灵活性和多样性。

3. 面向未来的时间特征

财务会计的信息受会计准则的约束，着重于对过去事件的如实反映。因此财务会计方法的特点是描述性的，其所提供的主要是历史信息。管理会计服务于企业内部管理，面向未来，是以未来的事件为决策对象。管理会计信息主要是对现在和未来的估计信息。

4. 管理会计信息不受会计准则约束

为保证财务会计信息的客观性和可靠性，财务会计必须遵循会计准则，以保证会计信息的真实可靠，客观公允。管理会计是为企业内部管理服务的，其所提供的信息根据经营管理和决策控制的需要，不受会计准则的约束，其方法和程序具有很大的自由度和弹性。

5. 重视人的行为问题

管理会计服务于企业内部管理，要特别重视其评价和控制的指标对人的行为的影响。

任务三 管理会计与财务会计的区别与联系

管理会计是从传统的会计体系中分化出来的一门新兴学科，它与财务会计一起，是会计中并列的两个分支。两者既有联系，又有显著的区别，相互配合、相互补充，共同在企业的经营管理中发挥它们应有的作用。

（一）管理会计与财务会计的区别

财务会计是会计人员以货币为基本计量单位，通过确认、计量、记录、报告等方式，主要为企业外部有关方面提供企业过去和现在的财务状况、经营成果及财务状况变动情况等信息，并全面介入企业内部各项业务的一种经济管理活动。

管理会计则侧重于为企业内部经营管理服务。它采用灵活多样的方法和手段，为企业管理部门正确地进行最优化管理决策提供有用的资料。

以下是管理会计和财务会计的区别。

1. 工作的侧重点不同

财务会计的侧重点在于根据日常的业务记录，登记账簿，定期编制有关的财务报表，向企业外界具有经济利害关系的团体、个人报告企业的财务状况与经营成果，其具体目标主要是为企业外界服务，所以财务会计又称为“外部会计”。而管理会计的侧重点则在于针对企业经营管理遇到的特定问题进行分析研究，以便向企业内部各级管理人员提供预测决策和控制考核所需要的信息资料，其具体目标主要是为企业内部管理服务，所以管理会计又称为“内部会计”。

2. 工作主体的层次不同

财务会计的工作主体往往只有一个层次，即主要以整个企业为工作主体，从而能够适应财务会计所特别强调的完整反映、监督整个经济过程的要求，并且不能遗漏会计主体的任何会计要素。而管理会计的工作主体可分为多个层次，它既可以以整个企业为主体，又可以将企业内部的局部区域或个别部门甚至某一管理环节作为工作的主体。

3. 作用时效不同

财务会计的作用时效主要在于反映过去，无论从强调客观性原则，还是坚持历史成本原则，都可以证明其反映的只能是过去实际已经发生的经济业务。因此，财务会计实质上属于算“呆账”的“报账型会计”。而管理会计的作用时效不仅限于分析过去，而且还在于它能能动地利用财务会计的资料进行预测和规划未来，同时控制现在，从而横跨过去、现在、未来三个时态。管理会计面向未来的作用时效摆在第一位，而分析过去是为了控制现在和更好地指导未来。因此，管理会计实质上属于算“活账”的“经营型会计”。

4. 遵循的原则、标准不同

财务会计工作必须严格遵守《企业会计准则》和行业统一会计制度，以保证所提供的财务信息报表在时间上的一致性和空间上的可比性。而管理会计不受《企业会计准则》和行业统一会计制度的完全限制和严格约束，在工作中可灵活应用预测学、控制论、信息理论、决策原理等现代管理理论作为指导。

5. 信息的特征、载体不同

财务会计能定期地向与企业有利害关系的团体或个人提供较为全面的、系统的、连续的和综合的财务信息。财务会计的信息载体是有统一格式的凭证系统、账簿系统和报表系统，统一规定财务报告的种类。而管理会计所提供的信息往往是为满足内部管理的特定要求而有选择的、部分的和不定期的管理信息。管理会计的信息载体大多为没有统一格式的各种内部报告，而且对报告的种类也没有统一规定。

6. 方法体系不同

财务会计的方法比较稳定，核算时往往只须运用简单的算术方法。而管理会计可选择灵活多样的方法对不同的问题进行分析处理，即使对相同的问题也可根据需要和可能而采用不同的方法进行处理，在信息处理过程中大量运用现代数学方法。

7. 工作程序不同

财务会计必须执行固定的会计循环程序。从制作凭证到登记账簿，直至编报财务报告，都必须按规定的程序处理，不得随意变更其工作内容或颠倒其工作顺序。同类企业的财务会计工作程序往往是大同小异的。而管理会计工作的程序性较差，没有固定的工作程序可以遵循，有较大的回旋余地，企业可根据自己的实际情况设计管理会计工作的流程。这样会导致不同企业间管理会计工作产生较大差异。

8. 体系的完善程度不同

财务会计就其体系的完善程度而言，已经达到相对成熟和稳定的地步，形成了通用的会计规范和统一的会计模式，具有统一性和规范性。而管理会计体系尚不够完整，正处于继续发展和不断完善的过程中，缺乏统一性和规范性。

9. 观念和取向不同

财务会计将其着重点放在如何真实准确地反映企业生产经营过程中人、财、物要素在供、产、销各个阶段上的分布及使用、消耗情况上，十分重视定期报告企业的财务状况和经营成果的质量。而现代的管理会计不仅着重于实施管理行为的结果，而且更为关注管理的过程。

10. 对会计人员素质的要求不同

鉴于管理会计的方法灵活多样，又没有固定的工作程序可以遵循，其体系缺乏统一性和规范性，管理会计水平的高低在很大程度上取决于会计人员素质的高低。同时，由于管理会计工作需要考虑的因素比较多，涉及的内容也比较复杂，因此要求从事这项工作的人员必须具备较宽的知识面和果断的应变能力，具有较强的分析问题、解决问题的能力。而财务会计工作则需要基础知识比较扎实、操作能力强、工作细致的专门人才来承担。

（二）管理会计与财务会计的联系

财务会计和管理会计虽然不尽相同，但作为同一会计信息系统的组成部分，二者又相互制约、相互补充，有着密切的联系。

1. 核算资料同源

财务会计和管理会计是现代企业会计的两个分支，同属于会计信息系统。从会计发展过程来看，初期的会计是以单纯核算系统出现的，无从区分"管理"和"财务"。从核算资料来看，财务会计和管理会计是同一的，即核算资料来源于企业的生产经营活动。一个企业通常只有一个基本的信息处理系统，这就是以财务会计为主体的信息收集、加工系统，而管理会计只是根据需要从某些侧面对财务会计资料进行进一步的加工、改制和延伸，并不脱离财务会计而另搞一套。

2. 核算内容交叉

财务会计和管理会计在核算内容上有交叉和重叠。例如，成本核算就是二者都包含的内容，财务会计据以计算企业的当期损益，管理会计用它制定标准成本，进行成本水平的控制和考评。财务会计中的一些指标，如产值、利润、成本、费用等，是管理会计进行预测、计划和控制的基础；而管理会计中的预算标准是财务会计核算的依据之一。

3. 工作目的一致

财务会计以反映过去为基本特征，主要服务于企业外部；管理会计以筹划未来为基本特征，主要服务于企业内部。虽然二者的工作侧重点不同，但工作目的是一致的，即都是从加强企业管理着眼，进行会计信息的搜集、加工和处理，提供辅助经营决策的资料和依据，促进企业提高经济效益。会计信息应当符合国家宏观经济管理的要求，满足有关各方了解企业财务状况和经营成果的需要，满足企业加强内部经营管理的需要。所以，无论是财务会计还是管理会计，都必须遵循上述规定，为统一服从于现代企业会计内、外部有关方面的需要服务。

4. 发展方向趋同

在当今信息时代，无论是财务会计还是管理会计，都面临着如何适应时代要求而不断完善与发展的问题，且二者在发展方向上存在趋同现象，例如，都需要探索、实践按照现代企业管理的要求如何组织和开展会计管理工作的问题；都需要解决好如何广泛运用计算机技术，不断提高会计信息质量和处理能力的问题等。另外，目前我国实施的会计改革，其意义并不局限于实现会计领域与国际惯例的接轨，而且还包括改革原来那种单纯反映过去，“算死账”的会计模式，逐步建立适应社会主义市场经济条件下企业经营管理新形式，面向未来决策和计划的算“活账”的会计模式，开创财务会计和管理会计有机结合的会计工作新局面。

项目总结

管理会计是以现代管理科学和会计学为理论基础，为加强企业内部的经营管理，以提高经济效益为最终目的，通过运用实践检验的理论和科学的技术方法对财务会计信息加工和再利用，为企业内部管理人员制定决策、规划和控制企业的经济活动提供有用信息的一门会计学的新兴的分支学科。它是从传统会计中分离并发展起来的现代会计的一个分支，对会计学的发展作出了巨大的贡献。管理会计与财务会计既有联系又有区别，共同为企业提供服务，它们核算资料同源，核算内容交叉，工作目的一致，发展方向趋同；但在工作的侧重点、工作主体的层次、作用时效、遵循的原则和标准、信息的特征和载体、方法体系、工作程序，以及对会计人员素质的要求上存在较大的区别。

管理会计的职能主要包括预测职能、决策职能、预算职能、控制职能及考核和评价职能五个职能，其研究的内容主要包括规划与决策会计和控制与责任会计两部分。

项目综合训练

一、单项选择题

1. 管理会计的雏形产生于（　　）。

A. 19世纪末　　B. 20世纪上半叶
C. 第二次世界大战之后　　D. 20世纪70年代

2. 20世纪50年代以来，管理会计进入了“以预测决策会计为主，以规划控制会计和责任会计为辅”的发展阶段，该阶段被称为（　　）。

A. 管理会计萌芽阶段　　B. 管理会计过渡阶段
C. 传统管理会计阶段　　D. 现代管理会计阶段

3. 在管理会计学中，将“为实现管理会计目标，合理界定管理会计工作的时空范围，统一管理会计操作方法和程序，组织管理会计工作不可缺少的前提条件”称为（　　）。

A. 管理会计假设　　B. 管理会计原则
C. 管理会计术语　　D. 管理会计概念

4. 最优化、效益性、决策有用性、及时性、重要性和灵活性，共同构成了现代管理会计的（　　）。

A. 管理会计假设　　B. 管理会计原则
C. 管理会计术语　　D. 管理会计概念

5. 为保证管理会计信息质量对决策有用，通常要求将有关的未来信息估计误差控制在决策者可以接受的一定可信区间内，这体现了可信性原则中的（　　）。

A. 可理解性要求　　B. 最优化要求
C. 可靠性要求　　D. 效益性要求

6. 下列项目中，不属于管理会计系统能够提供的信息是（　　）。
A. 不发生法律效用的信息　　B. 全面精确的信息
C. 非价值量信息　　D. 定性信息
7. 管理会计的服务侧重于（　　）。
A. 股东　　B. 外部集团
C. 债权人　　D. 企业内部的经营管理
8. 现代管理会计中占核心地位的是（　　）。
A. 预测决策会计　　B. 规划控制会计
C. 成本会计　　D. 责任会计
9. 管理会计正式形成和发展于（　　）。
A. 20 世纪初　　B. 20 世纪 50 年代
C. 20 世纪 70 年代　　D. 20 世纪 80 年代
10. 管理会计信息在质量上符合相关性和可信性的要求，则说明管理会计信息符合（　　）。
A. 效益性原则　　B. 最优化原则
C. 及时性原则　　D. 决策有用性原则

二、多项选择题

1. 管理会计属于（　　）。
A. 现代企业会计　　B. 经营型会计
C. 外部会计　　D. 报账型会计
E. 内部会计
2. 管理会计的职能包括（　　）。
A. 参与经济决策　　B. 控制经济过程
C. 规划经营目标　　D. 预测经济前景
E. 考核评价经营业绩
3. （　　）属于现代管理会计的基本内容。
A. 预测决策会计　　B. 责任会计
C. 预算会计　　D. 规划控制会计
E. 以上都是
4. （　　）的出现标志着管理会计雏形的形成。
A. 标准成本计算制度　　B. 变动成本法
C. 预算控制　　D. 责任考评
E. 以上都是
5. 下列项目中，属于在现代管理会计阶段产生和发展起来的有（　　）。
A. 规划控制会计　　B. 管理会计师职业
C. 责任会计　　D. 管理会计专业团体
E. 预测决策会计
6. 下列项目中，可以作为管理会计主体的有（　　）。
A. 企业整体　　B. 分厂
C. 车间　　D. 班组

E．个人

7．管理会计是（　）。

A．活账　　B．呆账

C．报账型会计　　D．外部会计

E．经营型会计

8．下列论述正确的是（　）。

A．管理会计是企业会计的一个重要领域

B．管理会计是对外报告会计

C．现代管理会计以服务于企业提高经济效益为核心

D．管理会计越来越广泛地应用现代数学方法

E．管理会计主要描述过去

9．管理会计的职能有（　）。

A．报告　B．组织　C．控制　D．评价　E．规划

10．下列各项属于管理会计的基本内容的有（　）。

A．管理会计基础　　B．规划与决策会计

C．控制与业绩评价会计　　D．责任会计

E．成本会计

三、判断题

1．（　）管理会计作为现代企业会计的一个重要组成部分，在解析现在、控制过去、规划未来现金流动等方面发挥着重要的职能作用。

2．（　）管理会计是因企业强化生产经营管理应运而生的。

3．（　）企业物资流动贯穿于企业生产经营活动的始终，它像晴雨表一样，具有很强的敏感性。

4．（　）管理会计除了从相关学科中吸收、引进先进的量化方法外，没有自身独有的方法。

5．（　）是否开发新产品，亏损产品是否停产，零部件是自制还是外购等内容，属于管理会计参与经济决策的具体体现。

6．（　）管理会计的基本职能是核算和监督。

7．（　）管理会计属于管理范畴。

8．（　）管理会计属于“经营型”会计。

9．（　）凡是管理会计为之服务的企业外部的各个部门或岗位，都是管理会计主体。

10．（　）已有资料充分假设，管理会计为各个责任会计主体所做的一切，都具有可信性和说服力。

项目 2　成本性态分析与变动成本法

引导案例

甲公司生产 A 产品，生产同类产品的还有乙公司，该产品目前市价为 85 元。产品生产成本包括直接材料费 32 元；生产工人工资 13 元；车间管理人员工资 8 元；厂房设备折旧费 9 元；其他随产量变动的制造费用 6 元，共计 68 元。现有丙公司同时向甲、乙两公司询价订货，并说明此订单为临时一次性需要，且出价不会高于 60 元。请问如果你是甲公司经理，是否会参与此次竞标，出价是多少？

学习目标

通过本单元的学习，你应该能够：

- 了解成本的概念；成本性态的含义；变动成本法的含义；变动成本法的理论依据；变动成本法的优点及其局限性；
- 熟悉成本性态分类和成本函数模型；
- 理解固定成本、变动成本和混合成本的定义、特性及其分类；变动成本法和完全成本法下营业利润差异产生的原因；
- 掌握成本性态分析的方法；变动成本法与完全成本法的主要区别；两种成本法下产销量变化对营业利润的影响及其变动规律；两种成本法下利润表的编制；两种成本法的结合运用。

项目任务

任务一　成本性态分析

任务二　变动成本法的应用

任务一　成本性态分析

子任务一　了解成本性态

（一）成本与成本性态

成本是综合反映企业生产经营活动成果的一项重要经济指标。管理会计的成本概念与传统的财务会计成本概念不同。在传统的财务会计中，成本是指企业为生产一定产品所发生的各种耗费的货币表现。在管理会计中，成本是指企业在生产经营过程中对象化的，以货币表现的，为达到一定目的而应当或可能发生的各种经济资源的价值牺牲或代价。

成本在管理会计中具有十分重要的作用。在决策方案的评价过程中，评价有关方案的优劣无非是两个标准：成本最低，收益最大。而成本对收益起着制约作用。为了提高企业经济效益，适应企业在预测、决策、预算管理和日常控制等内部经营管理方面的需要，管理会计通过对成本问题的大量调查和研究，发现成本总额与业务量总数具有依存关系。成本针对业务量变化而表现出来的特性，称为成本性态，也称成本习性。业务量通常指生产量或销售量，它既可以直接用产品的实物单位数来表示，也可以用反映生产工作量的直接人工小时数或机器小时数等来表示。

研究成本总额与业务量总数之间的规律性，有助于企业从数量上把握产品成本与生产能力之间的关系，做到事前控制成本，也便于企业充分挖掘内部潜力，实现最佳经济效益。对成本与业务量之间依存关系的分析，是企业进行经营决策分析的出发点，也是管理会计的基础。

（二）成本性态分类

成本按其性态分类可以分为固定成本、变动成本和混合成本三类。

1. 固定成本

固定成本是指在一定时期和一定业务量范围内总额不受业务量变动的影响而保持不变的成本。如管理人员的工资，车间经费，管理费用中的办公费、水电费，以及按年限平均法计提的固定资产折旧费等。例如，南方公司生产用的机床年最高生产能力为 20 000 件，按直线法计提年折旧费为 15 000 元。生产量与折旧费之间的关系见表 2-1。

表 2-1 生产量与折旧费之间的关系

年生产量 X（件）	折旧总成本 a（元）	单位成本 a/X（元/件）
5 000	15 000	3
10 000	15 000	1.5
15 000	15 000	1
20 000	15 000	0.75

如果将表 2-1 中的数据用图 2-1、2-2 来表示，便可以直观地反映出固定成本的成本性态。

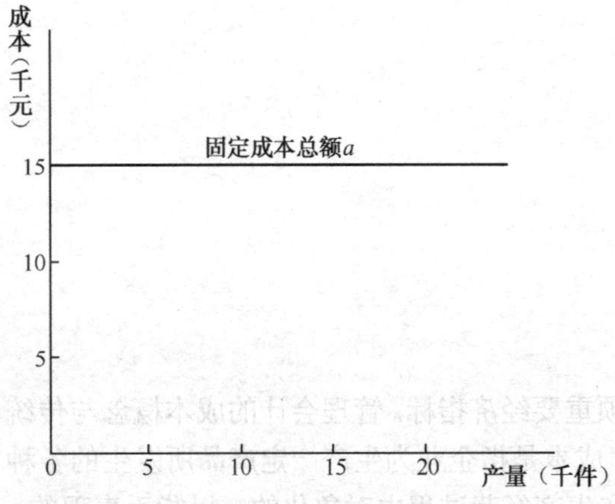

图 2-1 固定成本总额成本性态图

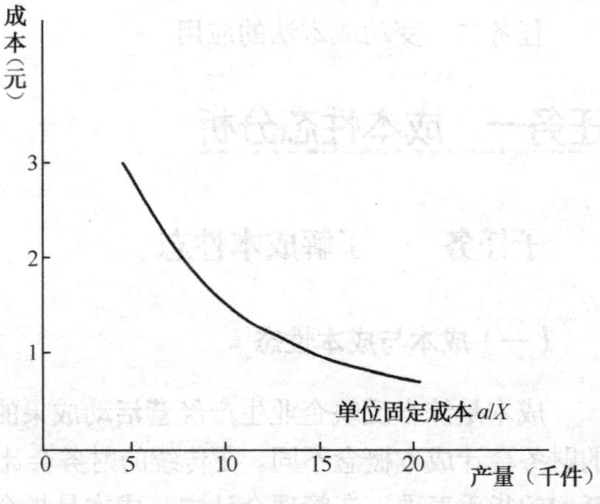

图 2-2 单位固定成本成本性态图

可见，固定成本具有以下两个特点。

① 固定成本总额的不变性。

② 单位固定成本随业务量的增加或减少呈反方向变动。

固定成本按其支出数额是否受管理当局短期决策的影响可进一步划分为约束性固定成本和酌量性固定成本两类。

约束性固定成本，又称经营能力成本，是指管理当局通过决策行动不能改变其支出数额的固定成本，如固定资产的折旧费、保险费、管理人员的工资等。这些成本是企业生产经营活动中必须负担的最低成本，是维持整个企业生产能力且在短期内一般不能轻易改变的具有很大约束性的成本。企业只能通过充分合理地利用生产能力，提高产品的产量，降低产品的单位固定成本这一途径来降低此类固定成本。

酌量性固定成本，又称可调整固定成本，是指管理当局通过决策行动能够改变其支出数额的固定成本。如职工培训费、广告费、新产品研究开发费等。这些成本是企业为完成经营任务而编制固定成本预算时所确定的，可以随时根据实际需要和财务承受能力进行改变。降低这类固定成本的途径是在不影响企业生产经营的前提下，尽可能地减少其预算总额。

2. 变动成本

变动成本是指在一定时期和一定业务量范围内总额受业务量的变动而发生正比例变动的成本。如直接材料、直接人工、产品包装费、按工作量计算的固定资产折旧费、按销售量支付的推销佣金等。例如，南方公司生产甲产品每台需要外购零件 100 元。甲产品的生产量、外购零件成本之间的关系见表 2-2。

表 2-2　甲产品的生产量、外购零件成本之间的关系

生产量 X（台）	外购零件单位成本 b（元/台）	外购零件总成本 bX（元）
10	100	1 000
20	100	2 000
30	100	3 000
40	100	4 000

如果将表 2-2 中的数据用坐标图 2-3、2-4 来表示，便可以直观地反映出变动成本的成本性态。

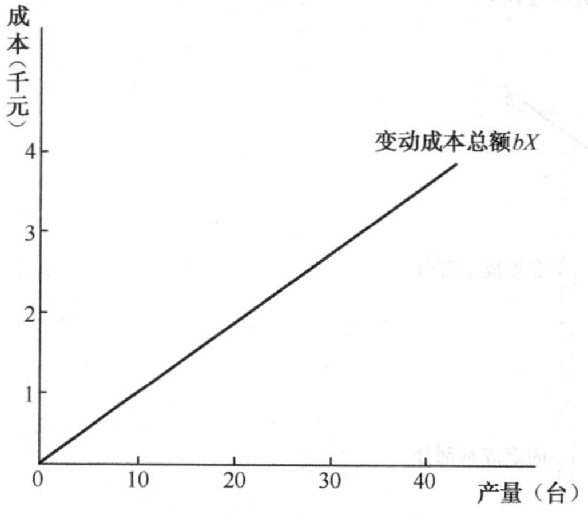

图 2-3　变动成本总额成本性态图

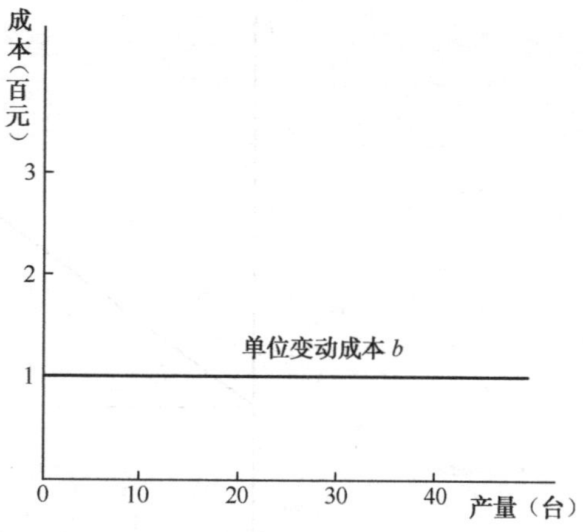

图 2-4　单位变动成本成本性态图

可见，变动成本具有以下两个特点。

① 变动成本总额随业务量的变化成正比例变动。

② 单位变动成本的不变性。

根据发生原因的不同，变动成本可分为酌量性变动成本和约束性变动成本。

酌量性变动成本是指通过企业管理层的决策行动可以改变其支出数额的变动成本。如计件工资、按销售收入提成的销售佣金等，其支出比例或标准取决于企业管理层的决策。降低此类成本，可以通过采取科学决策、优化劳动组合及严格控制开支的手段来实现。

约束性变动成本是指由技术或实务关系决定的变动成本，企业管理层的决策无法改变其支出数额。这类成本是进行生产必须要发生的成本，通常表现为企业生产产品的直接物耗成本，如流水作业的生产工人工资、直接材料等。降低此类成本，必须通过改进产品设计、改进工艺技术、提高劳动生产率等手段来实现。

3. 混合成本

当业务量发生变化时，有一些成本项目的成本总额随业务量成非正比例变动，这类成本称为混合成本。

混合成本对业务量的依存关系相当复杂，它们同时兼有固定成本和变动成本的性质，会随业务量的变动而变动，但不成严格的正比例变动。按其变动形态的不同，混合成本又可分为半变动成本、半固定成本、延期变动成本和曲线变动成本四种。

（1）半变动成本

半变动成本是一种以一定的初始量为基础的变动成本，由两部分成本组成：一部分为固定成本部分，这部分成本总会发生，不随业务量变动而变化；另一部分随业务量的变动呈正比例变动，为变动成本部分。由于半变动成本的一部分是固定不变的，其总额尽管随业务量的增减变动而变化，但与业务量之间不具有同等比例变动的关系。如机器设备的维护费、电话费、有线电视收视费等。例如，南方公司为保证某设备处于随时可开动状态，需要每年支付维护保养费800元，在此基础上，该设备每运转1小时维护保养费增加20元。假定该设备2010年累计运转1 000小时，共需支付维护保养费20 800元。

这项支出属于以一定的初始量为基础的变动成本，如图2-5所示。设Y为半变动成本总额，a代表固定成本，b代表单位变动成本，X代表业务量，可用数学模型表示为

$$Y = a + bX = 800 + 20X$$

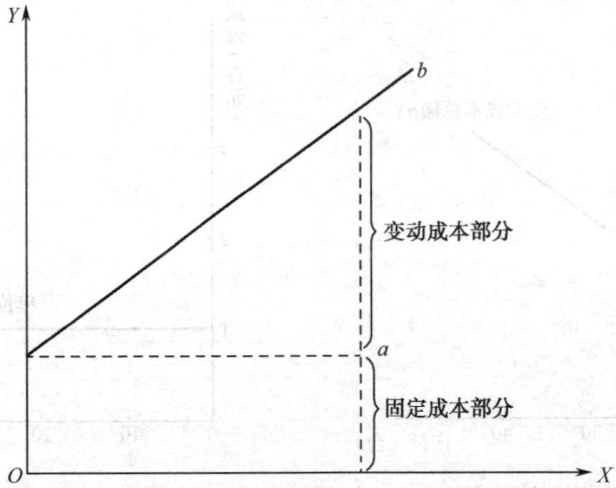

图2-5 变动成本

（2）半固定成本

半固定成本又称为阶梯式变动成本，这类成本在一定业务量范围内发生额固定不变，当业务量增长超过一定限度时，其发生额突然跳跃到一个新的水平，并在这一新的范围内保持不变，直到发生新的业务量突破，从而形成类似阶梯状的变动轨迹。如企业检验员、化验员的工资等。例如，南方公司规定，一名检验员月工资为 2 000 元，月工作量是检验 1 000 件产品。当产品每增加 1 000 件，就须要增加一份检验员的工资，如图 2-6 所示。

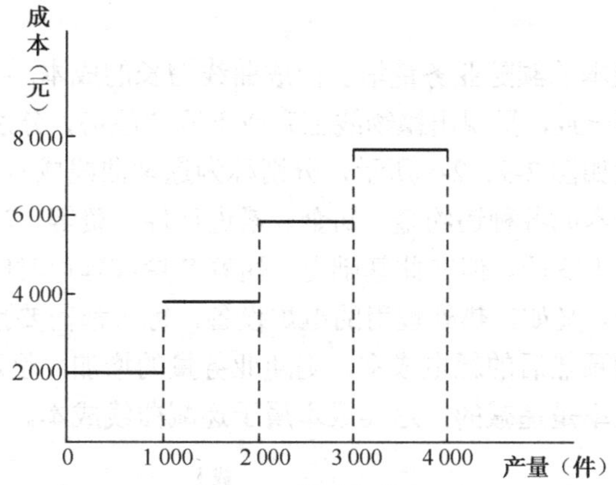

图 2-6　半固定成本

半固定成本可用数学模型表示为

$$Y=f(x)=\begin{cases}a_1 & (0\leqslant x\leqslant x_1)\\ a_2 & (x_1\leqslant x\leqslant x_2)\\ a_3 & (x_2\leqslant x\leqslant x_3)\end{cases}$$

（3）延期变动成本

延期变动成本是指总额在一定业务量范围内保持不变，但超过该业务量范围后，则随业务量呈正比例变动。例如，企业支付给职工的固定工资一般是不变的，但当职工加班时，则要根据加班时间按比例支付加班工资。例如，南方公司某销售员的月工资由基础工资和超额工资组成。该销售员月销售产品 100 件以内，只能取得基础工资 1 000 元；若超过 100 件，还可按超额数领取每件 15 元的超额工资。

这项支出属于延期变动成本，如图 2-7 所示。

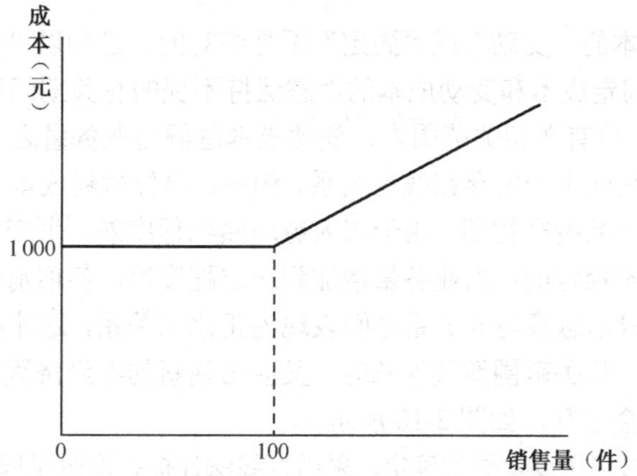

图 2-7　延期变动成本

从图 2-7 中可看出，延期变动成本的主要特征：在某一业务量以下表现为固定成本，超过这一业务量即成为变动成本。

延期变动成本可用数学模型表示为

$$Y = f(x) = \begin{cases} a & (0 \leqslant x \leqslant x_1) \\ a + b(x - x_1) & (x > x_1) \end{cases}$$

（4）曲线变动成本

曲线变动成本是指成本总额随业务量增长而成曲线增长的成本。这种成本与业务量有依存关系，但两者增减幅度不一致，呈现出抛物线上升或下降的趋势，分别称为递增曲线成本和递减曲线成本。其成本习性如图 2-9、2-8 所示，分别称为递增曲线成本（图 2-9）和递减曲线成本（图 2-8）。递增曲线成本如各种违约金、罚金、累进计件工资等，当刚达到约定产量或约定交货时间时，成本是固定不变的，但在此基础上，随着产量或延迟时间的增加，计件工资或违约金、罚金就会加速上升。又如，热处理用的电炉设备，每班都需要预热，因预热而耗用的成本属于固定成本性质，而预热后的耗电成本，则随业务量的增加，呈现出抛物线上升的趋势，但上升越来越慢，其变化率是递减的，这类成本属于递减曲线成本。

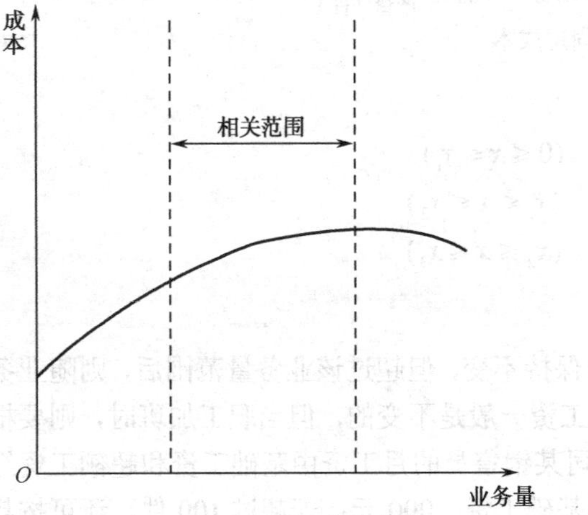

图 2-8　递减曲线成本

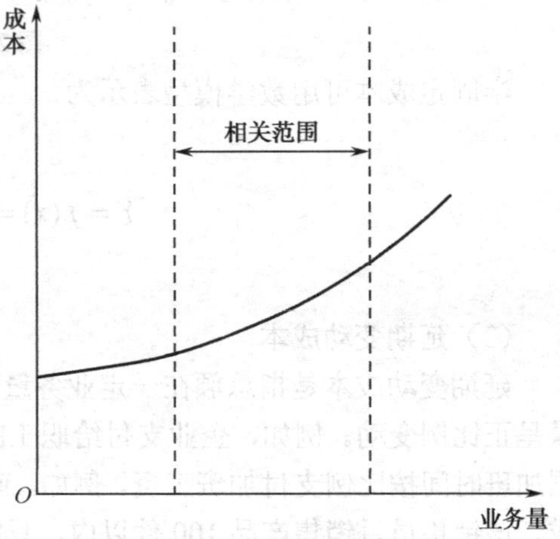

图 2-9　递增曲线成本

（三）相关范围

变动成本和固定成本的“变动”或“固定”不是绝对的，必须以“一定时期”和“一定业务量范围”为前提。使固定成本和变动成本的性态保持不变的有关期间和业务量的特定范围称为“相关范围”。通常，只有在相关范围内，变动成本总额与业务量之间成正比例变动关系，而超出相关范围，它们之间不一定存在线性关系。例如，单位材料成本和人工成本在一定范围内是稳定不变的，但在产品投产初期，由于工人劳动熟练程度差，生产率低，单位材料成本和人工成本是较高的，是不稳定的；当业务量增加到一定程度后，各项消耗稳定在一定水平，单位成本不再变化，变动成本总额与业务量之间表现为正比例关系，这才成为真正意义上的变动成本。当业务量突破这一相关范围继续增长时，又会出现新的不经济因素，如加班加点、废品率上升等，单位成本又会上升，如图 2-10 所示。

又如，固定资产折旧费在设备数量确定，采用直线法计提折旧时是固定成本，如果业务量扩大，超出现有设备的生产能力，须要增加设备，固定资产的折旧费就会提高，如图 2-11 所示。

一般来说，相关范围的时间限度为一年，业务量限度为现有设备的设计生产能力。由于相关范围的客观存在，使得各项成本性态的划分具有相对性、暂时性、可转化性，不应对成本性态做绝对理解。相对性是指在同一时期，同一成本项目在不同企业之间可能具有不同的性态。因而不能盲目照搬别人的成本性态分析结论。暂时性是指就同一企业而言，同一成本项目在不同时期可能有不同的性态。因此，企业必须根据情况变化适时进行成本性态分析。可转化性是指在同一时空条件下，某些成本项目可以在固定成本和变动成本之间实现相互转化。如自己生产某零件时，所需设备的折旧费是固定成本；而委托外单位生产时，按件支付的加工费用则是变动成本。

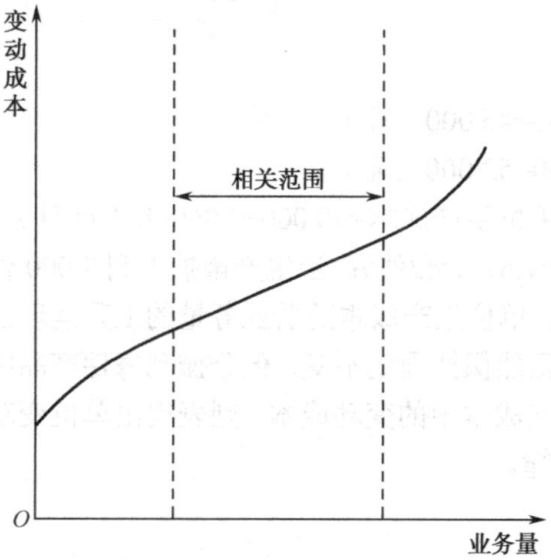

图 2-10　变动成本与业务量的关系

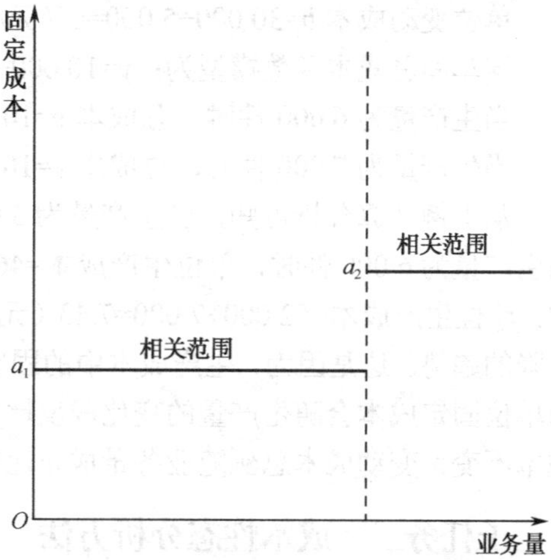

图 2-11　固定成本与业务量的关系

（四）成本函数模型

为了便于进行预测和决策分析，在明确各种成本性态的基础上，最终要将企业的全部成本区分为固定成本和变动成本两大类，并建立相应的成本函数模型。由于成本与业务量之间存在一定的依存关系，所以总成本可以表示为业务量的函数。在相关范围内，总成本函数可用公式表示为

$$Y = a + bX$$

其中，Y 代表总成本，X 代表业务量，a 代表固定成本总额（即真正意义上的固定成本与混合成本中的固定部分之和），b 代表单位变动成本（即真正意义上的变动成本与混合成本中的变动部分之和），bX 代表变动成本总额。总成本函数模型如图 2-12 所示。

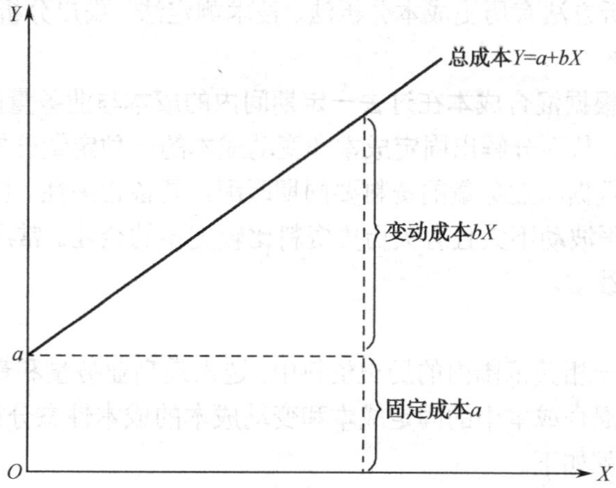

图 2-12　总成本函数模型

【任务案例2-1】 南方公司某车间2017年3月生产量为5 000件，发生的成本费用包括：原材料10 000元，生产工人工资12 000元，燃料动力4 000元，维修费用2 000元，间接人工费2 000元，折旧费用10 000元，合计40 000元。假设4月、5月预计生产量分别为6 000件、7 000件，请估计该车间的成本为多少？

解：根据3月份的成本资料分析，可得知：

固定成本 a=10 000（元）

变动成本总额 bx=10 000+12 000+4 000+2 000+2 000=30 000（元）

单位变动成本 b=30 000÷5 000=6（元/件）

该车间总成本函数模型为：y=10 000+6x

当生产量为6 000件时，总成本 y=10 000+6×6 000=46 000（元）

当生产量为7 000件时，总成本 y=10 000+6×7 000=52 000（元）

从上例计算分析可知，当生产量为5 000件时，单位生产成本=40 000÷5 000=8（元/件）；当生产量为6 000件时，单位生产成本=46 000÷6 000=7.67（元/件）；当生产量扩大到7 000件时，单位生产成本=52 000÷7 000=7.43（元/件）。可见，单位生产成本随着业务量的上升呈现出下降的趋势。这是因为，生产成本中的固定成本总额虽然保持固定不变，但分摊到每件产品中的单位固定成本会随生产量的变化成反比例变化。生产成本中的变动成本，则表现出单位变动成本不变，变动成本总额随业务量成正比例变化的规律。

子任务二 成本性态分析方法

（一）成本性态分析的概念

成本性态分析，是指在成本性态分类的基础上，按照一定的程序和采用一定的方法，最终将全部成本进一步分解成变动成本和固定成本两部分，并建立成本函数模型的过程。

（二）成本性态分析方法的种类

根据成本性态将企业的全部成本分为固定成本和变动成本两大类，是管理会计规划与控制企业经济活动的基本前提。在实际工作中，大多数成本是以混合成本的形式存在的。因此，须要采用专门方法将其中的固定和变动因素分解出来，再将其分别纳入固定成本和变动成本之中。常用的成本性态分析方法有历史成本分析法、技术测定法、账户分析法、合同确认法四种。

1. *历史成本分析法*

历史成本分析法是根据混合成本在过去一定期间内的成本与业务量的历史资料，采用数学方法对其进行数据处理，从而分解出固定成本和变动成本的一种定量分析法。这种方法要求企业历史资料齐全，成本数据与业务量的资料要同期匹配，具备相关性。因此，此法适用于生产条件比较稳定、成本水平波动不大且有关历史资料比较完备的企业。常用的具体方法有高低点法、散布图法和回归直线法。

（1）高低点法

高低点法是指从某一相关范围内的历史资料中，选出最高业务量和最低业务量及相应的成本数据，据此来推算出混合成本中的固定成本和变动成本的成本性态分析方法。

高低点法的具体步骤如下。

① 在各期业务量与相关成本的历史资料中，找出最高业务量和最低业务量及其对应的成

本，即（$X_{高}$，$Y_{高}$）和（$X_{低}$，$Y_{低}$）。

② 计算单位变动成本

$$b=\frac{Y_{高}-Y_{低}}{X_{高}-X_{低}}$$

③ 将 b 代入成本函数 $y=a+bx$，计算固定成本 a

$$a=Y_{高}-bX_{高} \quad 或 \quad a=Y_{低}-bX_{低}$$

④将 a，b 代入成本函数 $Y=a+bX$，得出成本性态分析模型。

高低点法的优点是计算简单，易于应用，但由于它只选择了诸多历史资料中的两期数据作为计算依据，因而代表性较差，结果不太可靠。这种方法一般适用于成本变化趋势比较稳定的企业。

【任务案例 2-2】 南方公司维修部在不同维修水平下的维修费用资料如下：

维修工时	1 000 小时	2 000 小时
维修费用	8 200 元	10 500 元

维修工时在 1 000 小时的水平下，维修费用可以分解如下：

租金（固定成本）	3 500 元
维修材料、配件成本（变动成本）	1 500 元
工资费用（混合成本）	3 200 元
合计：	8 200 元

要求：建立维修部工资费用的成本性态模型，并估计维修部工作 5 000 小时的维修费用。

解：根据高低点法，

单位变动成本 $b=\frac{10\,500-8\,200}{2\,000-1\,000}=2.3$（元/小时）

固定成本总额 a=10 500−2.3×2 000=5 900（元）

因此，维修费用的成本性态模型为 $Y=5\,900+2.3X$

维修材料、配件成本的单位变动成本=$\frac{1\,500}{1\,000}$=1.5（元/小时）

工资费用中的固定成本=5 900−3 500=2 400（元）

工资费用的单位变动成本=2.3−1.5=0.8（元/小时）

因此，工资费用的成本性态模型为 $Y=2\,400+0.8X$

维修工时在 5 000 小时的水平下，维修费用总额及构成见表 2-3。

表 2-3 维修费用总额及构成

成 本 项 目	金额（元）
租金（固定成本）	3 500
维修材料、配件成本（变动成本）	1.5×5 000=7 500
工资费用（混合成本）	2 400+0.8×5 000=6 400
维修费用总额	5 900+2.3×5 000=17 400

高低点法属于历史成本分析法，仅适用于有历史成本数据的情况，新企业或新产品没有历史资料，不可使用这一方法。

（2）散布图法

散布图法又称目测法，是将收集到的一系列业务量和混合成本的历史数据，在坐标图（纵轴表示成本、横轴表示业务量）上一一标出，形成若干个点散布在坐标图上，然后通过目测，画出一条反映成本变动趋势的直线，该直线应较合理地接近大多数点。直线在纵轴上的截距就是固定成本，该直线的斜率就是单位变动成本。例如，南方公司 2017 年 1～6 月维修费用与机器工时的资料见表 2-4，要求用散布图法对混合成本维修费用进行性态分析。

表 2-4　南方公司 2017 年 1～6 月维修费用与机器工时的资料

月　份	1	2	3	4	5	6
机器工时（小时）	7 000	6 000	9 000	4 000	8 000	5 000
维修费（元）	105	110	120	85	115	100

用散布图法对混合成本维修费用进行性态分析的步骤如下。

① 将 6 期维修费用历史资料分别标在坐标图上，形成散布图，如图 2-13 所示。

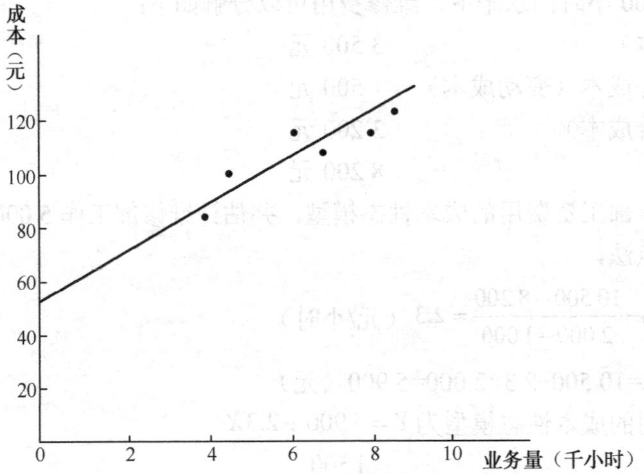

图 2-13　散布图

② 根据目测画一条直线，使其尽可能通过或接近所有坐标点。

③ 从纵轴上读出截距值，即固定成本 a=56（元）。

④ 在直线上任取一点（6，110），则

$$b=\frac{Y-a}{X}=\frac{110-56}{6}=9$$

⑤ 混合成本维修费用性态模型为

$$Y=56+9X$$

散布图法考虑了所提供的全部历史资料，较高低点法更为可靠，并且该法形象直观，易于理解。但由于直线位置主要靠目测确定，往往因人而异，主观随意性较大，因而计算结果不是很精确。

（3）回归直线法

回归直线法又称最小平方法，它是根据一定期间混合成本和业务量的历史资料，应用最小平方法原理精确计算混合成本中的固定成本和单位变动成本的分析方法。其原理是从散布图中找到一条直线，使该直线与由全部历史数据形成的散布点之间的误差平方和最小，这条直线在数理统计中称为“回归直线”或“回归方程”。

回归直线法的具体步骤如下。

① 找到 n 期的历史数据资料，$n \geq 5$。

② 用列表法对历史资料加工，求出 $\sum x$、$\sum y$、$\sum xy$、$\sum x^2$、$\sum y^2$。

③ 计算相关系数 r，判断业务量 x 与成本总额 y 之间的线性关系。

$$r = \frac{n\sum xy - \sum x \sum y}{\sqrt{[n\sum x^2 - (\sum x)^2][n\sum y^2 - (\sum y)^2]}}$$

r 的取值范围一般为-1～1。当 $r=-1$ 时，说明 x 与 y 之间完全负相关；当 $r=0$ 时，说明 x 与 y 之间不存在线性关系；当 $r=1$ 时，说明 x 与 y 之间完全正相关。一般来说，只要 r 接近 1，就说明 x 与 y 基本正相关，可以运用回归直线法。

④ 按照下列公式求 a，b 值。

$$b = \frac{n\sum xy - \sum x \sum y}{n\sum x^2 - (\sum x)^2}$$

$$a = \frac{\sum y - b\sum x}{n}$$

回归直线法计算结果较前两种方法更为科学准确，但计算工作量大，适合于用计算机回归软件对增减变动趋势较大的混合成本进行分解。

2. 技术测定法

技术测定法又称工程分析法，是指根据生产过程中投入与产出之间的关系，对各种物质消耗逐项进行技术测定，据此估算单位变动成本和固定成本的一种分析方法。

技术测定法的基本要点是，在一定的生产技术和管理水平条件下，将生产过程中的各种原材料、燃料、动力、工时的投入量与产出量进行对比分析，以确定各种耗用量标准，再将这些耗用量标准乘以相应的单位价格，即可得到各项标准成本。把与产量相关的各项标准成本汇集则为单位变动成本，把与产量不相关的各项成本汇集则为固定成本总额。采用技术测定法可获得较为精确的结果，但应用起来比较复杂，工作量很大。因此，该法适用于缺乏可供参考历史数据的新建企业或新产品。

3. 账户分析法

账户分析法又称会计分析法，是根据各成本、费用账户（包括明细账户）的内容，直接判断其与业务量之间的相互变动关系，从而确定其成本性态的一种定性分析方法。这种方法的要点是，通过经验判断，把那些与固定成本较为接近的成本归入固定成本；把那些与变动成本较为接近的成本归入变动成本；至于那些不能简单归入固定成本和变动成本的项目，则通过一定的比例将它们分解为固定成本和变动成本。账户分析法具有简便易行的优点，适用于会计基础工作较好的企业。但由于对固定成本和变动成本的划分是根据主观判断来决定的，因而分类结果比较主观。

【任务案例 2-3】 顺达公司有一维修车间，2017 年 1 月份实际维修时间为 660 小时，各成本明细账发生额数据及分析人员对固定成本和变动成本性态的分析结果见表 2-5。

表 2-5 维修成本性态分析表　　单位：元

成本明细账户	实际发生成本	固定成本	变动成本
管理人员工资	7 600	7 600	
维修工人工资	32 348		32 348
设备折旧	11 746	11 746	
燃料动力	5 408		5 408
维修材料	21 644		21 644
维修成本合计	78 746	19 346	59 400

通过对账户资料的分析，单位变动成本=59 400÷660=90（元/小时），据此，可建立维修成本性态模型：

$$Y=19\,346+90X$$

账户分析法是一种比较粗略的分析方法，在判定某项成本的性态时，还要借助合同确认法、技术测定法或历史成本分析法。

4. 合同确认法

合同确认法是根据企业签订的合同中的费用支付规定和收费标准，分别确认哪些属于固定成本，哪些属于变动成本的方法。这种方法的具体过程是：按合同规定，将保持固定不变的基数部分归为固定成本，将随业务量变动而变动的部分归为变动成本。采用合同确认法确定的固定成本和变动成本比较准确，但只能应用于已签订合同的项目中，具有一定的局限性。

任务二 变动成本法的应用

子任务一 变动成本法概述

（一）变动成本法的概念

变动成本法是指在计算产品成本时，以成本性态分析为基础，只包括直接材料费、直接人工费和变动性制造费用，而将所有的固定制造费用作为期间费用列入损益的一种成本计算方法。在变动成本法中，产品成本的构成如图 2-14 所示。

非生产成本只能包括管理费用和销售费用，不能包括固定制造费用；生产成本只能包括变动生产成本和固定制造费用，不能包括变动生产成本和非生产成本。

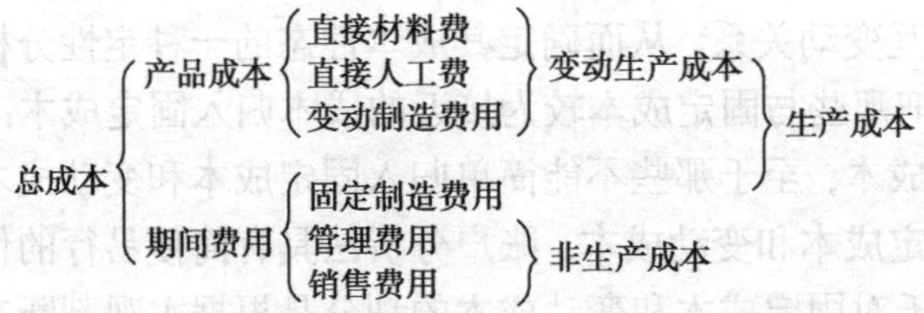

图 2-14 变动成本法下产品成本构成示意图

（二）变动成本法的理论依据

变动成本法认为，产品成本是指那些在生产过程中发生的，与生产量密切相关的，随着产品实体的流动而流动的成本，这些成本只有当产品实现销售时才能与相关收入实现配比，得到补偿。期间费用指不随产品实体流动而流动，而是随着产品生产经营持续期间的长短而增减的成本，因此，其效益不应递延到下一会计期间，而应当在费用发生的当期，全部从本期销售收入中直接扣除。在生产工艺没有发生实质性变化，成本消耗水平不变的情况下，产品成本总额应与完工产品数量成正比例变动。因此，只有变动生产成本才能构成产品成本。而固定制造费用是为产品提供生产条件而发生的，与产品产量没有关系，即使产品产量为零，固定制造费用也照常发生，这与管理费用和销售费用等非生产成本一样，所以，固定制造费用应作为期间费用处理。

（三）变动成本法的评价

1. 变动成本法的优点

变动成本法是为适应面向未来，加强企业内部管理的需要而产生的，它具有以下优点。

（1）更符合收益费用配比原则

变动成本法将已销产品的变动生产成本与当期收入相配比，将未销产品的变动生产成本转入存货，与未来销售期间实现的收入相配比，而固定制造费用是企业为保持生产经营能力而必须发生的，不随产量变化而变化，只随时间推移而消失，因而把它作为期间费用计入当期损益更符合配比原则，更能真实地反映企业的经营成果。

（2）能够促使企业重视销售，防止盲目生产

从理论上讲，在产品售价和成本水平不变的情况下，利润的多少应与销售量的增减变动相一致。在完全成本法下，多生产可多得利润，多销售有时不仅不会提高利润，反而会使利润下降，它所提供的成本信息不利于企业正确决策。在变动成本法下，当售价、成本水平和产品销售结构不变时，营业利润直接与产品销售量挂钩，与销售量成同向变动，即当某期销售量比上期增加时，营业利润也比上期增加；当销售量比上期减少时，营业利润也比上期减少。变动成本法如实反映了利润和销售量之间的关系，使利润真正成为企业经营好坏的晴雨表，从而促使企业重视销售环节，做到以销定产，减少或避免因盲目生产而带来的损失。

（3）能提供企业预测和短期决策的有用信息

变动成本法以成本性态分析为基础，其所提供的变动成本、固定成本、边际贡献等资料，揭示了产量与成本变化之间的内在规律，表现了产量、成本、利润之间的依存关系，为管理层进行本量利分析、成本预测、控制和经营决策提供了重要依据，增强了成本信息的有用性。

（4）有利于企业加强成本控制，正确进行业绩评价

变动成本法提供了变动生产成本、固定生产成本、变动销管费用、固定销管费用等指标。变动生产成本的高低最能反映供应部门和生产部门的工作业绩；变动销管费用的高低能反映销售部门的业绩；固定成本的高低通常应由管理部门负责，可以通过事前制定费用预算的办法进行控制。

（5）简化了成本核算工作

在变动成本法下，产品成本只包括变动生产成本，而把固定制造费用作为期间费用，从边际贡献中直接扣除，大大简化了间接费用的分配过程，减少了由于分配标准的多样化而带来的主观随意性，增强了会计信息的客观性和准确性。

2. 变动成本法的局限性

（1）不符合传统成本观念及对外报告的要求

按照各国会计准则的要求，产品成本是指生产过程发生的全部生产成本，应该既包括变动成本也包括固定成本。而按变动成本法计算出来的产品成本，显然不符合这个要求，不能被企业外部有关各方面所承认。而且企业要实施变动成本法，首先必须对混合成本进行分解，这种分解的过程难免带有一定的主观性和假设性。

（2）不能满足长期决策和定价决策的需要

变动成本法以相关范围内固定成本和单位变动成本不变为前提。但在长期决策中，由于涉及的时间较长，要解决诸如增加或减少生产能力、扩大或缩小经营规模的问题，再加上通货膨胀和技术进步等因素的影响，固定成本和单位变动成本不可能不发生变动。另外，在定价决策中，一般应掌握产品的全部成本资料，因为它们都应得到补偿。变动成本法提供的资料，显然不能满足长期经营和定价决策的需要。

子任务二　变动成本法与完全成本法的比较

（一）成本的分类及产品成本的构成内容不同

完全成本法按照成本的经济用途把企业的全部成本分为产品成本和非生产成本两大类，产品成本包括全部生产成本，非生产成本作为期间费用处理。变动成本法按照成本性态把企业的全部成本分为变动成本和固定成本两大类，产品成本只包括变动生产成本，固定制造费用作为期间费用处理。其区别见表2-6。

表2-6　两种成本法的成本分类及构成内容比较表

项　目	变动成本法	完全成本法
分类标准	成本性态	成本的经济用途
成本划分类别	变动成本和固定成本	生产成本和非生产成本
产品成本包含的内容	变动生产成本： 直接材料 直接人工 变动制造费用	生产成本： 直接材料 直接人工 制造费用
期间费用包含的内容	固定成本： 固定制造费用 固定管理费用 固定销售费用 变动成本： 变动管理费用 变动销售费用	非生产成本： 管理费用 销售费用

（二）对存货的估价不同

在完全成本法下，由于产品成本包括固定制造费用，并将固定制造费用在完工产品和在产品之间分配，这样，期末存货在产品、产成品和已销售产品中均“吸收”了一定份额的固定制造费用，即期末存货都是按全部生产成本计价。

在变动成本法下，由于产品成本仅按变动生产成本计算，而将固定制造费用全部作为期间成本处理，这样，产品、产成品及已销售产品都只包含变动生产成本，即期末存货都是按变动生产成本计价。因此，变动成本法的存货成本必然小于完全成本法的存货成本。

（三）利润表的格式不同

在完全成本法下，为满足与企业有经济利益关系的有关各方面的需要而编制的利润表，把所有成本项目按生产、推销、管理等不同经济职能进行排列，称为“职能式利润表”。变动成本法下编制的利润表把所有成本项目按成本性态分为变动成本和固定成本两大类，主要是为了便于取得边际贡献信息，因此称为“贡献式利润表”。两种成本法下的利润表格式见表2-7。

表2-7 利 润 表

完全成本法（职能式）	变动成本法（贡献式）
销售收入	销售收入
减：销售成本	减：变动成本
期初存货成本	变动生产成本
加：本期生产成本	变动销售费用
减：期末存货成本	变动管理费用
销售成本合计	边际贡献
销售毛利	减：固定成本
减：期间费用	固定制造费用
销售费用	固定销售费用
管理费用	固定管理费用
营业利润	营业利润

（四）损益计算结果不同

在变动成本法下，营业利润的计算步骤为

$$边际贡献=销售收入-变动成本$$

$$营业利润=边际贡献-固定成本$$

完全成本法下，营业利润的计算步骤为

$$销售毛利=销售收入-销售成本$$

$$营业利润=销售毛利-期间费用$$

由于两种成本计算方法对固定制造费用的处理不同，各期损益的计算结果也就不同。在变动成本法下，产品成本只包括变动生产成本，而把固定生产成本当作期间费用，直接在发生的当期列入利润表，全部由当期销售的产品承担；而完全成本法则把变动生产成本和固定生产成本都计入产品成本，固定制造费用由期末存货和已销产品共同承担。若产销量不平衡，各期期末存货和销售成本所承担的固定制造费用也不相同。因此，产销量不平衡时，两种成本计算方法确定的损益就会出现差异。事实上，固定制造费用对营业利润的影响程度取决于产销量的均衡程度，产销量越均衡，两种方法计算的营业利润的差异就越小；反之，则越大。

【任务案例 2-4】 华美公司专业生产热水器，从 2015 年到 2018 年连续 3 年的产销量及存货资料见表 2-8，存货计价采用先进先出法。

表 2-8　华美公司各年产销量及存货资料表

项　目	2015 年	2016 年	2017 年
期初存货（件）	0	400	200
本期产量（件）	2 000	1 500	1 500
本期销量（件）	1 600	1 700	1 500
期末库存（件）	400	200	200
单位售价（元/件）	800	800	800
产品成本（元）			
单位变动成本	320	320	320
固定制造费用	120 000	120 000	120 000
销售、管理费用（元）			
单位变动销售费用	14	14	14
单位变动管理费用	6	6	6
固定销售费用	70 000	70 000	70 000
固定管理费用	180 000	180 000	180 000

要求：分别用变动成本法和完全成本法编制各年利润表。

解：

表 2-9　华美公司利润表（变动成本法）　　单位：元

项　目	2015 年	2016 年	2017 年
销售收入	1 280 000	1 360 000	1 200 000
减：销货变动成本			
期初存货成本	0	128 000	64 000
加：本期生产成本	640 000	480 000	480 000
减：期末存货成本	128 000	64 000	64 000
销货变动成本合计	512 000	544 000	480 000
变动销售费用	22 400	23 800	21 000
变动管理费用	9 600	10 200	9 000
变动成本合计	544 000	578 000	510 000
边际贡献	736 000	782 000	690 000
减：固定成本			
固定制造费用	120 000	120 000	120 000
固定销售费用	70 000	70 000	70 000
固定管理费用	180 000	180 000	180 000
固定成本合计	370 000	370 000	370 000
营业利润	366 000	412 000	320 000

表 2-10 华美公司利润表（完全成本法） 单位：元

项　目	2015 年	2016 年	2017 年
销售收入	1 280 000	1 360 000	1 200 000
减：销售成本			
期初存货成本	0	152 000	80 000
加：本期生产成本	760 000	600 000	600 000
减：期末存货成本	152 000	80 000	80 000
销售成本合计	608 000	672 000	600 000
销售毛利	672 000	688 000	600 000
减：期间费用			
销售费用	92 400	93 800	91 000
管理费用	189 600	190 200	189 000
期间费用合计	282 000	284 000	280 000
营业利润	390 000	404 000	320 000

从上例中可以看出，在生产成本水平不变的情况下，产销平衡关系对营业利润的影响有如下规律。

① 当生产量大于销售量时，完全成本法的营业利润大于变动成本法的营业利润。原因在于完全成本法下期末存货吸收了一部分固定制造费用，而变动成本法下，固定制造费用全部从当期损益中扣除，如 2015 年的情况。

② 当生产量小于销售量时，完全成本法的营业利润小于变动成本法的营业利润。原因在于完全成本法下以前的存货也在本期销售，以前存货吸收的以前时期的固定制造费用在本期被释放，从而增加了本期销售成本，与变动成本法相比，相应降低了本期营业利润，如 2016 年的情况。

③ 当生产量等于销售量时，两种方法计算的营业利润相等。这是因为当产销平衡时，虽然两种方法对固定制造费用的处理方式不同，但当期的变动成本和固定成本会全部计入当期损益。完全成本法在固定制造费用发生时计入产品成本，然后随产品销售再计入当期损益，变动成本法则在固定制造费用发生时直接计入当期损益。由于本期产品全部销售出去，所以固定制造费用最终在当期全部予以扣除，两种成本法下的营业利润相等，如 2017 年的情况。

子任务三　变动成本法与完全成本法的结合应用

变动成本法能够为企业内部经营管理提供各种信息，但无法满足对外报告的要求，无法提供投资者或债权人所需要的信息，也无法满足政府部门、国家税收部门对相关信息的要求。完全成本法能够满足对外报告的需要，但无法提供企业内部管理所需的信息，不利于企业预测、决策、控制和业绩评价的实施。两种成本法各有其优缺点，二者不是互相排斥的，也不可能互相取代。因此，在实际工作中，为了使企业会计兼顾对内服务和对外报告两种职能，可将这两种成本计算方法相互结合，取长补短，建立一套以一种成本计算方法为基础的统一成本核算体系。

企业编制对外的财务报表是一项定期工作，而成本计算主要是为内部经营管理提供需要的成本资料，是一项经常性的大量工作。鉴于工作量的大小和管理的重要性，两种成本法的结合应用可采取以下做法：采用变动成本法进行日常核算，随时提供企业内部管理所需的信息；定期按国家统一财务会计制度要求调整成本和利润信息，使其符合完全成本法对外报告的需求。具体做法如下。

① 将全部制造费用按成本性态分为变动制造费用和固定制造费用两部分，在产品、产成品、已销产品成本均按变动成本法计算，即只包括直接材料、直接人工和变动制造费用。

② 在生产成本核算中，设置“生产成本”“变动制造费用”“固定制造费用”科目，分别归集产品耗费的直接材料和直接人工、变动制造费用、固定制造费用。期末，将“变动制造费用”科目转入“生产成本”科目。

③ 在期间费用核算中，设置“变动管理费用”“变动销售费用”“固定管理费用”“固定销售费用”科目，分别归集企业日常管理和产品销售过程中发生的各种变动费用和固定费用。

④ 每月的企业内部利润表按变动成本法编制。

⑤ 为编制对外报表，期末，按当期产成品销售量的比例，将“固定制造费用”科目中属于本期已销产成品负担的部分转入“主营业务成本”科目，并列入利润表作为本期销售收入的减项；不属于本期已销产成品负担的部分，仍保留在“固定制造费用”科目，编制资产负债表时，将其按当期生产量分配给在产品和产成品存货，使之按完全成本法反映。

变动成本法和完全成本法的结合应用核算过程如图 2-15 所示。

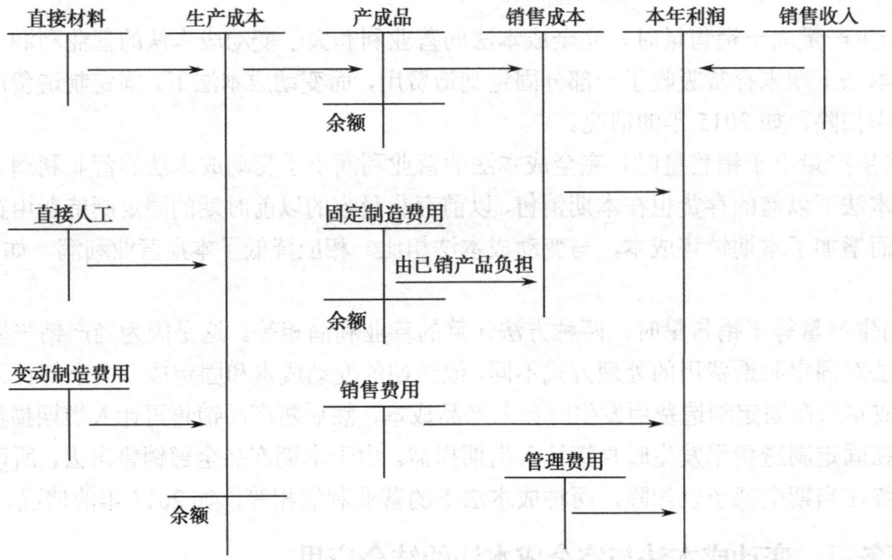

图 2-15　成本核算过程示意图

【任务案例 2-5】 大华公司是一家专业生产某汽车配件的企业，2017 年 8 月份，期末无在产产品，其他相关资料如下：销售单价 450 元/件；期初存货 0 件；生产量 5 000 件；销售量 4 000 件；期末存货 1 000 件；单位变动成本 200 元/件（包括：直接材料 100 元/件；直接人工 60 元/件；变动制造费用 40 元/件）；固定制造费用 300 000 元；变动销管费用 160 000 元；固定销管费用 500 000 元。

要求：以变动成本法为基础设置统一的成本核算系统。

解：具体账务处理程序如下。

① 核算产品生产成本（变动生产成本只包括直接材料、直接人工和变动制造费用）。

借：生产成本　　1 000 000
　贷：原材料　　500 000（5 000×100）
　　应付职工薪酬　　300 000（5 000×60）
　　变动制造费用　　200 000（5 000×40）

② 产品完工入库，结转完工产品成本。

借：产成品　　1 000 000
　贷：生产成本　　1 000 000

③ 结转销售产品成本。

借：主营业务成本　　800 000
　贷：产成品　　800 000（1 000 000÷5 000×4 000）

④ 核算已销产品负担的固定制造费用，转入产品销售成本。

借：主营业务成本　　240 000
　贷：固定制造费用　　240 000（300 000÷5 000×4 000）

⑤ 核算本年利润。

借：主营业务收入　　1 800 000（4 000×450）
　贷：本年利润　　1 800 000
借：本年利润　　1 700 000
　贷：主营业务成本　　1 040 000
　　变动销管费用　　160 000
　　固定销管费用　　500 000

经过计算，本期营业利润为 100 000 元（1 800 000−1 700 000），本期期末产成品的存货中包含变动生产成本 200 000 元(1 000 000−800 000)、固定制造费用 60 000 元(300 000−240 000)，在资产负债表中反映。

以变动成本法为基础的统一成本核算体系，将变动成本法和完全成本法有机结合应用，取长补短，不仅避免了平行两套账造成的人、财、物的极大浪费，而且可以充分发挥变动成本法的优势，有利于企业加强内部管理，也符合国家统一会计制度的要求，能够满足对外报告的需要。

项目总结

成本是综合反映企业生产经营活动成果的一项重要经济指标。成本针对业务量变化而表现出来的特性，称为成本性态。成本按其性态分类可以分为固定成本、变动成本和混合成本三类。在实际工作中，大多数成本是以混合成本的形式存在的，需要采用适当的方法进行分解。常用的成本性态分析方法有历史成本分析法、技术测定法、账户分析法、合同确认法四种。高低点法、散布图法和回归直线法是常见的历史成本分析法。对成本与业务量之间依存关系的分析，是企业进行经营决策分析的出发点，也是管理会计的基础。

变动成本法是指在计算产品成本时，以成本性态分析为基础，只包括直接材料、直接人工和变动性制造费用，而将所有的固定制造费用作为期间费用列入损益的一种成本计算方法。变动成本法与完全成本法的区别在于：①成本的分类及产品成本的构成内容不同；②对存货的估价不同；③利润表的格式不同；④损益计算结果不同。两种成本法各有优缺点，二者不是互相排斥的，也不可能互相取代。因此，在实际工作中，为了使企业会计兼顾对内服务和对外报告两种职能，将这两种成本计算方法相互结合，日常核算采用变动成本法，以满足内部管理的需要，期末对需要按完全成本法反映的项目进行调整，以满足对外报告的需要。

项目综合训练

一、单项选择题

1．管理会计将全部成本分为变动成本和固定成本两个部分，其分类依据是（　　）。

A．成本的经济用途　　B．成本的性态

C．成本性态分析　　D．成本的可控性

2．在相关范围内，单位变动成本（　　）。

A．随业务量增加而增加　　B．随业务量增加而减少

C．不随业务量发生增减变动　　D．在不同的产量水平中各不相同

3．在相关范围内，业务量增加时，单位固定成本将（　　）。

A．直线上升　　B．直线下降

C．保持不变　　D．曲线下降

4．混合成本模型$Y=a+bX$，其中bX表示（　　）。

A．固定成本总额　　B．变动成本总额

C．单位固定成本　　D．单位变动成本

5．下列项目中，属于变动生产成本的是（　　）。

A．变动性制造费用　　B．变动性管理费用

C．变动性销售费用　　D．变动性财务费用

6．某企业每月生产产品数量在1 000件以内，需要检验员2名；在此基础上，每增加产量500件，须要增加1名检验员。该企业检验员的工资属于（　　）。

A．半固定成本　　B．半变动成本

C．延期变动成本　　D．曲线变动成本

7．变动成本法和完全成本法计算的营业利润（　　）。

A．相等

B．不相等

C．可能不相等

D．变动成本法的营业利润小于完全成本法的营业利润

8．在变动成本法下，本期销售量较上期减少时，本期营业利润将比上期（　　）。

A．增加　　B．减少

C．可能增加，也可能减少　　D．没有变化

9．在变动成本法下，本期销货成本等于（　　）。

A．本期发生的产品成本

B．单位生产成本×本期销售量

C．单位变动生产成本×本期销售量

D．期初存货成本+本期发生的产品成本

10．变动成本法下产品成本（　　）完全成本法下产品成本。

A．必大于　　B．必小于

C．必等于　　D．不一定等于

二、多项选择题

1．成本性态中的业务量一般是指（　　）。
A．生产量　　B．销售量
C．人工工时　　D．机器工时
2．下列成本中属于约束性固定成本的是（　　）。
A．广告费　　B．设备折旧费
C．保险费　　D．职工培训费
3．为便于管理决策，通常需要从混合成本中分解出（　　）。
A．固定成本　　B．半固定成本
C．变动成本　　D．半变动成本
4．在相关范围内，变动成本的特点是（　　）。
A．成本总额不受业务量变化的影响
B．单位成本不受业务量变化的影响
C．成本总额随业务量增加而呈比例增加
D．单位成本随业务量增加而减少
5．我国工业企业的制造费用中不随产量变化的固定成本包括（　　）。
A．折旧费、租赁费　　B．办公费、差旅费
C．劳动保护费　　D．管理人员工资
6．根据历史资料进行成本性态分析的方法主要有（　　）。
A．高低点法　　B．回归直线法
C．散布图法　　D．技术测定法
7．在变动成本法下，属于产品成本构成项目的有（　　）。
A．直接材料　　B．直接人工
C．变动制造费用　　D．固定制造费用
8．在完全成本法下，属于产品成本构成项目的有（　　）。
A．直接材料　　B．直接人工
C．变动制造费用　　D．固定制造费用
9．变动成本法和完全成本法都计入期间费用的是（　　）。
A．变动销售及管理费用　　B．固定销售及管理费用
C．变动制造费用　　D．固定制造费用
10．变动成本法和完全成本法的区别是（　　）。
A．产品成本构成内容不同　　B．存货估价水平不同
C．营业利润计算结果不同　　D．利润表的格式不同

三、判断题

1．（　　）只有在相关范围内，变动成本总额与业务量之间才呈完全线性关系。
2．（　　）在一个初始量的基础上，随业务量变动但不存在线性关系的成本是半变动成本。
3．（　　）与散布图法相比，高低点法计算更简便、更易理解、更科学。

4.（　　）在利用高低点法进行成本性态分析时，高低点坐标的选择标准是业务量的高低。

5.（　　）在变动成本法下，产品成本不受固定成本和产量的影响，而取决于各项变动费用支出的多少。

6.（　　）变动成本法下，产品成本只包括变动成本，而变动成本既包括变动生产成本，也包括变动非生产成本。

7.（　　）约束性固定成本可以随时根据实际需要和财务承受能力改变其支出数额。

8.（　　）变动成本法和完全成本法的区别主要是对固定制造费用的处理不同。

9.（　　）按变动成本法对期末产成品和在产品的估价必然高于完全成本法对其所做的估价。

10.（　　）变动成本法所提供的成本资料可以适应企业长期决策的需要。

四、计算分析题

1. 南方公司维修车间2017年7～12月总成本修理费用与生产量资料见表2-11。

表2-11　维修费用与生产量资料表

月　份	7	8	9	10	11	12
产量（件）	6 000	5 500	5 000	7 000	7 500	7 200
维修费用（元）	16 820	14 980	142 500	170 200	176 250	17 320

要求：

（1）用高低点法将维修费用分解为变动成本和固定成本，并写出成本函数模型。

（2）若2018年1月计划生产8 000件，该公司的维修费用为多少？

2. 南华公司专业生产A产品，2017年有关业务量与成本资料见表2-12，假定投产的产品均已完工。

表2-12　南华公司2017年有关业务量与成本资料表

业务量及售价		成本项目	
		直接材料	100 000元
		直接人工	50 000元
年初产成品	0件	变动制造费用	50 000元
本年完工产成品	5 000件	固定制造费用	100 000元
本年销售产成品	4 500件	变动管理费用	10 000元
年末产成品	500件	固定管理费用	10 000元
销售单价	100元/件	变动销售费用	30 000元
		固定销售费用	10 000元

要求：

（1）分别用变动成本法和完全成本法计算该公司的产品成本。

（2）分别用变动成本法和完全成本法计算该公司的期末存货成本和本期销货成本。

（3）分别用变动成本法和完全成本法计算该公司的营业利润。

3. 已知某公司只产销一种产品，经营情况如表2-13所示。要求计算并填充列表内空白栏。

表 2-13 利润表

单位：元

职能式		贡献式	
项 目	金 额	项 目	金 额
销售收入		销售收入	240 000
期初存货成本	0	本期销售成本	
加：本期生产成本		变动销售费用	9 600
减：期末存货成本	21 600	变动管理费用	2 400
销售成本合计		边际贡献	
销售毛利		固定制造费用	36 000
减：销售费用	18 000	固定销售费用	
管理费用	18 000	固定管理费用	
营业利润	9 600	营业利润	

4．华宇公司 2015～2017 年有关资料见表 2-14，存货采用先进先出法计价。

表 2-14

项 目	2015 年	2016 年	2017 年
生产量（件）	20 000	25 000	18 000
销售量（件）	20 000	20 000	20 000
产品售价	15.00 元		
直接材料	4.00 元/件		
直接人工	3.00 元/件		
变动制造费用	1.00 元/件		
年固定制造费用	42 000 元		
变动销售及管理费用	0.50 元/件		
年固定销售及管理费用	40 000 元		

要求：

（1）采用变动成本法编制 2015～2017 年三年利润表。

（2）采用完全成本法编制 2015～2017 年三年利润表。

（3）比较两种成本法计算的利润，如有差异，请分析原因。

项目3 本量利分析

引导案例

海南佳乐公司是生产电视柜的小型企业。目前公司正在考虑设计一种新型电视柜，市价暂时定为每台600元。市场调查表明，电视柜第一年的销售量为3.5万台，最低销量为2.5万台。如果设计成功的话，销售量会上升到5万台；分销商加成为40%，固定管理费用为每年8万元，生产每台电视柜所发生的直接材料150元，生产每台电视柜所发生的直接人工80元。请计算海南佳乐公司最小的生产规模。

学习目标

通过本单元的学习，你应该能够：

- 了解本量利分析的含义、前提条件、基本公式；
- 掌握保本点、保利点有关公式及其应用；
- 掌握多品种条件下本量利分析的综合边际贡献率法；
- 熟悉企业经营安全程度评价指标、本量利分析图的特点。

项目任务

任务一　保本保利分析

任务二　企业经营安全程度评价

任务一　保本保利分析

子任务一　了解本量利分析

（一）本量利分析含义

本量利分析（CVP 分析），全称成本-业务量-利润相互关系分析（Cost-Volume-Profit analysis），是指企业将所有的成本根据变动成本法的要求，全部按其性态分为变动成本和固定成本两大类；在此基础上对产品成本、销售数量和利润之间的依存关系及其变化规律进行研究分析，称为成本-业务量-利润分析，简称本-量-利分析。

本量利分析在管理会计中具有十分重要的地位。它除了可以用于进行单价、销售量、成本等因素变动对利润影响的分析外，还可以用于指导销售、成本和利润预测，并据以编制全面预算。因此，本量利分析属于管理会计的基础理论和基本方法。

（二）本量利分析的基本假设

本量利分析的基本假设也就是本量利分析的前提条件。本量利分析原理的建立及其使用的有关数学模型和图形，是以这些假设为前提条件的。

1. 企业的单位销售价格不变假设

假设企业的单位销售价格在相关范围内不变，其收入同产品的销售量成呈比例变化，使得销售收入线函数是一个直线方程（$y=px$）。

2. 成本性态假设

假定所有的成本均按照成本性态划分为固定成本和变动成本两部分，并假设“固定成本”和“单位变动成本”在计算期间内处于“相关范围”之内，即假定这两种数额不变。

3. 产销平衡假设

假定企业生产的产品的生产量和销售量一致，企业生产出来的产品总能找到市场全部销售，即全部产品全部出售或存货水平没有明显的变化。

4. 品种结构不变假设

当企业同时生产和销售多种产品时，其品种结构不变。所谓品种结构是指企业各种产品的销售额占全部产品销售额的百分比，即在企业安排多品种产品生产的条件下，不仅假定产销平衡，而且在销售总量（销售总额）发生变化时，原来的各种产品的销售额占全部产品销售额的比重不发生变化，且仍能实现产销平衡。

5. 利润假设

除特别说明外，本量利分析中的利润一般假定为不考虑投资收益和营业外收支的“营业利润”，即通常为假定投资收益和营业外收支为 0 时的利润总额。这是因为营业利润与成本、业务量的关系相对比较密切。

有了上述假定，就可以较为方便地使用简单的数学模型来揭示成本、业务量和利润等诸多因素之间联系的规律。

（三）本量利分析的基本公式

本量利分析的基本公式表示如下：

利润=（单价-单位变动成本）×销售量-固定成本

假设 p——销售单价，x——销售量，a——固定成本总额，b——单位变动成本，P——利润，将这些符号代入上述基本公式，则为

$$P=(p-b)\times x-a$$

由于本量利分析的数学模型是在上述公式和基础上建立起来的，因此可将该式称为本量利分析的基本关系式。

（四）本量利分析的相关指标

1. 边际贡献

在本量利分析中，边际贡献是十分重要的概念，它是指产品的销售收入与相应变动成本之间的差额，又称贡献毛益。

边际贡献绝对数的表现形式有两种：一种是单位边际贡献，另一种是边际贡献总额。单位边际贡献是指产品的销售单价减去单位变动成本后的余额，边际贡献总额是销售收入总额减去

变动成本总额，或者是单位边际贡献乘以销售量。其计算公式如下：

单位边际贡献=销售单价−单位变动成本

边际贡献总额=销售收入总额−变动成本总额

=销售单价×销售量−单位变动成本×销售量

=（销售单价−单位变动成本）×销售量

=单位边际贡献×销售量

【任务案例 3-1】 某企业只生产 A 产品，单位售价为 10 元/件，单位变动成本为 6 元/件，固定成本总额为 30 000 元，目前企业销售量为 12 000 件。

要求：计算单位边际贡献和边际贡献总额。

单位边际贡献=10−6=4（元）

边际贡献总额=4×12 000=48 000（元）

2. 边际贡献率和变动成本率

边际贡献率是指单位边际贡献与销售单价之间的比率，或边际贡献总额与销售收入总额之间的比率，它表示每百元销售收入能提供的边际贡献。其计算公式如下：

$$边际贡献率=\frac{单位边际贡献}{单位}=\frac{边际贡献总额}{销售收入总额}$$

边际贡献率是用一个相对数的指标来评价企业的创利能力，边际贡献率越高，创利能力也越高；反之边际贡献率越低，创利能力也越低。

变动成本率是指单位变动成本与销售单价之间的比率，或变动成本总额与销售收入总额之间的比率。其计算公式如下：

$$变动成本率=\frac{单位变动成本}{单价}=\frac{变动成本总额}{销售收入总额}$$

变动成本率是一个反指标，变动成本率越高，创利能力越低；反之变动成本率越低，创利能力越高。

【任务案例 3-2】 承任务案例 3-1 的资料，计算边际贡献率、变动成本率。

$$边际贡献率=\frac{4}{10}\times100\%=40\%$$

$$变动成本率=\frac{6}{10}\times100\%=60\%$$

【任务案例 3-3】 承任务案例 3-2 的资料，验证边际贡献率和变动成本率的关系。

边际贡献+变动成本=40%+60%=1。

边际贡献率和变动成本率的关系：

从上述边际贡献率和变动成本率计算过程可以看出，边际贡献率与变动成本率之间存在互补的关系，即边际贡献率与变动成本率具有互补性，如果已知变动成本率，则可以推知边际贡献率。即边际贡献率+变动成本率=1。

这是因为：销售收入=边际贡献+变动成本

两边同除以“销售收入”：1=边际贡献率+变动成本率

所以：边际贡献率=1−变动成本率，或者，变动成本率=1−边际贡献率。

子任务二 分析保本点

（一）保本点的概念

保本点是指企业经营活动处在一种既不盈利又不亏损，销售收入与销售成本相等，利润为0时的业务量，又叫损益平衡点或盈亏临界点。

保本点是个很重要的数量指标。在保本业务量的基础上扩大销售，企业就能盈利，否则，就会出现亏损。保本点有两种表现形式：一是用实物量来表现，称为保本点销售量；另一种用价值形式来表示，称为保本点销售额。

保本点的分析方法通常有公式计算法和图解法。

（二）保本点分析方法

1. 公式计算法

（1）单一产品的保本点分析

在单一品种条件下，根据本量利分析的基本关系式：

利润=销售量×单价-销售量×单位变动成本-固定成本

当企业处于保本状态时，利润为零，则：

$$保本点销售量=\frac{固定成本}{单价-单位变动成本}$$

$$保本点销售额=保本点销售量\times单价$$

$$=\frac{固定成本}{边际贡献率}$$

【任务案例 3-4】 企业在某期间经营甲产品，预计该产品单位售价 21 元/件，单位变动成本为 12.6 元/件，固定成本总额 21 000 元。

求：保本点销售量和销售额。

解： $保本点销售量=\frac{21\,000}{21-12.6}=2\,500$（件）

保本点销售额=2 500×21=52 500（元）

以上计算表明，该公司今年销售量为 2 500 件或销售额为 52 500 元时刚好处于不盈不亏的状态。企业要想实现盈利，销售量必须超过 2 500 件或销售额超过 52 500 元。

单一产品的保本点分析主要是研究当企业只生产一种产品时的保本分析方法，主要研究在利润为 0，销售单价一定的条件下，产品的销售量、变动成本和固定成本之间的关系，是企业维持简单再生产条件下的本量利分析。

（2）多种产品的保本点分析

一般来说，生产单一产品的企业只是少数。在企业生产经营多种产品的情况下，保本点无法用实物量（销售量）来表示，而只能用金额（销售额）来表示。由于各种产品的边际贡献率各有不同，整个企业的综合保本销售额同所生产产品的品种结构存在直接的联系。在实际工作中，可以通过计算综合边际贡献率求出综合保本销售额。具体步骤如下：

第一步，计算全部产品的总销售额。

$$全部产品的总销售额=\sum（某种产品的销售量\times该种产品的销售单价）$$

第二步，计算某种产品销售额占全部产品总销售额的百分比。

$$某种产品销售额占全部产品销售额的百分比=\frac{某种产品销售额}{全部产品销售额}\times100\%$$

第三步，计算全部产品的综合边际贡献率。

$$综合边际贡献率=\sum（某种产品的边际贡献率\times该种产品销售额占全部产品销售额的百分比）$$

第四步，计算综合保本销售额。

$$综合保本销售额=\frac{固定成本总额}{综合边际贡献率}$$

第五步，计算某种产品保本销售额和保本销售量。

某种产品保本销售额=综合保本销售额×该种产品的销售额占全部产品销售额的百分比

$$某种产品保本销售量=\frac{该种产品保本销售额}{该种产品销售单价}$$

【任务案例 3-5】 某企业计划期生产并销售 A，B，C 3 种产品，有关资料见表 3-1。

表 3-1　产品资料　　单位：元

项目＼品种	A 产品	B 产品	C 产品	合计
单价	15	10	5	
单位变动成本	11.25	6	2	
预计销量	2 000 件	4 000 套	6 000 件	
固定成本				37 350

要求：计算该企业计划期内的综合保本销售额及各种产品的保本销售额和保本销售量。

解：① 计算全部产品的总销售额。

A 产品预计销售收入=15×2 000=30 000（元）

B 产品预计销售收入=10×4 000=40 000（元）

C 产品预计销售收入=5×6 000=30 000（元）

企业预计销售收入合计=(30 000+40 000+30 000)=100 000（元）

② 计算某种产品销售额占全部产品总销售额的百分比。

A 产品的销售比重=30 000/100 000×100%=30%

B 产品的销售比重=40 000/100 000×100%=40%

C 产品的销售比重=30 000/100 000×100%=30%

③ 计算全部产品的综合边际贡献率。

$$A产品的边际贡献率=\frac{15-11.25}{15}\times100\%=25\%$$

$$B产品的边际贡献率=\frac{10-6}{10}\times100\%=40\%$$

$$C产品的边际贡献率=\frac{5-2}{5}\times100\%=60\%$$

企业综合边际贡献率=25%×30%+40%×40%+60%×30%=41.5%

④ 计算综合保本销售额。

企业综合保本销售额=$\frac{37\,350}{41.5\%}$=90 000（元）

⑤ 计算某种产品保本销售额和保本销售量。

A 产品保本销售额=90 000×30%=27 000（元）

B 产品保本销售额=90 000×40%=36 000（元）

C 产品保本销售额=90 000×30%=27 000（元）

A 产品保本销售量=$\frac{27\,000}{15}$=1 800（件）

B 产品保本销售量=$\frac{36\,000}{10}$=3 600（套）

C 产品保本销售量=$\frac{27\,000}{5}$=5 400（件）

多种产品下的保本点不能直接用保本点销售量来表示，只能用保本销售收入金额综合表示企业在保本点时应实现的销售收入（销售额）来表示。

2. 图解法

图解法是指将成本、销售量、利润的关系反映在平面直角坐标系中所构成的图示，该图示称为本量利图，又叫保本分析图、盈亏分析图等。本量利图的原理是当总收入等于总成本时，企业恰好处于保本点，因此，在平面直角坐标系中画出销售收入线和总成本线，两条线的交点就是保本点。

用图来分析企业的保本点能直观地反映固定成本、变动成本、销售量、销售收入、利润、亏损区和利润区，同时有关因素的相互关系一目了然。所以，实践中常用公式求出保本点，再反映在保本图中，以此增加管理会计信息的可理解性。

（1）传统式保本图

【任务案例 3-6】 某公司生产和销售一种产品，单位售价为 25 元/件，单位变动成本为 15 元/件，当月固定成本为 15 000 元，目前企业销售该产品 2 500 件。

$$保本点销售量=\frac{15\,000}{25-15}=1\,500（件）$$

$$保本点销售额=1\,500×25=37\,500（元）$$

根据该资料，用图解法在直角坐标系中标出保本点销售量和销售额，如图 3-1 所示。

① 选定直角坐标系，以横坐标表示销售量，一般用 x 表示；纵坐标表示成本、销售收入和利润等的金额，一般用 y 表示。

② 以纵坐标 y 轴上的截距等于固定成本 15 000 元为起点，绘制一条平行于横轴的固定成本线（y=15 000）。

③ 在固定成本线的基础上，以单位变动成本 15 为斜率，绘制总成本线 y=15 000+15x。

④ 以原点为起点，以单价 25 为斜率，绘制销售收入线 y=25x。

⑤ 销售收入线 y=25x 和总成本线 y=15 000+15x 的相交点，即保本点（1 500，37 500）。保本点所对应的横坐标的销售量 1 500 件就是保本点销售量，此点所对应的纵坐标的销售额 37 500 元就是保本点销售额。

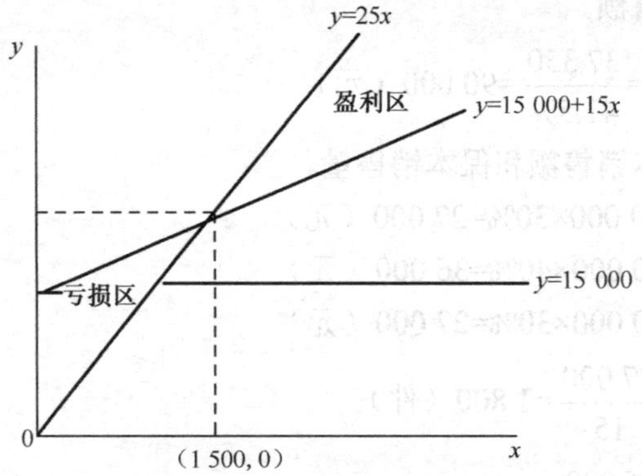

图 3-1　传统式保本分析图

图 3-1 从动态上集中而形象地反映了有关因素之间的相互关系，可以从中看出一些规律性的东西。

第一，保本点不变，销售量越大，能实现的利润越多，或亏损越少；销售量越小，能实现的利润越少，或亏损越多。

第二，销售量不变，保本点越低，能实现的利润越多，或亏损越少；保本点越高，能实现的利润越少，或亏损越多。

第三，在销售总成本既定的条件下，保本点受产品单位售价变动影响：产品单位售价越高，表现为销售总收入线的斜率越大，保本点越低；反之，保本点越高。

第四，在销售收入既定的条件下，保本点的高低取决于固定成本和单位产品变动成本的多少。固定成本越多，或单位产品的变动成本越多，保本点越高；反之，保本点越低（单位产品变动成本的变动对保本点的影响，是通过变动成本线的斜率的变动而表现出来的）。

明确上述基本关系，对于促使企业根据主客观条件有预见地采取相应的措施实现扭亏增盈，将有较大的帮助。

图解法通常用于单一产品的保本点分析，此法的优点在于形象、直观、通俗易懂，但由于手工绘图的局限性，保本量和保本额需要在坐标轴上读出来，因此结果不会十分准确。

（2）贡献毛益式保本图

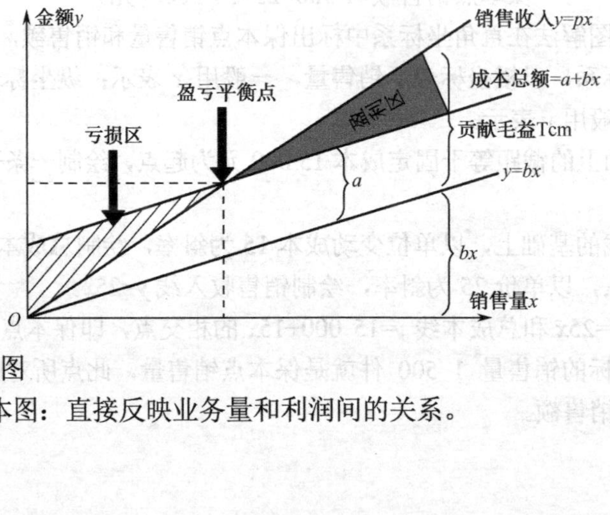

（3）利量式保本图

利润-数量式保本图：直接反映业务量和利润间的关系。

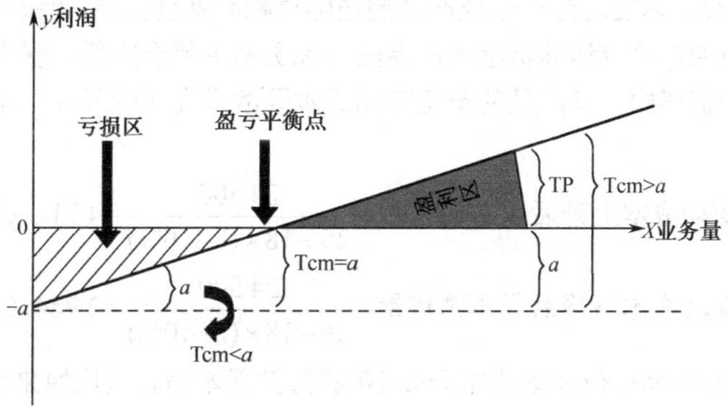

（4）单位式盈亏临界图

以销售单价、单位成本、单位利润直接反映盈亏临界点。

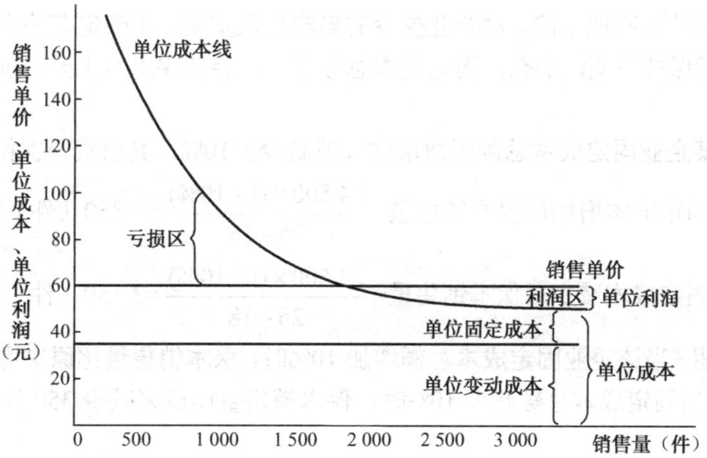

（三）影响保本点的因素

1. 销售价格

产品的销售价格是影响企业保本点的最敏感因素。价格变化对保本点的影响有两种情况：一是价格提高，使保本点降低，盈利增加；一是价格降低，使保本点上升，盈利减少。例如，某企业经营甲产品，预计单位售价为 25 元，单位变动成本 18 元，固定成本总额 24 500 元，其保本销售量为 3 500 件。现假定产品单位售价因故提高（或降低）10%，其余资料保持不变。则：

$$销售价格提高后保本销售量=\frac{24\,500}{25\times(1+10\%)-18}=2\,579（件）$$

$$销售价格降低后保本销售量=\frac{24\,500}{25\times(1-10\%)-18}=5\,444（件）$$

计算结果表明，当某产品销售价格提高 10%时，其保本销售量比原来减少 921 件（3 500−2 579）；而当该产品销售价格降低 10%时，其保本销售量比原来增加 1 944 件（5 444 −3 500）。

2. 单位变动成本

单位变动成本的变化对保本点的影响仅次于产品销售价格。在其他条件保持不变的情况下，单位变动成本降低，单位边际贡献或产品的边际贡献率就会提高，保本点就会下降；反之，单位产品变动成本增加，单位边际贡献或产品的边际贡献率就会降低，保本点就会上升。

在上例所提供的资料中，某产品的单位变动成本因故升高（或降低）10%，其余资料保持不变。则：

$$\text{单位变动成本上升后保本销售量}=\frac{24\,500}{25-18\times(1+10\%)}=4\,712\text{（件）}$$

$$\text{单位变动成本下降后保本销售量}=\frac{24\,500}{25-18\times(1-10\%)}=2\,784\text{（件）}$$

计算结果表明，当产品单位变动成本升高 10%时，其保本销售量比原来增加 1 212 件（4 712 件−3 500 件）；而当该产品变动成本降低 10%时，其保本销售量比原来减少 716 件（3 500 件−2 784 件）。

3. 固定成本

固定成本总额的升高或下降，对企业盈亏的影响也很重要。在确定有关产品的保本销售量时，如果其他因素保持不变，那么，固定成本总额上升，会使保本点上升；反之，保本点就会相应降低。

如上例中，某企业固定成本总额因故增加（或减少）10%，其余资料保持不变。则：

$$\text{固定成本增加后保本销售量}=\frac{24\,500\times(1+10\%)}{25-18}=3\,850\text{（件）}$$

$$\text{固定成本减少后保本销售量}=\frac{24\,500\times(1-10\%)}{25-18}=3\,150\text{（件）}$$

计算结果表明，当该企业固定成本总额增加 10%时，保本销售量比原来增加 350 件（3 850 件−3 500 件）；而当固定成本总额减少 10%时，保本销售量比原来减少 350 件（3 500 件−3 150 件）。

4. 品种结构

当企业同时生产多种产品时，由于不同产品的盈利性通常是不同的，因此产品品种结构变动必然要对整个企业的保本点产生一定的影响。例如，某厂生产 A，B，C 3 种产品，其销售单价分别为 10 元，15 元，16 元，其单位变动成本分别为 5 元，9 元和 12 元。三种产品的销售额比例为 5:3:2，全年固定成本总额为 3 360 元。则保本点销售额计算如下。

先计算各种产品的销售额比重：

$$\text{A 产品的销售比重}=\frac{5}{5+3+2}=50\%$$

$$\text{B 产品的销售比重}=\frac{3}{5+3+2}=30\%$$

$$\text{C 产品的销售比重}=\frac{2}{5+3+2}=20\%$$

再计算各种产品的边际贡献率：

$$\text{A 产品的边际贡献率}=\frac{10-5}{10}=50\%$$

$$\text{B 产品的边际贡献率}=\frac{15-9}{15}=40\%$$

$$C产品的边际贡献率=\frac{16-12}{16}=25\%$$

则　　综合边际贡献率=50%×50%+30%×40%+20%×25%=42%

$$保本销售额=\frac{3\ 360}{42\%}=8\ 000（元）$$

如果将3种产品的销售比重调整为2:3:5，则保本点的计算如下：

综合边际贡献率=20%×50%+30%×40%+50%×25%=34.5%

$$保本销售额=\frac{3\ 360}{34.5\%}=9\ 739（元）$$

从上述计算可以看出，尽管固定成本总额和各种产品的边际贡献率保持不变，但只要改变产品的销售比重，企业保本点销售额也会发生变化。因为当改变销售比重后，边际贡献率低的C产品销售比重上升至50%，而边际贡献率高的A产品销售比重下降到20%，使得企业的总体盈利水平下降，综合边际贡献率由原来的42%下降到现在的34.5%，因而保本销售额上升了1 739元（9 739 −8 000）。

子任务三　分析保利点

（一）目标利润的概念

所谓目标利润，就是企业在计划期事前分析制定的、必须且可以达到的利润水平，是企业整个生产经营目标的主要组成部分。目标销售收入规划分为两种情况：单品种的目标销售规划和多品种的目标销售规划。这里只介绍单品种的目标销售规划。

单品种的目标销售规划是指根据已确定的某一主要产品的目标利润及相关资料，为完成目标利润规划的需实现的目标销售。

（二）目标利润的确定

1. 应用本量利分析的基本扩展公式确定

根据成本性态分析原理，在已知成本、业务量（销售量）和利润之间的线性关系的基础上，通过已知变量而对未知变量进行推断。

预计利润=销售单价×销售量-单位变动成本×销售量-固定成本总额

2. 运用边际贡献的基本概念确定

预计利润=边际贡献总额-固定成本总额

3. 运用安全边际的基本概念确定

预计利润=安全边际量×单位边际贡献

（三）税前目标销售量或销售额的确定

目标销售量或销售额是指为确保目标利润的实现而需要完成的销售量或销售额，因此，目标销售量或销售额又称为保利量或保利额。其计算公式如下。

根据，

目标利润=销售单价×目标销售量-单位变动成本×目标销售量-固定成本总额

因此，

$$目标销售量=\frac{固定成本总额+目标利润}{单位边际贡献}$$

$$目标销售额=目标销售量\times 单价$$

$$=\frac{固定成本总额+目标利润}{单位边际贡献}\times 单价$$

【任务案例 3-7】 某公司生产和销售一种产品，单位售价为 50 元/件，单位变动成本为 25 元/件，当月总固定成本为 25 000 元，预计 2017 年的目标利润为 80 000 元。

要求：计算该公司的目标销售量和目标销售额。

$$目标销售量=\frac{80\,000+25\,000}{50-25}=4\,200（件）$$

$$目标销售额=4\,200\times 50=210\,000（元）$$

（四）税后目标销售量或销售额的确定

由于，

$$税后目标净利润=税前目标利润\times（1-所得税税率）$$

所以，

$$目标销售量=\frac{固定成本总额+\dfrac{税后净利润}{1-所得税税率}}{单位边际贡献}$$

$$目标销售额=目标销售量\times 单价=\frac{固定成本总额+\dfrac{税后净利润}{1-所得税税率}}{边际贡献率}$$

【任务案例 3-8】 承任务案例 3-7 的资料，假设预计 2017 年的目标利润 80 000 元为税后利润，所得税税率为 25%，则目标销售量和目标销售额是多少？

$$目标销售量=\frac{25\,000+\dfrac{80\,000}{1-25\%}}{50-25}=5\,267（件）$$

$$目标销售额=5\,267\times 50=263\,350（元）$$

目标利润一般是指缴纳所得税前的利润，而缴纳所得税后的目标利润称为目标净利润，二者的关系为

$$目标利润=\frac{目标净利润}{1-所得税税率}$$

（五）有关因素变动对目标利润的影响分析

从利润的计算过程可以看出，产品的销售价格、单位变动成本、固定成本、销售量等因素的变动都会引起利润的变动，下面探讨有关因素的变动对利润的影响。

1. 销售价格

$$保利点销售量=\frac{固定成本+目标利润}{单价-单位变动成本}$$

从上面的公式可以看出，当销售单价上升时，边际贡献上升，企业保证目标利润实现的销售量就减少，当企业实际的销售量不变时，就会增加利润；反之，当销售单价下降时，边际贡献下降，企业保证目标利润实现的销售量就增加，当企业实际的销售量不变时，就会减少利润。如某公司生产和销售一种产品，单位售价为60元/件，单位变动成本为30元/件，固定成本总额为60 000元，2017年正常的销售量为3 600件。

（1）假设2017年利润不变，其他因素不变，价格提高10%，求价格变动前后的保利点。

（2）假设2017年销售量、单位变动成本和固定成本不变，价格提高10%，求价格变动前后的利润。

销售单价变动前的利润=(60−30)×3 600−60 000=48 000（元）

$$销售单价变动前的保利销售量=\frac{60\ 000+48\ 000}{60-30}=3\ 600（件）$$

销售单价变动后的单位边际贡献=60×(1+10%)−30=36（元）

$$销售单价变动后的保利销售量=\frac{60\ 000+48\ 000}{36}=3\ 000（件）$$

销售单价变动后的利润=36×3 600−60 000=69 600（元）

从上面计算过程可以看出，当单价提高10%时，保利销售量从原来的3 600件降低到3 000件，当2017年企业实际销售量不变时，则利润由原来的48 000元提高到69 600元。

2. 单位变动成本

$$保利点销售量=\frac{固定成本+目标利润}{单价-单位变动成本}$$

从上面的公式可以看出，当单位变动成本上升时，边际贡献下降，企业保证目标利润实现的销售量就增加，当企业实际的销售量不变时，就会减少利润；反之，当单位变动成本下降时，边际贡献上升，企业保证目标利润实现的销售量就减少，当企业实际的销售量不变时，就会增加利润。仍承上述资料：

（1）假设2017年利润不变，其他因素不变，单位变动成本提高10%，求单位变动成本变动后的保利点。

（2）假设2017年销售量、单价和固定成本不变，单位变动成本提高10%，求单位变动成本变动后的利润。

单位变动成本变动后的单位边际贡献=60−30×(1+10%)=27（元）

$$单位变动成本变动后的保利销售量=\frac{60\ 000+48\ 000}{27}=4\ 000（件）$$

单位变动成本变动后的利润=27×3 600−60 000=37 200（元）

从上面计算过程可以看出，当单位变动成本提高10%时，保利销售量从原来的3 600件提高到4 000件，当2017年企业实际销售量不变时，则利润由原来的48 000元降低到37 200元。

3. 固定成本

$$保利点销售量=\frac{固定成本+目标利润}{单价-单位变动成本}$$

从上面的公式可以看出，当固定成本上升时，边际贡献下降，企业保证目标利润实现的销售量就增加，当企业实际的销售量不变时，就会减少利润；反之，当固定成本下降时，边际贡献上升，企业保证目标利润实现的销售量就减少，当企业实际的销售量不变时，就会增加利润。

仍承上述资料：

（1）假设 2017 年利润不变，其他因素不变，固定成本提高 10%，求固定成本变动后的保利点。

（2）假设 2017 年销售量、单价和单位变动成本不变，固定成本提高 10%，求固定成本变动后的利润。

$$\text{固定成本变动后的固定成本}=60\ 000\times(1+10\%)=66\ 000\text{（元）}$$

$$\text{固定成本变动后的保利销售量}=\frac{66\ 000+48\ 000}{30}=3\ 800\text{（件）}$$

$$\text{固定成本变动后的利润}=30\times3\ 600-66\ 000=42\ 000\text{（元）}$$

从上面计算过程可以看出，当固定成本提高 10%时，保利销售量从原来的 3 600 件提高到 3 800 件，当 2017 年企业实际销售量不变时，则利润由原来 48 000 元降低到 42 000 元。

4. 销售量

$$\text{保利点销售量}=\frac{\text{固定成本}+\text{目标利润}}{\text{单价}-\text{单位变动成本}}$$

从保利点的计算公式来看，不管销售量是提高还是降低，都不影响保利点的销售量，只会影响利润。当企业提高销售量时，利润随之增加；反之，当降低销售量时，利润随之降低。仍承上述资料，要求：假设 2017 年固定成本、单价和单位变动成本不变，销售量提高 10%，求销售量变动后的利润。

$$\text{销售量变动后的利润}=(60-30)\times3\ 600\times(1+10\%)-6\ 600=58\ 800\text{（元）}$$

从上面计算过程可以看出，当销售量提高 10%时，则利润由原来的 48 000 元提高到 58 800 元。

【任务案例 3-9】 某企业只生产 D 一种产品，2017 年产销量 5 000 件，销售单价 25 元，单位变动成本 17 元，固定成本 20 000 元。

要求：（1）如果 2018 年目标利润比 2017 年增长 20%，问单位变动成本应降低的百分比是多少？

（2）如果单位变动成本不能降低，只有增加销售量这一途径，但单价必须降低到 22 元，问销售量达到多少才能使利润增长 20%？

解：（1）2017 年目标利润=5 000×(25−17)−20 000=20 000（元）

2018 年目标利润=20 000×(1+20%)=24 000（元）

$$\text{变动后的单位变动成本}=25-\frac{24\ 000+20\ 000}{5\ 000}=25-8.8=16.2\text{（元）}$$

$$\text{单位变动成本应降低的百分比}=\frac{17-16.2}{17}=4.7\%$$

$$\text{（2）销售量}=\frac{20\ 000\times(1+20\%)+20\ 000}{22-17}=8\ 800\text{（件）}$$

销售量达到 8 800 件才能使利润增长 20%。

影响实现目标利润业务量（保利点）有四个因素：固定成本、单价、单位变动成本、目标利润。

影响实现目标净利润业务量（保利点）有五个因素：固定成本、单价、单位变动成本、目标利润、所得税税率。

任务二 企业经营安全程度评价

（一）安全边际

安全边际是指以绝对数的形式评价企业经营安全程度的一项指标，是实际或预计的销售业务量（包括销售量和销售额两种形式）与保本业务量（包括保本量和保本额两种形式）之差。这个差距反映了企业生产经营活动距离亏损的程度，表明企业从现有的销售量再降低多少，才会发生亏损。这一差距越大，则说明企业销售量可以变动的空间越大，反映企业发生亏损的可能性就越小，因此企业经营的安全性就越高。

安全边际的表现形式有两种，一种是用实物量来表示，即安全边际量，其计算公式如下：

安全边际量=实际或预计销售量-保本量

另外一种是用货币形式来表示，即安全边际额，其计算公式如下：

安全边际额=实际或预计销售额-保本额（或者安全边际量×单价）

（二）安全边际率

安全边际率是以相对数的形式评价企业经营安全程度的一项指标，是安全边际量（额）与实际或预计的销售业务量（额）之比。安全边际率越大，说明企业生产经营发生亏损的可能性就越小，企业经营就越安全；反之，安全边际率越低，说明企业生产经营发生亏损的可能性就越大，企业经营就越不安全。其计算公式如下：

$$安全边际率=\frac{安全边际量（额）}{实际或预计销售量（额）}\times100\%$$

评价企业经营安全程度的一项指标见表3-2。

表3-2 企业经营安全性评价标准

安全边际率	10%以下	10%～20%	20%～30%	30%～40%	40%以上
安全程度	危险	值得注意	较安全	安全	很安全

显然，安全边际和安全边际率是分别用绝对数和相对数来反映企业经营风险程度的两个指标。这两个指标越大，表明企业经营越安全，风险越小；反之，这两个指标越小，表明企业经营越不安全，风险越大。从安全边际和安全边际率的概念和计算过程我们不难发现，利润是由安全边际提供的，当安全边际扣除本身的变动成本后就成为企业的利润。

【任务案例3-10】 某公司生产和销售一种产品，单位售价为45元/件，单位变动成本为25元/件，固定成本总额为25 000元，目前企业销售该产品2 000件。

要求：

（1）计算该企业的安全边际量。

（2）计算该企业的安全边际额。

（3）计算该企业的安全边际率。

解：（1）安全边际量=$2\,000-\frac{25\,000}{45-25}$=750（件）

（2）安全边际额=750×45=33 750（元）

（3）安全边际率$=\frac{750}{2\,000}\times100\%=37.5\%$

从计算结果来看，该企业的安全边际率为37.5%，说明企业的经营安全程度处于安全状态。

（三）保本作业率

保本作业率是指保本销售量或销售额占实际或预计的销售量（额）的百分比。其计算公式如下：

$$保本作业率=\frac{保本销售量（额）}{实际或预计销售量（额）}\times100\%$$

对于企业来说，保本作业率可以说明企业产品盈利能力的强弱。如果保本作业率较高，则说明产品的盈利能力较低，企业必须利用大部分的生产能力来弥补固定成本，这样，在保本点以上的可利用生产能力不多，企业的利润也会比较低；如果保本作业率比较低，则说明企业目前产品的盈利能力较强，只需要利用比较少的一部分生产能力即能弥补固定成本，而在保本点之上的生产能力的利用即可为企业带来较大的利润。因此，保本作业率能够表明保本状态下生产经营能力的利用程度，以及反映企业的生产经营能力利用到什么程度才能保本。

【任务案例3-11】 承任务案例3-10的资料，要求：

（1）计算该企业的保本作业率；

（2）验证安全边际率和保本作业率的关系。

$$保本销售量=\frac{25\,000}{45-25}=1\,250（件）$$

$$保本作业率=\frac{1\,250}{2\,000}\times100\%=62.5\%$$

$$保本作业率+安全边际率=62.5\%+37.5\%=100\%=1$$

安全边际率和保本作业率的关系：

$$安全边际量（额）=实际或预计销售量（额）-保本销售量（额）$$

$$安全边际率=\frac{安全边际量（额）}{实际或预计销售量（额）}\times100\%$$

$$保本作业率=\frac{保本销售量（额）}{实际或预计销售量（额）}\times100\%$$

安全边际率和保本作业率的关系：

$$保本作业率+安全边际率=1$$

项目总结

本量利分析是在成本性态分析和变动成本法的基础上，以数学化的会计模型和图示来揭示销售单价、单位变动成本、固定成本、销售量与利润之间的关系，从而为预测、决策、控制与考核提供必要的财务信息。

保本点是指当利润等于0时的销售量和销售额，单一品种条件下的保本点的确定方法有公式法、图解法；多品种条件下的保本点的确定方法一般通过计算综合边际贡献率求出综合保本销售额。

产品的销售价格、产品的销售量变动对企业的保本点、保利点、安全边际变动有着显著的影响，而固定成本、单位变动成本的变动对保本点、保利点、安全边际也产生重要的影响。在对亏损额的影响方面，产品的销售价格和产品的销售量的影响更是明显，它提示企业管理者要高度重视产品的销售工作。

项目综合训练

一、单项选择题

1. 当单价单独变动时，则（　　）。
   A. 会使保本点同方向变动　　B. 会使安全边际同方向变动
   C. 会使利润反方向变动　　D. 会使保利点同方向变动
2. 某产品单价 20 元，固定成本 40 000 元，边际贡献率为 40%，则保本量为（　　）。
   A. 100 000 件　　B. 2 000 件　　C. 25 000 件　　D. 5 000 件
3. 某企业保本作业率为 60%，安全边际量 500 件，则该企业实际销售量为（　　）。
   A. 800 件　　B. 833 件　　C. 1 250 件　　D. 1 500 件
4. 某产品变动成本率 70%，固定成本 4 000 元，目标净利润 1 500 元，所得税税率为 25%，则实现目标净利润的销售额为（　　）。
   A. 8 571 元　　B. 17 800 元　　C. 20 000 元　　D. 26 869 元
5. 某产品边际贡献率为 50%，保本作业率为 70%，则销售利润率为（　　）。
   A. 35%　　B. 140%　　C. 15%　　D. 40%
6. 在计算保本量和保利量时，有关公式的分母可以是（　　）。
   A. 单位边际贡献　　B. 边际贡献率　　C. 单位变动成本　　D. 固定成本
7. 由关公式可见，进行保本和保利分析时，凡计算有关销售量的指标时，均以（　　）为分母。
   A. 边际贡献毛益　　B. 单位边际贡献　　C. 固定成本　　D. 所得税税率
8. 下列指标中，可以据以判定企业经营安全程度的指标是（　　）。
   A. 保本作业率　　B. 贡献边际　　C. 保本量　　D. 保本额
9. 下列各项中反映企业实现目标净利润销售量的公式是（　　）。
   A. $\dfrac{固定成本+目标利润}{单价-单位变动成本}$　　B. $\dfrac{固定成本+目标利润}{边际贡献率}$
   C. $\dfrac{固定成本总额+\dfrac{目标净利润}{1-所得税税率}}{单位边际贡献}$　　D. $\dfrac{固定成本总额+\dfrac{目标净利润}{1-所得税税率}}{边际贡献率}$
10. 当单位变动成本单独增加而其他因素均不变时，会引起（　　）。
    A. 保本点和保利点升高，安全边际下降，利润减少
    B. 保本点和保利点降低，安全边际上升，利润增加
    C. 保本点和保利点升高，安全边际上升，利润增加
    D. 保本点和保利点降低，安全边际下降，利润减少

二、多项选择题

1. 在销售量不变的情况下，如果保本点提高，则（　　）。
   A. 盈利区的三角形面积有所扩大
   B. 盈利区的三角形面积有所缩小

C．亏损区的三角形面积有所扩大

D．亏损区的三角形面积有所缩小

E．盈利区和亏损区的三角形面积都不变

2．判定企业处于保本状态的标志有（　　）。

A．收支相等　　B．边际贡献等于固定成本

C．安全边际量为零　　D．保本作业率为100%

E．安全边际率为零

3．影响保利点的因素包括（　　）。

A．单价　　B．单位变动成本　　C．固定成本　　D．目标净利润

4．影响实现目标净利润业务量的因素包括（　　）。

A．单价　　B．单位变动成本　　C．固定成本　　D．目标净利润

E．所得税税率

5．下列各式中，计算结果等于固定成本的有（　　）。

A．边际贡献-利润　　B．销售额×边际贡献率-利润

C．单位边际贡献×销售量-利润　　D．销售额×（1-变动成本率）-利润

E．单位变动成本×销售量-利润

6．下列条件中，能使保本点提高的有（　　）。

A．单价降低　　B．单位变动成本降低

C．销售量提高　　D．固定成本提高

E．目标利润提高

7．安全边际指标的表现形式包括（　　）。

A．安全边际量　　B．安全边际额　　C．安全边际率　　D．保本作业率

E．贡献边际率

8．下列说法中正确的有（　　）。

A．安全边际与单价同方向变动

B．安全边际与单位变动成本同方向变动

C．安全边际与固定成本同方向变动

D．安全边际与销售量同方向变动

E．目标利润对安全边际没有影响

9．下列两个对应的指标中，属于互补关系的有（　　）。

A．安全边际率与保本作业率　　B．安全边际率与边际贡献率

C．保本作业率与变动成本率　　D．边际贡献率与保本作业率

E．变动成本率与边际贡献率

10．企业经营安全程度的评价指标包括（　　）。

A．保本量　　B．安全边际量　　C．安全边际额

D．安全边际率　　E．保本作业率

三、判断题

1．（　　）不论计算保本量还是计算保利量，均以单位边际贡献为分母。

2．（　　）安全边际提供的边际贡献额就是利润。

3.（　　）在边际贡献率一定的条件下，安全边际率越高，则销售利润率越低。

4.（　　）在其他条件不变时，单价降低将使保本点提高。

5.（　　）销售利润率只与边际贡献率有关，它不受安全边际率的影响。

6.（　　）在保本点不变的情况下，如产品销售超过保本点一个单位的业务量，即可获得一个单位边际贡献的盈利。

7.（　　）企业各种产品所提供的边际贡献构成了企业的营业净利润。

8.（　　）目标利润单独变动时，只会影响保利点，却不改变保本点。

9.（　　）安全边际率与保本作业率都是评价企业经营安全程度的指标，安全边际率与保本作业率越大，则企业经营安全程度越好。

10.（　　）如果企业的销售量为零，则其亏损额就是固定成本。

四、计算分析题

1. 以下是四个工厂分别在过去一年中的生产和销售情况，假定每个工厂产销平衡，同时都只产销一种产品。

	销量（件）	销售收入（元）	变动成本（元）	单位边际贡献（元）	固定成本（元）	净利（净损）（元）
1		50 000		4	10 000	10 000
2	8 000		40 000	3		9 000
3	3 000	45 000			18 000	(3 000)
4	9 000	81 000	45 000		20 000	

要求：将有关数据填入表中空白处。

2. 某企业保本额为每月 80 000 元，当固定成本增加 6 000 元时，为了达到损益平衡就要增加销售额 15 000 元。假设该企业仅生产和销售一种产品，且销价和变动成本均不变。试计算：

（1）变动成本率；（2）最初时的固定成本；（3）固定成本及保本额增加的幅度。

3. 某企业只产销一种产品，2017 年销售量为 8 000 件，单价为 240 元，单位成本为 180 元，其中单位变动成本为 150 元，该企业计划 2018 年利润比 2017 年增加 10%。

要求：运用本量利分析原理进行规划，从哪些方面采取措施，才能实现目标利润（假定采取某项措施时，其他条件不变）。

4. 某工厂只生产 C 一种产品，单价 80 元，单位变动成本 50 元，固定成本 30 000 元，2017 年销售量 1 500 件。该企业计划 2018 年增加投资进行设备改造，当年增加固定资产成本 10 000 元，但可使单位变动成本降低 20%，准备单价降低 10%，可使销售量增长 20%。

要求：计算该工厂 2018 年可实现的利润。

5. 某公司共生产Ⅰ、Ⅱ、Ⅲ三种型号产品，具体资料见表 3-3。

表 3-3　某公司产品

项　　目	Ⅰ型	Ⅱ型	Ⅲ型
预计销售（件）	1 000	1 500	2 000
单位售价（元）	35	10	25
单位变动成本（元）	28	6	16
固定成本总额（元）	15 500 元		

要求：计算综合保本销售额及各产品的保本销售额。

项目 4　预测分析

引导案例

近年来，随着人们生活水平的提高，市面上已出现了专用于毛皮大衣和高级呢绒服装的清洁吸尘器。具有很强的市场嗅觉的万和家用电器厂刘厂长意识到这是一个赚钱的好项目。他着手做了一些市场调研，包括市场需求情况、产品供应渠道等。他发现市面上这种产品均为国外进口，国内尚无专业生产厂家。刘厂长准备引进国外先进技术试制一批清洁吸尘器。他邀请了数名专家对该产品的市场前景进行了预测分析，专家一致认为，因为高档服装干洗费用高，专用清洁吸尘器经济又实惠，将深受家庭主妇的喜爱，产品不愁销路。以当地人口 1 000 万人计算，若每 100 人有一人购买，则需求量有 10 万台。该产品与毛皮大衣和高级呢绒服装的销量也有密切关系，目前这些高档服装销量非常好，去年销售量达 15 万件，如果将专用清洁吸尘器进行有效推广，以 3:2 的比例计算，清洁吸尘器的销量也不少于 10 万台。价格方面，当前国外进口产品卖 200 元/台。经推算，其成本大约为 80 元，如果定价为 150 元/台，按市场占有率 50%计算，利润可达 350 万元。经过上述预测分析，刘厂长决定引进这个新项目。短短几个月时间，新产品投放市场，通过有效的营销手段，为万和家用电器厂带来了可观的利润。

学习目标

通过本单元的学习，你应该能够：

- 了解预测分析的基本概念及基本内容；
- 熟悉预测分析的不同方法；
- 理解预测分析的基本原理；
- 掌握销售预测、利润预测、成本预测、资金预测的基本方法及其运用。

项目任务

任务一　销售预测分析

任务二　成本预测分析

任务三　利润预测分析

任务四　资金预测分析

任务一 销售预测分析

子任务一 预测分析基础

（一）预测分析的概念

预测是利用各种科学方法和技术来预计和推断事物发展的可能性和必然性的行为，即根据过去和现在预计未来，根据已知推断未知的过程。我国古人即有“凡事预则立，不预则废”的说法，强调应当在事前对事物发展做出预测。企业要在激烈的市场竞争中立于不败之地，必须对市场的瞬息变化和经济形势的发展趋势进行深入的调查研究，在掌握大量信息资料的基础上，对未来发展趋势做出科学的预计和推测。预测分析是决策分析的基础，是决策科学化的保证条件之一。

预测分析就是通过对经济数据和其他信息资料的分析，预测未来经济活动的发展趋势，并对预测结果的正确与否及其可靠程度进行科学分析和判断的过程。由于未来充满了不确定性，加之人们认识事物发展规律的局限性，预测分析表现出如下特点：①预测分析的依据具有一定的假定性；②预测分析的结果与实际结果之间存在一定的差异性；③预测分析过程不可避免地渗入预测者的主观判断因素，具有一定的主观性；④预测分析具有方法技术上的多样性，即对同一预测对象存在多种可以使用的方法、技术和模型。

预测分析也称为预测技术，应用范围十分广泛，涉及社会、经济、科学、技术、政治、军事等各个领域，已成为一门新兴的综合性学科。预测职能是管理会计的一项重要职能。管理会计主要利用财务会计的相关资料，对生产经营的各项经济指标进行科学预测，借以揭示未来经济活动的发展趋势，从而减少经营管理决策的盲目性。决策的科学性来自于企业对其未来经营状况、发展前景及可能产生的经济效益的准确预测。预测分析是科学决策的前提，也是编制企业预算的基础。

（二）预测分析的内容

企业经营管理的关键在于正确决策，决策的科学性来自准确的预测。只有科学准确地预测市场，才能做到“以需定销，以销定产”；只有事先预测利润和成本，才能挖掘潜力，降低成本；只有预测资金需求量，才有助于提高资金使用效率。预测分析的内容包括销售预测、利润预测、成本预测和资金预测。

1. 销售预测

销售预测是根据历史销售资料，结合市场调查所得到的资料，对特定产品的未来销售量及变化趋势所做出的科学预计和推测。销售预测是企业预测分析系统的起点，其目的是了解产品的社会需求量和销售前景，掌握产品的销售状态和市场占有情况，有计划地组织生产经营，从而提高经济效益。

2. 利润预测

利润预测就是根据企业未来经营目标的要求，通过对影响利润变化的因素进行综合分析，预计企业未来一定时期内应当达到或可能达到的利润水平及其变动趋势。进行科学的利润预测，对于改善企业的经营管理具有相当重要的意义。

3. 成本预测

成本是衡量企业经营状况的重要指标，是会计管理的主要对象之一。成本预测是根据企业未来经营目标的要求，利用企业历史资料和现有条件，对预测期的成本水平及其发展趋势的推测和估算。对成本进行预测，有助于提高经营管理工作的预见性，有利于控制成本，从而促进企业经济效益的提高。

4. 资金预测

资金预测是在销售预测、利润预测、成本预测之后，运用一定方法预计企业所需资金的过程。对企业的资金需要量进行预测，可以减少资金耗费，提高资金使用效率。

（三）预测分析的步骤

1. 确定预测目标

进行预测分析，首先要有明确的目标。预测目标一般根据企业的总目标来设计，包括预测的具体对象、内容及其范围，并规定时间期限及数量单位。

2. 搜集、整理资料

预测目标确定以后，要按预定的计划有组织、有目的地搜集和整理相关资料。搜集的资料要完整、全面、可靠，并对有关资料进行加工、整理和鉴别，找出各因素之间制约与依存关系，从中发现规律。

3. 选择预测方法进行预测

预测方法决定预测的准确度。针对不同预测对象、内容和所掌握的资料，应采用适当的预测方法。对于那些资料齐全、可以建立数学模型的对象，应选择定量预测方法；对于资料缺乏的预测对象，应选择定性预测方法，根据经验建立理想的逻辑思维模型，避免主观臆断。在此基础上，分别进行定量分析和定性分析，提出符合依据的预测结果。

4. 修正预测结果

由于数据不充分或无法定量，使得定量预测分析的精度不够，所以需要结合定性分析的结论对其进行修正或补充说明。对于定性分析预测的结果，往往也需要结合新的数据，采用定量分析方法加以修正和补充，使预测结果更符合实际情况。

5. 得出预测结论

通过以上修正和补充，将预测结论提交给相关管理部门，为其决策提供依据。

6. 评价预测效果

由于市场因素复杂多变，预测的结果很难同企业的实际结果相吻合，存在一定的差异是难免的，企业应分析差异产生的原因，验证选用的预测方法是否适当有效，并认真总结，为下次预测做好准备。

（四）预测分析的基本方法

预测的方法有很多，按其性质可分为定量分析法和定性分析法两大类。

1. 定量分析法

定量分析法又称数量分析法，是指根据较为齐备的历史资料，采用统计推断的方法或建立数学模型，对所取得的数据资料进行加工处理，以充分揭示各有关因素之间的规律性联系，预测未来事物发展趋势的一种方法。按照有关变量之间的规律性联系，定量分析法又可分为趋势分析法和因果分析法。

（1）趋势分析法

趋势分析法又称时间序列法，是将某指标过去的变化趋势作为预测的依据，把未来作为历史的自然延续的一种方法。这类方法主要包括算术平均法、移动加权平均法、趋势平均法、平滑指数法等。该方法在企业中有着较为广泛的运用，多用于销售预测和成本预测。

（2）因果分析法

因果分析法是根据预测对象与其他相关指标之间的因果联系，通过建立相应的因果数学模型对预测对象的发展趋势做出推测的分析方法。属于这类方法的主要有回归直线法、模型利用法等。

定量分析法主要适用于历史资料比较齐备且容易取得的企业，计算结果一般比较精确，但计算量比较大，建立的数学模型一般较复杂，而且容易受到非计量因素的影响。

2. 定性分析法

定性分析法又称非数量分析法，它是一种直观性的预测方法，主要根据预测人员长期的实践经验、专业知识和综合判断能力对预测对象未来的发展趋势做出推断。在企业缺乏完整的历史资料或有关变量之间不存在明显的数量关系等情况下，适合采用这种方法。其具体方法有调查分析法和判断分析法，主要适用于销售预测，也可用于利润预测、成本预测和资金预测。

在实际预测分析过程中，定量分析法与定性分析法并不是相互排斥的，而是相互补充、相辅相成的，二者有机结合使用才能使预测结果真实可靠，达到预期目的。从实践工作来看，一般的，预测分析的项目数量越大，预测期间越短，预测结果越准确。

子任务二　销售预测

销售预测是企业生产经营活动的起点，在整个企业预测系统中占据先导地位，它对于指导利润预测、成本预测和资金预测，安排经营计划，组织生产和进行长短期决策起着重要作用，也是正确编制销售预算的依据。搞好销售预测，有利于提高经营决策的科学性，使企业的经营目标同社会生产的发展和人们的消费需要相适应，便于"以销定产"，也可使产品生产、销售、调拨，以及库存之间密切配合，从而大大提高企业的经济效益。

影响销售预测的因素有很多，主要包括国民经济的发展规模及速度，国家的经济政策、资源政策，相关法律法规的变化，社会购买力水平的变化，消费结构和消费倾向，市场价格变化趋势，市场竞争态势等。

进行销售预测，要综合考虑这些影响因素，并采用科学的预测方法，以保证预测结果的可靠性。常用的销售预测方法有以下几种。

（一）定量预测法

1. 算术平均法

算术平均法是对产品在过去若干时期内的销售量（额）进行简单平均计算，以平均值作为未来销售预测值的一种预测方法。其计算公式如下：

$$\text{销售预测值}=\frac{\sum \text{各期销售数}}{\text{期数}}$$

【任务案例 4-1】　华美公司是一家专业生产热水器的企业，2017 年 7～12 月份销售额见表 4-1。

表4-1　华美公司7～12月份销售额　　单位：万元

月　份	7	8	9	10	11	12
销售额	176	172	184	168	188	192

要求：按算术平均法预测2018年1月份的销售额。

解：1月份预测销售额=$\frac{176+172+184+168+188+192}{6}=180$（万元）

算术平均法计算简单，但没有考虑时间序列的变化趋势，且将各个时期的销售差异平均化，因而会使预测结果产生较大误差。这种方法只适用于销售量基本稳定的产品，如没有季节性变化的食品及日用品等。

2. *移动加权平均法*

移动加权平均法是根据过去若干时期的实际销售资料，按照各期与销售预测期的远近加上不同的权数，进行加权平均计算，以平均值作为销售预测值的一种预测方法。其计算公式如下：

$$销售预测值=\frac{\sum 各期销售数分别乘以其权数}{\sum 各期权数}$$

【任务案例4-2】　承任务案例4-1资料，根据10，11，12月销售额用移动加权平均法预测2018年1月的销售额。

解：1月份预测销售额=$\frac{192\times3+188\times2+168\times1}{3+2+1}=187$（万元）

移动加权平均法中不同时期的数据对预测值的影响不同，距离预测期越近的实际销售数对预测值的影响越大，因此移动加权平均法按照“近大远小”的原则确定权数，即离预测期越近，其权数越大；离预测期越远，其权数越小。权数通常用自然数表示。若选取3个月的观测值，则预测期前3个月的权数分别为3，2，1；若选取4个月的观测值，则预测期前4个月的权数分别为4，3，2，1；若选取6个月的观测值，则预测期前6个月的权数分别为6，5，4，3，2，1。移动加权平均法考虑了近期发展趋势，而且根据时期距离预测期的远近分别加权，消除了各期销售差异平均化，弥补了算术平均法的缺陷，使预测结果更接近实际。

3. *平滑指数法*

平滑指数法又称指数移动平均法，是根据前期销售量的实际数和预测数，以加权因子（平滑指数）为权数，进行加权平均来预测下一期销售数的方法。平滑指数是一个经验数据，取值范围为0～1，一般取值为0.3～0.7。其计算公式如下：

预测值=（平滑指数×上期实际销售数）+（1−平滑指数）×上期预测销售数

【任务案例4-3】　承任务案例4-1资料，假定华美公司2017年12月实际销售额为192万元，原来预测12月份的销售额为200万元，平滑指数为0.7。要求用平滑指数法预测2018年1月销售额。

解：预测1月份销售额=0.7×192+0.3×200=194.4（万元）

由于平滑指数取值越大，近期实际数对预测结果的影响就越大；平滑指数取值越小，近期实际数对预测结果的影响就越小，因此，在进行近期预测或销售量波动较大的预测时，平滑指数应取值大些；在进行远期预测或销售量波动较小的预测时，平滑指数应取值小些。平滑指数法也是一种加权平均法，优点是它以平滑指数为权数，计算灵活简便，排除了偶然因素对预测值的影响，且较多地考虑了近期数据，符合不断发展的客观趋势，但平滑指数的确定难免带有主观成分。

（二）定性预测法

1. 调查分析法

调查分析法是指根据市场调查取得的资料进行销售预测的方法。市场调查的内容包括产品所处的生命周期、消费者的情况、市场竞争情况、经济发展趋势四个方面。产品销售量在产品寿命周期各个阶段中具有不同的发展趋势。一般来说，在试销期，新产品刚投入市场，消费者还不熟悉产品性能，销售量不大，需要经过一段时间的推广，销售量才会逐步上升；处于成长期的产品，已为消费者所接受，销售量会迅速增加；产品进入饱和期，前期销售量稳定上升，而后期销售量增长缓慢，并趋于下降；进入衰退期的产品，销售量急剧下降，逐步被新产品所替代。进行销售预测时，先要了解产品处于哪个发展阶段，这一时期能延续多久，然后预测出今后若干年的销售情况。此外，消费者的情况、国民收入增长情况、社会商品购买力情况、消费动向、行业生产增长速度和规模等，都会影响到产品的市场需求量。还有，产品的竞争能力与竞争对手的情况，也会对销售产生影响。将上述市场调查的资料进行加工整理和计算分析，就可以对产品销售做出预测。

市场调查的方法分为全面调查法、重点调查法、典型调查法和随机抽样调查法。

（1）全面调查法

全面调查法是对涉及同一产品的所有销售对象逐个进行调查，借以推测产品的未来销售趋势的一种方法。该方法内容详尽可靠，但成本高、耗时长，主要适用于对某些使用范围和用户有限的专用产品的销售预测。

（2）重点调查法

重点调查法是通过对有关产品在重点销售单位历史销售情况的调查来推测产品的未来销售变化趋势的方法。这种方法的关键在于选准重点对象，通常根据历史销售量资料来确定调查重点。它具有时间短、工作量少、成本低等优点。

（3）典型调查法

典型调查法是通过有意识地选择具有代表性的销售单位进行调查，在取得相关资料的基础上，推测产品的未来销售变化趋势。它的关键是选准典型销售单位，所选单位必须具有充分的代表性。

（4）随机抽样调查法

随机抽样调查法是按照随机原则，从所有产品销售单位中，抽取部分单位作为样本进行调查，根据调查结果推测产品的未来销售变化趋势。这种方法适用于对某些不可能或没有必要进行全面调查，以及难以确定重点销售单位或典型销售单位的预测对象进行调查。

【任务案例 4-4】 一项关于某地区 2017 年耐用消费品的市场调查显示，该地区拥有居民 500 万户，其他相关资料见表 4-2 和表 4-3。

表 4-2 耐用消费品的市场阶段划分

寿命周期	试销	成长	成熟	饱和	衰退
年数	1～5 年	1～5 年	1～3 年	1～3 年	1～3 年
估计使用户数	5%以下	5%～50%	50%～75%	75%～90%	90%以上

表4-3 耐用消费品的市场阶段划分

产品名称	3D彩电	笔记本电脑	变频空调
所处市场阶段	试销期（5年）	成长期（4年）	成熟期（2年）
拥有户数（万户）	6	105	310

要求：对该地区三种耐用消费品2018年的需求量做出预测。

解：该地区三种耐用消费品2018年的需求量预测计算见表4-4。

表4-4 耐用消费品2018年的需求量预测 单位：万台

产品名称	所处市场阶段	已拥有户数比重	各阶段潜在购买量（每户1台计）	平均每年需求量
3D彩电	试销期（5年）	1.2%	500×(5%−1.2%)=19	19÷5=3.8
笔记本电脑	成长期（4年）	21%	500×(50%−21%)=145	145÷4=36.25
变频空调	成熟期（2年）	62%	500×(75%−62%)=65	65÷2=32.5

通过上表预测分析可得，2011年该地区3D彩电需求量为3.8万台；笔记本电脑需求量为36.25万台；变频空调需求量为32.5万台。

2. 判断分析法

判断分析法就是聘请有关人员对计划期产品销售情况进行综合研究，推测和判断未来销售趋势和结果的一种定性分析方法。相关人员包括有经验的经济专家、教授、本企业或同行企业的高级领导人、销售经理、销售人员、经销商等。该方法针对预测对象的特点和预测目的，有选择性地邀请有关人员参与预测，充分发挥参与者的知识技能、实践经验和综合分析能力，集思广益，避免了主观片面性。它一般适用于新产品的销售预测或历史资料不完整，无法进行定量分析的企业。具体方法有专家意见法、经理评定法和销售人员意见法。

（1）专家意见法

专家意见法又称德尔菲法，它是通过向有关专家发出预测调查表的方式，搜集专家们的意见，然后把各专家的判断汇总在一起，再反馈给专家，请他们参考别人的意见修正自己原来的判断，这样反复3～5次，最后把各专家意见综合、整理和归纳，对销售预测值做出综合判断。

（2）经理评定法

经理评定法是指由企业负责产品销售业务的有关经营管理人员，根据长期销售工作的丰富经验，分析历史销售资料后，判断和预测产品的未来销售趋势的一种方法。

（3）销售人员意见法

销售人员意见法是利用销售人员的经验对其负责的产品的未来销售趋势做出判断的一种方法。有时是由每个销售人员单独进行预测，有时则与销售经理共同讨论做出预测。预测结果以行政区或片区汇总，逐级汇总，最终得出企业的销售预测结果。

【任务案例4-5】 某饮料生产厂家的50位销售员对2018年销售的平均预测值为2 500 000元，而5位销售经理的平均预测值为3 000 000元。要求：用加权平均法进行销售额预测。

解：因为销售人员直接接触顾客，设权数为0.6；销售部门经理权数为0.4，则

2018年销售预测值=2 500 000×0.6+3 000 000×0.4=2 700 000（元）

调查分析法和判断分析法都属于定性预测分析方法，它主要依靠人们的主观分析判断来确定事物的未来状况和发展趋势，预测人员一般是有经验的管理人员、销售人员、财务人员和工程技术人员。在实践工作中，定量分析法与定性分析法并不相互排斥，定性分析法具有不可替

代的作用，一般在历史数据缺乏或难以进行定量分析的情况下使用，有时定量分析必须辅之以定性预测，两种方法常常结合起来应用，使预测结果更接近客观实际。

任务二　成本预测分析

在市场经济条件下，一个企业有没有竞争优势，就看企业能不能用较低的成本提供比别人质量更佳、功能更好的产品和服务。成本是一项综合性指标，是制约和决定企业生存和发展的关键因素之一，降低成本是提高企业竞争力的有效途径。在相同条件下，谁具有成本优势谁就拥有了竞争优势。因此，企业必须掌握成本的未来发展趋势，强化成本控制意识，通过各种途径降低成本，增强企业竞争力。成本预测是确定目标成本的重要方法，它对于提高企业经营管理水平，提高经济效益具有十分重要的意义。

（一）目标成本测算

目标成本是指产品具有市场竞争力，使企业能够获取目标利润所允许的成本。为了调动各方面的积极性，保证目标的实现，确定目标成本时既要考虑先进性，又要考虑可行性。目标成本一般应按产品的标准产量或设计生产能力来制定，通常比目前的实际成本低。目标成本测算有助于企业更好地设计产品，并保证产品在既定的市场价格、销售量及功能的条件下，取得更好的利润水平。

目标成本的测算方法主要有以下两种。

1. 根据目标利润确定目标成本

根据事先制定的目标利润，结合销售预测的结果，用预计销售收入扣除应交税费和目标利润，由此推算出产品的目标成本。计算公式如下：

目标成本=预计产品销售收入-应交税费-目标利润

【任务案例 4-6】 民德公司 2018 年预计销售收入为 5 000 000 元，产品销售单价 100 元，假定税率 6%，要实现目标利润 1 000 000 元。要求测算企业的目标成本。

解： 目标成本=5 000 000-5 000 000×6%-1 000 000=3 700 000（元）

2. 根据历史先进成本水平确定目标成本

在确定目标成本的时候，可以将本企业历史上最好的成本水平或国内外同行业同类产品的先进水平作为目标成本，也可以将本企业上年实际成本水平扣除目标成本降低率后作为目标成本。这种方法简便易行，但没有将目标成本与目标利润相联系，因此与本企业的实际情况存在一定差距。

（二）成本变动趋势预测

1. 历史成本预测法

这是根据企业的相关历史资料，运用成本性态分析和数理统计的方法来推测成本发展趋势的方法。常用方法有以下几种。

（1）高低点法

这种方法是以成本性态分析为基础，依据成本历史资料，将某段时期最高业务量和最低业务量相对应的成本进行分析，从而确定成本预测模型的一种方法。

【任务案例 4-7】 万达公司只生产产品 A，预计 2018 年生产量为 500 件，近五年的产量与成本资料见表 4-5。

表 4-5　万达公司近五年产量和成本数据

年　度	产量（件）	单位变动成本（元/件）	固定成本总额（元）
2013	270	756	89 000
2014	320	753	93 000
2015	200	760	88 000
2016	360	728	90 000
2017	400	740	92 000

要求：采用高低点法预测该公司 2018 年的产品总成本和单位成本。

解： 根据上表资料可知，

生产量最高点 400 件，对应总成本为 388 000(740×400+92 000)元；

生产量最低点 200 件，对应总成本为 240 000(760×200+88 000)元。

则

$$b=\frac{\text{高低点总成本之差}}{\text{高低点生产量之差}}=\frac{388\,000-240\,000}{400-200}=740\text{（元/件）}$$

$$a=\text{高点总成本}-b\times\text{高点生产量}$$

$$=388\,000-740\times400=92\,000\text{（元）}$$

总成本预测模型为

$$y=740x+92\,000$$

将 2018 年预计生产量 500 台代入预测模型，可得出 2018 年成本预测值：

总成本预测值=740×500+92 000=462 000（元）

单位成本预测值=462 000÷500=924（元/件）

（2）加权平均法

这种方法是根据过去若干期间的成本历史资料，按其距离预测期的远近分别进行加权平均，从而得出成本预测值的方法。权数一般选自然数，确定原则是近期权数大，远期权数小。

【任务案例 4-8】 以任务案例 4-7 万达公司近五年的历史成本资料为例，要求按加权平均法预测 2018 年的产品总成本和单位成本。

解： $$\text{固定成本预测值}=\frac{92\,000\times5+90\,000\times4+88\,000\times3+93\,000\times2+89\,000\times1}{5+4+3+2+1}=90\,600\text{（元）}$$

$$\text{单位变动成本预测值}=\frac{740\times5+728\times4+760\times3+753\times2+756\times1}{5+4+3+2+1}=743.6\text{（元/件）}$$

2018 年总成本预测值=90 600+743.6×500=462 400（元）

2018 年单位成本预测值=462 400÷500=924.8（元/件）

（3）回归直线法

回归直线法是通过对历史数据中相互关联的变量的观察分析，结合直线回归方程，根据自变量的变动来预测因变量发展变动趋势和水平的方法。用回归直线法进行成本预测的具体步骤如下。

① 确定影响成本的主要因素 x_i(i=1，2，…，n)。

② 确定成本 y 与自变量 x_i 之间的数量关系，建立数学模型。如自变量只有一个，可根据回归分析原理建立直线方程 $y=a+bx$，其常数项 a 和系数 b 的值可按下面公式计算：

$$b=\frac{n\sum xy-\sum x\sum y}{n\sum x^2-\left(\sum x\right)^2}$$

$$a=\frac{\sum y-b\sum x}{n}$$

③ 根据自变量 x_i 的未来变动情况预测成本。将预计 x_i 代入方程 $y=a+bx$，即可求得预测成本 y 的值。

【任务案例 4-9】 以任务案例 4-7 万达公司近五年的历史成本资料为例，要求按回归直线法预测 2018 年的产品总成本和单位成本。

解：根据历史资料，按回归直线法计算分析结果见表 4-6。

表 4-6 回归直线法计算分析结果

年　份	生产量 x	固定成本	变动成本	总成本 y	x^2	xy
2013	270	89 000	204 120	293 120	72 900	79 142 400
2014	320	93 000	240 960	333 960	102 400	106 867 200
2015	200	88 000	152 000	240 000	40 000	48 000 000
2016	360	90 000	262 080	352 080	129 600	126 748 800
2017	400	92 000	296 000	388 000	160 000	155 200 000
合计	1550	452 000	1 155 160	1 607 160	504 900	515 958 400

根据表 4-6 整理的资料，求出参数为

$$b=\frac{n\sum xy-\sum x\sum y}{n\sum x^2-\left(\sum x\right)^2}=\frac{5\times 515\,958\,400-1\,550\times 1\,607\,160}{5\times 504\,900-1\,550^2}=727$$

$$a=\frac{\sum y-b\sum x}{n}=\frac{1\,607\,160-727\times 1\,550}{5}=96\,062$$

则总成本预测模型为

$$y=96\,062+727x$$

2018 年总成本预测值=96 062+727×500=459 562（元）

单位成本预测值=459 562÷500=919.12（元/件）

2. 因素变动分析法

因素变动分析法是通过对影响成本的各项因素的具体分析来预测未来成本变动趋势和变动水平的一种定量分析方法。

【任务案例 4-10】 宏远公司 2017 年 A 产品生产量为 1 000 件，相关成本资料见表 4-7。

表 4-7 宏远公司 A 产品成本资料 单位：元

项　　目	单位成本	总成本
材料（变动成本）	24.58	24 580
燃料和动力（变动成本）	3.67	3 670

续表

项　　目	单位成本	总成本
工资和福利费（变动成本）	4.95	4 950
制造费用（固定成本）	9.72	9 720
合　　计	42.92	42 920

该公司 2018 年影响产品成本的主要因素及影响程度为：产量增加 20%；材料成本降低 1%；材料消耗降低 2%；燃料和动力消耗降低 5%；制造费用增加 10%。

要求：用因素变动分析法预测 2011 年 A 产品的成本。

解：由于产量增加 20%，材料费用=24 580×(1+20%)=29 496（元）

由于材料成本降低 1%，材料费用节约额=29 496×1%=294.96（元）

由于材料消耗降低 2%，材料费用节约额=29 496×2%=589.92（元）

2018 年 A 产品材料费用=29 496−294.96−589.92=28 611.12（元）

燃料和动力费用=3 670×(1+20%)×(1−5%)=4 183.8（元）

工资和福利费用=4 950×(1+20%)=5 940（元）

制造费用=9 720×(1+10%)=10 692（元）

由以上因素变动对成本的影响分析计算可得：

2018 年 A 产品的总成本=28 611.12+4 183.8+5 940+10 692=49 426.92（元）

2018 年 A 产品的单位成本=49 426.92÷[1 000×(1+20%)]=41.19（元）

（三）新产品成本预测

对于新产品成本的预测，没有历史资料可供利用，其预测方法主要有技术测定法和产值成本法两种。

1. 技术测定法

技术测定法是指根据产品设计结构、生产技术条件和工艺方法，对影响产品成本的各项因素进行技术测试和计算分析来确定产品成本的方法。这种方法科学可靠，但工作量大，适合于品种少、技术资料齐全的新产品。

2. 产值成本法

产值成本法是指参照同类企业相似产品的实际成本占工业总产值的比例来确定产品成本的方法。产品的生产过程同时也是人、财、物的消耗过程，在这个过程中，产品成本体现了生产过程的资金耗费，而产值则以货币形式反映生产过程的成果。产品成本与产值之间存在一定的比例关系，成本占产值的比例即产值成本率，该比率越大，说明成本越高；比率越小，成本越低。新产品成本预测，可以参照同类企业相似产品的产值成本率来分析确定。其计算公式如下：

$$\text{某产品的预测单位成本}=\frac{\text{某产品的预计总产值}\times\text{预计产值成本率}}{\text{预计产品产量}}$$

产值成本法简单易行，工作量小，但由于各企业具体情况存在差异，预测结果不太准确。

任务三　利润预测分析

利润是衡量企业经营成果的重要指标。企业利润的变动是其经营的有关产品的产销数量、销售价格、单位变动成本、固定成本总额及产品产销结构等多种因素综合变动的结果。利润预测就是对这些因素进行综合分析，依据企业经营目标的要求，测算出企业未来利润水平和变动趋势。进行利润预测，对于改善企业经营管理具有重要意义，它可以为企业的生产经营活动提供明确的目标，也是编制全面预算的基础。

利润预测的主要方法有本量利分析法、资金利润率法、经营杠杆分析法、因素变动分析法等。

（一）本量利分析法

本量利分析法在项目 3 已详细叙述，本量利之间关系如下：

预计利润（L）=销售单价(p)×销售量(x)–单位变动成本(b)×销售量(x)–固定成本总额(a)

=边际贡献总额(Tcm)–固定成本总额(a)

=安全边际量×单位边际贡献

（二）资金利润率法

资金利润率是指企业一定期间的利润总额占全部资金的比率。资金利润率法是根据企业现有资金占用状况、资金利润率和预计投资额，预测未来目标利润的方法。其计算公式为

预计利润=（实际占用资金额+预计投资额）×资金利润率

【任务案例 4-11】 湘江公司 2017 年利润总额为 30 万元，生产经营活动实际占用资金为 200 万元，预计 2018 年追加投资 50 万元。要求用资金利润率法预测该公司 2018 年的利润总额。

解： 预计利润=(200+50)×(30÷200)=37.5（万元）

（三）经营杠杆分析法

根据成本性态和本量利之间的关系，产品只有在没有固定成本的条件下，才能使边际贡献等于经营利润，使利润变动率与销售量变动率同步增减。但这种情况在现实中是不存在的。由于存在固定成本，导致销售量的变动会引起利润更大幅度的变动。这种利润的变动率大于销售量的变动率的现象称为经营杠杆效应。经营杠杆系数就是指利润的变动率相当于销售量的变动率的倍数。计算公式如下：

$$经营杠杆系数(DOL)=\frac{利润变动率}{销售变动率}=\frac{\frac{\Delta L}{L_0}}{\frac{\Delta X}{X_0}}=\frac{\frac{L_1-L_0}{L_0}}{\frac{X_1-X_0}{X_0}}$$

式中，ΔL——利润变动额；L_0——基期利润；L_1——报告期利润；ΔX——销售变动量（额）；X_0——基期销售量（额）；X_1——报告期销售量（额）。

【任务案例 4-12】 三洋公司近三年有关资料见表 4-8。

表 4-8 三洋公司近三年有关资料 单位：元

年　份	2015	2016	2017
销售量（件）	200	280	420
销售单价	800	800	800
单位变动成本	500	500	500

续表

年　份	2015	2016	2017
单位边际贡献	300	300	300
固定成本总额	40 000	40 000	40 000
利　润	20 000	44 000	88 000

要求：计算2016年、2017年的经营杠杆系数。

$$\text{解：2016年 DOL}=\frac{\dfrac{L_1-L_0}{L_0}}{\dfrac{X_1-X_0}{X_0}}=\frac{\dfrac{44\,000-20\,000}{20\,000}}{\dfrac{280-200}{200}}=3$$

$$\text{2017年 DOL}=\frac{\dfrac{L_1-L_0}{L_0}}{\dfrac{X_1-X_0}{X_0}}=\frac{\dfrac{88\,000-44\,000}{44\,000}}{\dfrac{420-280}{280}}=2$$

根据以上公式计算经营杠杆系数，必须掌握前后两个时期的利润和销售资料，否则，计划期的经营杠杆系数无法计算，也就无法进行利润预测。为了在基期资料的基础上能够确定经营杠杆系数，上述公式可以简化为

$$\text{DOL}=\frac{\dfrac{L_1-L_0}{L_0}}{\dfrac{X_1-X_0}{X_0}}=\frac{\dfrac{[(p-b)x_1-a]-[(p-b)x_0-a]}{(p-b)x_0-a}}{\dfrac{x_1-x_0}{x_0}}=\frac{\dfrac{(p-b)(x_1-x_0)}{(p-b)x_0-a}}{\dfrac{x_1-x_0}{x_0}}=\frac{(p-b)x_0}{(p-b)x_0-a}=\frac{\text{Tcm}_0}{P_0}$$

从上式可以看出，在盈利条件下，分子大于分母，DOL大于1。

求得经营杠杆系数以后，假定固定成本不变，即可用下列公式预测计划期的经营利润：

计划期利润=基期利润×（1+销售变动率×经营杠杆系数）

【任务案例4-13】 承任务案例4-12资料，若2018年计划扩大销售量5%，试用经营杠杆系数预测2018年利润。

$$\text{解：经营杠杆系数(DOL)}=\frac{\text{边际贡献}}{\text{利润}}=\frac{\text{Tcm}}{P}=\frac{300\times420}{88\,000}=1.43$$

经营杠杆系数为1.43，说明利润的变化幅度是销售变化幅度的1.43倍，若销售量增长5%，则利润应该增长7.15%（即5%×1.43），则

2018年预计利润=基期利润×（1+销售变动率×经营杠杆系数）=88 000×(1+5%×1.43)=94 292（元）

（四）因素变动分析法

影响利润的因素主要有销售单价、销售量、单位变动成本和固定成本。销售单价和销售量的上升，会引起利润的增加；单位变动成本和固定成本的上升，将导致利润的减少。在企业实际经济活动中，影响利润的各个因素并不是孤立的存在，而是相互影响、相互制约的。例如，当企业改进生产设备和生产工艺时，可以增加产量，降低单位产品的材料成本和人工成本，从而降低单位变动成本，但固定成本总额会有所上升。此外，随着产销量的增加市场将趋于饱和，

企业很可能会采取降价促销手段。这些相关因素的变化都将引起利润水平的变动。通过对影响利润的相关因素的综合变动分析，可以预测利润的变动趋势和变动水平。

【任务案例 4-14】 承任务案例 4-12 资料，假设该公司 2018 年计划销售量增加 30%，销售单价降低 5%，单位变动成本降低 2%，固定成本总额由 40 000 元增至 45 000 元。要求：用因素变动分析法预测 2018 年利润。

解： 2018 年预计利润 $=(p-b)x-a=[800\times(1-5\%)-500\times(1-2\%)]\times420\times(1+30\%)-45\,000=102\,420$（元）

任务四 资金预测分析

资金预测是在分析企业有关历史资料和技术经济条件的基础上，根据企业未来的经营目标预计和推测未来所需资金量的一种方法。企业留用的资金过多会造成资金时间价值的浪费，留用的资金过少会造成资金周转不灵，因此，既要保证企业各项活动所需的资金供应，又要使生产经营活动以最少的资金占用取得最佳的经济效益。为了使企业保证资金供应，合理组织资金运用，不断提高资金使用效率，必须对企业的资金需要量进行预测。

销售预测是资金预测的前提。资金需要量的预测方法很多，常用的方法有销售百分比法和回归直线法两种。

（一）销售百分比法

销售百分比法是指利用资产负债表各个项目与销售收入之间的依存关系，按照计划期销售增长的情况预测企业是否需要追加资金，以及需要追加多少资金的方法。其具体步骤如下。

1. 分析资产负债表各个项目与销售额之间的关系

（1）资产类项目

货币资金、应收账款、应收票据和存货等流动资产项目，一般会随销售额的增长而增长；固定资产项目应根据其利用程度进行分析，如果利用已达饱和状态，则增加销售需要扩充设备，从而引起资金需要量的增加，如未被充分利用，则增加销售额不会引起设备投资的增加；而长期投资和无形资产项目与销售之间的关系不大，一般不随销售变动而变动，因此可以忽略。

（2）负债及权益类项目

应付账款、应付票据、其他应付款和应交税费等项目，通常会因销售的增长而增加；实行计件工资制的企业，应付职工薪酬项目会随产销量的增长而相应增加；长期负债及所有者权益类项目，一般不随销售增长而增加。

2. 将基期资产负债表中各项目用销售百分比的形式编表

根据基期的资产负债表，将那些随销售变动而发生变动的项目，计算其与基期销售额的百分比，另行编表。

3. 将资产以销售百分比表示的合计数减去负债以销售百分比表示的合计数，求出预测年度每增加 1 元的销售额需要追加资金的百分比

4. 计算预测期需要追加的资金数量

以预测年度增加的销售额乘以每增加 1 元销售额需要追加资金的百分比，再扣除企业内部形成的资金来源，即可得出预测年度需要追加的资金量。

$$\text{预测期需追加资金量}=\text{预计销售增加额}\times\text{销售每增加1元需追加资金的百分比}-\text{可利用的折旧基金}-\text{留存收益}+\text{零星资金需要量}$$

【任务案例4-15】 长安公司2017年度实际销售额为1 000 000元，获得税后净利润200 000元，并发放股利100 000元，厂房设备利用率已达到饱和状态，该公司2017年资产负债表见表4-9。

表4-9 资产负债表

2017年12月31日　　单位：元

资　产		负债及所有者权益	
货币资金	50 000	应付账款	140 000
应收账款	160 000	应交税金	80 000
存货	220 000	长期借款	180 000
固定资产（净值）	320 000	实收资本	300 000
无形资产	50 000	未分配利润	100 000
合　计	800 000	合　计	800 000

该公司2018年预计销售额增至1 500 000元，股利发放比例保持不变，年折旧基金提取数为64 000元，其中40%用于更新改造固定资产项目，公司零星资金需要量为30 000元。

要求：用销售百分比法预测该公司2018年资金需要量。

解：（1）分析各项目与销售额的关系并用百分比形式编表，见表4-10。

表4-10 资产负债表（百分比式）

2017年12月31日　　单位：元

资　产	百分比	负债及所有者权益	百分比
货币资金	5%	应付账款	14%
应收账款	16%	应交税金	8%
存　货	22%	长期借款	—
固定资产（净值）	32%	实收资本	—
无形资产	—	未分配利润	—
合　计	75%	合　计	22%

（2）计算2018年每增加1元的销售额需要追加资金的百分比，即

$$75\%-22\%=53\%$$

计算表明，每增加1元的销售额，全部资产将增加0.75元，负债将增加0.22元，因此需要追加资金0.53元。

（3）计算企业内部形成的资金来源。

$$\text{销售净利率}=\frac{200\,000}{1\,000\,000}\times 100\%=20\%$$

$$\text{股利发放率}=\frac{100\,000}{200\,000}\times 100\%=50\%$$

留存收益=1 500 000×20%×(1−50%)=150 000（元）

可利用的折旧基金=64 000×(1−40%)=38 400（元）

（4）计算 2018 年预计需要追加的资金数额为

(1 500 000−1 000 000)×53%−38 400−150 000+30 000=106 600（元）

销售百分比法的优点在于它能够为企业提供短期的预计资产负债表，以适应外部筹资的需要，且操作简便，但是这种百分比可能因比例不当而得出错误的结论。它较适用于近期追加资金量的预测。如做长期资金预测，应使用回归分析法，可提高预测的精确度。

（二）回归直线法

回归直线法是通过对过去若干期间关于销售额与资金总量的历史资料进行分析，建立回归直线方程以确定销售额与资金总量之间的关系，据此预测计划期资金需要量的方法。

【任务案例 4-16】 富华公司近五年销售额与资金总量资料见表 4-11。

表 4-11　富华公司近五年销售额与资金总量资料表　　单位：万元

年　份	2013	2014	2015	2016	2017
销售额	100	160	140	180	200
资金总量	65	92	90	100	110

该公司现有资金总量为 100 万元，预测 2018 年销售额为 250 万元。要求用回归直线法预测 2011 年度资金需要量，并分析是否需要追加资金？若是，需追加多少资金？

解：（1）对已知数据进行加工整理，见表 4-12。

表 4-12　回归分析计算表　　单位：万元

年份	x	y	xy	x^2	y^2
2013	100	65	6 500	10 000	4 225
2014	160	92	14 720	25 600	8 464
2015	140	90	12 600	19 600	8 100
2016	180	100	18 000	32 400	10 000
2017	200	110	22 000	40 000	12 100
n=5	Σx=780	Σy=457	Σxy=73 820	Σx^2=127 600	ΣY^2=42 889

（2）计算相关系数，判断自变量销售额与因变量资金量两者之间是否密切相关。

$$r=\frac{n\sum xy-\sum x\sum y}{\sqrt{[n\sum x^2-\left(\sum x\right)^2][n\sum y^2-\left(\sum y\right)^2]}}=\frac{5\times 73\,820-780\times 457}{\sqrt{(5\times 127\,600-780^2)\times(5\times 42\,889-457^2)}}=0.98$$

计算结果表明，销售额和资金量之间存在线性关系，两者强相关。

（3）确定销售额和资金量的关系模型。

$$b=\frac{n\sum xy-\sum x\sum y}{n\sum x^2-\left(\sum x\right)^2}=\frac{5\times 73\,820-780\times 457}{5\times 127\,600-780^2}=0.427$$

$$a=\frac{\sum y-b\sum x}{n}=\frac{457-0.427\times780}{5}=24.788$$

因此，销售额和资金量的关系模型为

$$Y=24.788+0.427X$$

（4）将相关数据代入模型，预测2018年资金需要量。

2018年资金需要量=24.788+0.427×250=131.538（万元）

因为已有资金100万元，所以2018年需要追加资金量为31.538万元。

项目总结

预测分析是决策分析的基础，是决策科学化的保证条件之一。预测分析的内容包括销售预测、成本预测、利润预测和资金预测。预测方法按其性质可分为定量分析法和定性分析法两大类。定量分析法主要有算术平均法、移动加权平均法、趋势平均法、平滑指数法、回归直线法、模型利用法等。定量分析法主要适用于历史资料比较齐备且容易取得的企业，计算结果一般比较精确，但计算量比较大，建立的数学模型一般较复杂，而且容易受到非计量因素的影响。在企业缺乏完整的历史资料或有关变量之间不存在明显的数量关系等情况下，适合采用定性分析法，其具体方法有调查分析法和判断分析法。在实际工作中，定量分析法与定性分析法并不是相互排斥的，而是相互补充、相辅相成的。销售预测是整个企业预测系统的起点，常用的预测方法有算术平均法、移动加权平均法、平滑指数法、趋势平均法、回归直线法、模型利用法、调查分析法和判断分析法。成本预测方法主要有高低点法、加权平均法、回归直线法和因素变动分析法。利润预测的主要方法有本量利分析法、资金利润率法、经营杠杆分析法、因素变动分析法和回归直线法等。预测资金需要量的常用方法有销售百分比法和回归直线法两种。

项目综合训练

一、单项选择题

1. 预测分析的内容不包括（　　）。

A. 销售预测　B. 成本预测　C. 资金预测　D. 采购预测

2. 预测分析方法按其性质可分为定量分析法和（　　）。

A. 算术平均法　B. 回归直线法　C. 指数平滑法　D. 定性分析法

3.（　　）适合于预测销售量比较稳定的产品，如没有季节变化的日用品。

A. 算术平均法　B. 回归直线法　C. 指数平滑法　D. 移动加权平均法

4. 指数平滑法实质上属于（　　）。

A. 算术平均法　B. 回归直线法　C. 加权平均法　D. 趋势平均法

5. 某公司2017年3月份实际销售量为900件，原预测销售量为1 000件，设平滑指数为0.6，则预测2017年4月份销售量为（　　）。

A. 960件　B. 940件　C. 1 140件　D. 1 500件

6. 下列预测方法中适合于新产品的预测方法是（　　）。

A. 平滑指数法　B. 回归直线法　C. 加权平均法　D. 技术测定法

7. 下列预测方法中属于定性分析法的是（　　）。

A. 趋势分析法　B. 因果分析法　C. 高低点法　D. 调查分析法

8．某公司近三年销售额分别为29万元、32万元、35万元，用算术平均法预测未来一年的销售额为（　　）。

A．35万元　B．32万元　C．38万元　D．33万元

9．某公司近两年销售额分别为100万元、120万元，利润分别为20万元、30万元，则经营杠杆系数为（　　）。

A．2　B．2.5　C．3　D．0.5

10．某公司2010年利润为15万元，资金占用额100万元，2011年追加投资20万元，则预计利润为（　　）。

A．12万元　B．18万元　C．15万元　D．35万元

二、多项选择题

1．下列方法中属于定性分析法的是（　　）。

A．德尔菲法　B．调查分析法　C．经理判定法　D．回归直线法

2．下列方法中属于定量分析法的是（　　）。

A．平滑指数法　B．趋势平均法

C．因素变动分析法　D．回归直线法

3．销售预测常用的方法有（　　）。

A．平滑指数法　B．趋势平均法　C．模型利用法　D．调查分析法

4．成本预测常用的方法有（　　）。

A．加权平均法　B．回归直线法　C．高低点法　D．因素变动分析法

5．利润预测的主要方法有（　　）。

A．本量利分析法　B．回归直线法

C．经营杠杆分析法　D．因素变动分析法

6．预测资金需要量的方法有（　　）。

A．加权平均法　B．回归直线法　C．销售百分比法　D．因素变动分析法

7．影响资金需要量的项目有（　　）。

A．应收账款　B．应收票据　C．存货　D．应付账款

8．以下不会影响资金需要量的项目有（　　）。

A．固定资产　B．长期投资　C．所有者权益　D．应交税费

9．利润预测是通过对影响利润变化的因素，如（　　）进行综合分析来预计企业未来利润水平。

A．销售单价　B．销售量　C．单位变动成本　D．固定成本总额

10．销售预测分析应考虑的因素有（　　）。

A．国家的经济政策和资源政策　B．市场竞争态势

C．消费结构和消费倾向　D．国民经济的发展规模和速度

三、判断题

1．（　　）趋势分析法和因素分析法属于定性分析法。

2．（　　）预测分析的起点是利润预测。

3．（　　）定性分析法受主观因素的影响，定量分析法不受主观因素影响。

4.（　　）平滑指数越大，近期实际数对预测值的影响越大。

5.（　　）若产销量不变，经营杠杆系数越大，则利润变动幅度越大。

6.（　　）在实际工作中，定性分析法与定量分析法是互斥的，一般只选择其中一种方法进行预测。

7.（　　）负债类项目与资金需要量成反比关系。

8.（　　）由于固定成本的存在，其他条件不变时，利润的变动率总是大于产销量的变动率。

9.（　　）德尔菲法属于定性分析法。

10.（　　）移动加权平均法确定权数时，离预测期越近，权数越小。

四、计算分析题

1. 中兴公司 2017 年下半年销售资料见表 4-13。

表 4-13　中兴公司 2017 年 7～12 月销售资料　　单位：万元

月　份	7	8	9	10	11	12
销售额	110	120	115	138	150	146

要求：用移动加权平均法预测 2018 年 1 月份的销售量。

2. 联发公司 2017 年 1 月实际销售额 56 万元，当月销售计划为 60 万元。要求：取 a=0.7，用平滑指数法预测 2017 年 2 月份销售额。

3. 江南机械厂 2017 年上半年产品成本资料见表 4-14。

表 4-14　江南机械厂 2017 年 1～6 月成本资料

月　份	1	2	3	4	5	6
生产量（件）	198	220	298	238	250	210
产品成本（万元）	30	34	41	36	38	33

该公司预计 2017 年 7 月产量为 260 件，试用高低点法对公司的产品成本做出预测。

4. 长江公司近五年的销售额和资金需要量资料见表 4-15。

表 4-15　长江公司近五年销售额和资金需要量资料　　单位：万元

年　份	2013	2014	2015	2016	2017
销售额	120	160	190	230	250
资金需要量	30	35	46	50	54

若该公司 2018 年预计销售额为 300 万元，要求采用回归直线法预测资金需要量。

5. 万科公司生产 A 产品，2017 年第四季度有关资料如下：产品售价 20 元，销售量为 3 000 件，单位变动成本 12 元，固定成本总额 8 000 元，利润 16 000 元。

要求：（1）计算该公司的经营杠杆系数。

（2）若 2018 年销售预计增长 10%，试用经营杠杆分析法预测该公司 2018 年第一季度的利润。

（3）2018 年计划改进生产设备，固定成本总额将增加到 9 000 元，产品售价计划增加 5%，销售量增长 10%，单位变动成本降低 3%。试用因素变动分析法预测该公司 2018 年第一季度的利润。

项目 5　短期经营决策分析

引导案例

博视智能监控有限公司是一家生产尖端电子产品的公司，主要生产信号发生器作为其他公司的电子配件对外出售，目前市场占有率较高，但市场已趋于饱和。董事长李军提出要利用公司现有资源开发新产品。他认为，目前汽车销售量大增，带来了汽车防盗报警系统需求量的上升；同时，交通事故也会增多，这就给交通管理部门带来了管理上的困难，发达国家的警车上全部安装有雷达测速器，我国只有少数警车安装有这种仪器，因此，汽车防盗报警系统与雷达测速器这两种产品市场前景非常好。市场部就两种新产品的年销售量和价格进行了市场调查及预测；财务部门就两种新产品的生产成本做了预算。总经理认为，由于企业生产能力有限，如果两种新产品同时开发，又要达到预算的产销量，就要缩减信号发生器的生产量，将失去一些老客户，而且生产雷达测速器还要另外投入一些设备。如果只开发其中的一种产品，现有的生产能力完全够用，不需再投入资金购置设备。作为财务经理，你认为下一步应该同时开发这两种新产品还是只开发其中一种，或者不开发新产品，继续生产老产品？

学习目标

通过本单元的学习，你应该能够：

- 了解决策分析的概念、分类、程序和短期经营决策的主要内容；
- 理解决策成本的概念；
- 掌握生产决策分析的方法和定价决策的基本方法；
- 熟悉生产对象的决策分析、亏损产品的决策分析、自制或外购的决策分析、深加工的决策分析、常用产品的定价决策和特殊定价决策方法。

项目任务

任务一　生产决策

任务二　定价决策

任务一　生产决策

子任务一　了解决策分析

（一）决策分析的概念

决策是指企业在达到同一目标的若干可行性方案中选择最优方案的过程。企业为了实现预定的目标，由各级管理人员在科学预测的基础上，结合本企业的内部条件和外部环境，对未来经营战略、方针、措施和方法的决策过程，就是管理会计中的决策分析。

决策分析是企业经营管理的核心，贯穿企业生产经营活动的全过程。在市场经济条件下，企业必须根据市场需求来决定生产什么产品，生产多少，如何组织生产，价格怎样确定等，以求得企业的生存与发展。

（二）决策分析的种类

1. 按决策影响期的长短分类

（1）短期决策

短期决策是指企业为有效组织现有条件下的生产经营活动，合理利用经济资源，以取得最佳经济效益而进行的决策。它通常只涉及一年内的收支和盈亏，如不同加工方式的选择，零部件自制或外购的选择，半成品直接出售或进一步加工的选择等。

（2）长期决策

长期决策又称投资决策或资本支出决策，是指为改变或扩大企业生产能力而进行的决策。长期决策一般需要投入大量资金，在较长时期内对企业生产经营活动产生影响，其产生报酬的时间超过一年，见效慢，影响的持续期长。如厂房的扩建、改建，机器设备的购置、更新等决策都属于长期决策。

2. 按决策的重要程度分类

（1）战略决策

战略决策是指关系到企业未来发展方向、大政方针的全局性的重大决策。如经营目标的制定、新产品的开发、生产能力的扩大等，其决策正确与否对企业的经营成败具有决定性意义。

（2）战术决策

战术决策是指为了达到预期的战略决策目标，对日常经营活动采取相应的方法与手段的局部性决策。如生产产品结构的安排，零部件自制或外购的选择等，这类决策主要考虑怎样使企业的人、财、物得到最充分、最合理的利用，创造最佳的效益。它的正确与否不会对企业的大局产生决定性影响。

3. 按决策者掌握的信息特点分类

（1）确定型决策

确定型决策是指与决策相关的各项条件或自然状态都是已知的，而且每个方案只有一个确定的结果，没有不确定性因素在内的决策。这类决策只要比较不同方案的结果就能做出决策。

（2）风险型决策

风险型决策是指与决策相关的各项条件是已知的，但每一方案都有可能出现两种或两种以上的不同结果，并且可以依据有关资料确定各种可能结果出现的概率的决策。这类决策由于每个方案的结果存在不确定性，使决策存在一定的风险。

（3）不确定型决策

不确定型决策是指与决策相关的各项条件虽然是已知的，但无法确定每一方案的可能结果，或者每一方案可能出现两种或两种以上的不同结果，但无法确定各种结果出现的概率，只能依靠决策者的实践经验和判断能力来解决的决策。

（三）决策分析的程序

决策分析不是简单地选择方案的行为，而是一个发现问题、分析问题、解决问题的过程。决策分析的程序一般包括以下五个步骤。

1. 确定决策目标

确定决策目标是决策的前提。由于决策目标是针对生产经营中存在的问题而制定的，因此，确定决策目标要对企业所处的外部环境和内部条件进行调查研究，应以发现并明确经营问题为前提，弄清该项决策要解决什么问题和达到什么目标。决策目标是企业未来努力的方向，确定决策目标应当符合以下三点要求：①目标要具体化。确定的目标要明确具体，不能过于笼统抽象，以免被误解。②目标要数量化。要尽可能地用可计量的数量指标表达决策目标。③明确约束条件。凡是附有条件的目标，应充分提示其约束条件。

2. 收集相关信息

收集信息是决策分析的基础工作。决策目标一经确定，就要针对决策目标广泛收集与之相关的各种信息，包括对决策目标有影响的各种可计量因素和不可计量因素的资料，特别是有关预期收入和预期成本的数据。对收集的各种零散的、不系统的信息要鉴别真伪，评价优劣，并进行加工整理，以保证所收集资料的有用性。

3. 提出备选方案

提出备选方案是科学决策的基础和保证。针对决策目标，选择适当的方法，提出技术上适当、经济上合理的若干可行性备选方案。确定备选方案必须保证企业现有的人力、财力和物力资源都能得到最合理的配置和最有效的使用。

4. 选择最优方案

这是决策分析过程中最关键的环节。决策者根据所掌握的相关信息，对各种备选方案采用定量分析法进行可行性研究，从不同的侧面论证各方案在技术上和经济上的先进性、合理性和可能性，对各方案做出初步评价；然后，进一步对各方案进行定性分析，考虑各种非计量或非财务因素的影响；在此基础上，按照一定的原则和要求确定择优的标准及方法，通过不断比较、筛选，全面权衡利弊，选出最优方案。

5. 组织实施和信息反馈

最优方案选定后，就应该将其纳入企业计划，具体组织实施。在决策方案实施过程中，可能会出现不曾预料的新情况、新问题，因此，要对实施的具体情况随时进行检查和监督，将实施结果与决策目标进行对比，找出偏离目标的差异并分析原因。还要根据反馈的信息，采取措施纠正偏差，甚至对原方案进行必要的修正，使之尽可能地符合客观实际，保证决策目标顺利实现，使决策过程处于动态的良性循环之中。

（四）决策分析的相关成本

在经营决策分析过程中所使用的成本概念通常被称为相关成本。相关成本是指由某项特定决策直接引起的未来成本支出，它是与特定决策相联系的、能对决策产生重大影响的、在决策分析中必须加以充分考虑的成本。如果某项成本只属于某个经营决策方案，若该方案存在就会发生这项成本，若该方案不存在就不会发生这项成本，那么，这项成本就是相关成本。常见的相关成本除前面所讲述的固定成本、变动成本外，还有差量成本、边际成本、机会成本、付现成本、重置成本、可避免成本、可延缓成本、专属成本等。

1. 差量成本

差量成本是指两个备选方案相关成本之间的差额。例如，某企业为了提高生产效率决定新增一台设备，现有甲、乙两种类型的设备都能满足要求，甲设备购买成本为 50 000 元，乙设备购买成本为 45 000 元，则购买甲设备与购买乙设备这两种方案的差量成本为 5 000 元。

差量成本的一种特殊形式是增量成本，它是指因实施某项具体方案而引起的成本。在固定成本的相关范围内，某一决策方案的增量成本就是该方案的变动成本。例如，企业决定接受某项特殊价格的订单而导致变动生产成本的增加，增加的变动生产成本就是增量成本。

与差量成本相对应的是差量收入，由此派生出来的差量利润是衡量有关方案优劣程度的重要依据。

2. 边际成本

边际成本是指当业务量以一个最小可计量单位增加或减少时所引起的成本变动额。当业务量的增量为一个单位时，边际成本等于单位产品变动成本。但边际成本和变动成本是有区别的。当产量在相关范围内变化时，由于固定成本在相关范围内保持不变，边际成本等于单位变动成本；而当产量不在相关范围内变化时，固定成本会发生变化，边际成本则不等于单位变动成本。

边际成本常被企业用于判断增加或减少产品数量是否合算。一般来说，在现有生产能力没有得到充分利用的条件下，任何新增产量的单位售价只要略高于其边际成本，就会增加企业的利润或减少企业的亏损。当边际成本等于边际收入时，企业生产经营某种产品将获得最大利润，此时的生产（销售）数量为最佳生产（销售）数量。

3. 机会成本

机会成本是指选择某一方案而放弃另一方案后所丧失的潜在收益。企业的资源是有限的，将有限的资源用在这一方面就不可能同时用在另一方面，用在某一方面所获得的利益必然是以放弃其他收益获得的机会为代价的。机会成本可以理解为决定利用某种方案而付出的代价或由于放弃某一机会而失去的收益。例如，某厂有台设备，可生产甲产品也可生产乙产品，如生产甲产品，每年成本支出 10 000 元，收入 15 000 元，如生产乙产品，每年成本支出 12 000 元，收入 16 000 元。如选择生产甲产品，则相关成本为 14 000 元，它包括放弃生产乙产品而失去的潜在收益即机会成本 4 000 元。

4. 付现成本

付现成本又称现金支出成本，是指某项决策方案如果实施，必须立即付出现金的成本。在企业资金紧缺、付现能力不足且筹资十分困难的情况下，对那些急需资金项目的选择，应以付现成本而不是以总成本作为方案取舍的标准。只有符合企业目前实际支付能力的有关方案，才是真正的最优方案。例如，某企业为扩大生产能力，急于添置一台新设备，甲供应商开价 10 万元，要求一次付清；乙供应商开价 12 万元，要求购买时付 50%，余款分期付清。尽管乙供应商价格高于甲供应商 2 万元，但付现成本却低了 4 万元。在企业资金比较紧张的情况下，向乙供应商购买比较合算。

5. 重置成本

重置成本是指以现在的市场价格重新取得企业某项现有资产所需支付的成本。在决策分析中，如果需要对某一资产进行计价，就必须计量它的重置成本，即目前从市场上购买该资产所需支付的成本。例如，某企业对库存商品 A 进行定价决策，其账面历史成本为 100 元，而目前的市场价格为 150 元，决策时应以重置成本 150 元为依据。

6. 专属成本

专属成本也称特定成本，是指那些能够明确归属于特定决策方案的固定成本和混合成本。这些成本通常是为了弥补生产能力的不足而增加有关装置、设备、工具等固定资产而发生的支出，它的确认与取得这些资产的方式有关。若租入，则租金为专属成本；若购入用于特定方案的，全部取得成本为专属成本；若购入后通用的，其使用成本（如折旧费、摊销费等）为专属成本。

7. 可避免成本

可避免成本是指与决策方案直接相联系的成本，其发生与否取决于该方案的选择与否。如果选择某项方案，该方案的某项成本就会发生，反之则不会发生。一般而言，变动成本都是可避免成本；某些酌量性固定成本，如广告费、培训费、员工的固定工资等均属于可避免成本，因为一旦停止某经营业务，这些费用就不再发生。例如，某企业准备增加产品品种，如果该方案实施，必须增加设备和厂房，需要投资 10 万元，该支出是否发生，完全取决于增加品种这项决策方案是否被选定。

8. 可延缓成本

可延缓成本是指在短期经营决策中对其暂缓开支不会对企业未来的生产经营产生重大不利影响的那部分成本。这类成本具有一定弹性，在决策中应充分予以考虑。例如，某企业决定统一对职工宿舍安装空调，需要资金 5 万元，因目前资金紧张，推迟两个月施行，则与这一决定相关的空调费 5 万元属于可延缓成本。

与相关成本相对应的是不相关成本，即与决策关系不大，不会对决策产生重大影响的成本。决策者在经营决策中无须考虑不相关成本，不必将其纳入决策分析过程。不相关成本包括共同成本、沉没成本、不可避免成本和不可延缓成本等。共同成本是指应当由多个方案共同负担的必定要发生的成本。沉没成本是指由过去的决策所引起并已经发生的实际支出，不是现在或将来决策所能改变的成本。不可避免成本是指与特定的决策方案无关，不管决策方案是否采纳都会发生的成本。不可延缓成本是指对其延缓开支就会对企业未来的生产经营产生较大不利影响的成本。由于不可延缓成本具有较强的刚性，即必定要发生，因此没有什么选择的余地，决策时不必考虑。

（五）短期经营决策的内容

短期经营决策是指企业对于如何充分利用现有人力、财力、物力资源，尽可能取得最大经济效益而实施的决策，也就是企业对一年以内的生产经营活动所进行的决策。短期经营决策的内容很多，归结起来主要包括生产决策和定价决策两大类。

生产决策是指短期内，在生产领域中围绕是否生产、生产什么、生产多少，以及如何生产等问题而展开的决策。它包括新产品开发的决策、亏损产品的决策、特殊订单的决策、零部件自制或外购的决策、是否深加工的决策等。

定价决策是指短期内，在流通领域中围绕产品的销售价格而展开的决策。销售价格直接影响到产品的销售量、成本和利润，为保证目标利润的实现，必须考虑市场供求趋势，确定适当的售价。

子任务二 生产决策分析的基本方法

生产决策分析常用的方法有三种：差量分析法、边际贡献分析法、成本无差别点分析法。

（一）差量分析法

差量分析法是指将两个备选方案的差量成本和差量收入进行比较，以差量损益指标作为方案取舍标准的一种决策方法。不同备选方案之间的差额叫做差量。差量包括差量收入与差量成本。差量收入是指两个备选方案预期收入之间的差异；差量成本是指两个备选方案预期成本之间的差异。差量损益是指差量收入与差量成本的差额。两个备选方案相比较，如果差量收入大于差量成本，即差量损益为正，则前一个方案较优；如果差量收入小于差量成本，即差量损益为负，则后一个方案较优。

差量分析法是一种最基本的方法，广泛应用于企业短期经营决策分析，如生产产品的品种决策，是否接受特殊订单的决策，产品是否进一步加工的决策，亏损产品是否停产或转产的决策，零部件取得方式的决策，不需用固定资产是出租还是出售的决策等。

差量分析法的一般步骤为四步。

① 计算备选方案的差量收入。

② 计算备选方案的差量成本。

③ 计算备选方案的差量损益。

④ 比较最优方案。

【任务案例 5-1】 大华公司有一批设备，既可生产甲产品也可生产乙产品，相关资料见表 5-1。要求做出该公司生产哪种产品较为有利的决策。

表 5-1 大华公司产品资料 金额单位：元

产品名称	甲产品	乙产品
预计销售数量（件）	500	200
预计销售单价	40	60
单位变动成本	20	45

解：（1）计算甲、乙产品的差量收入。

差量收入=500×40−200×60=8 000（元）

（2）计算甲、乙产品的差量成本。

差量成本=500×20−200×45=1 000（元）

（3）计算甲、乙产品的差量损益。

差量损益=8 000−1 000=7 000（元）

以上计算表明，甲、乙产品的差量损益为正，因此应选择甲产品。

差量分析法一般适合于两个备选方案之间的决策分析，如果是多方案决策，只能分别两个两个地进行方案决策，逐步淘汰，选出最优方案。

（二）边际贡献分析法

边际贡献分析法是指通过比较各备选方案边际贡献的大小来确定最优方案的一种决策分析方法。在生产经营决策中， 一般不会涉及改变生产能力，这也就意味着固定成本稳定不变。

因此，边际贡献的大小反映了备选方案对企业利润目标所做贡献的大小。

边际贡献分析法应用时要注意以下几点。

① 边际贡献指的是边际贡献总额，其大小取决于单位产品边际贡献额的大小，也取决于该产品的销量。边际贡献总额最大的方案为最优方案。

② 如果备选方案存在专属成本或机会成本，还需要在边际贡献中扣除这部分专属成本或机会成本，剩余部分称为剩余边际贡献。比较各备选方案的剩余边际贡献，剩余边际贡献大的方案为最优方案。

③ 如果企业的某项资源（如原材料、人工工时、机器工时等）受到限制，应先计算各方案的单位资源边际贡献，然后比较其大小进行选择，单位资源边际贡献大的方案为最优方案。

【任务案例 5-2】 承任务案例 5-1 资料，采用边际贡献分析法进行决策分析。

解：甲产品的边际贡献总额=(40−20)×500=10 000（元）

乙产品的边际贡献总额=(60−45)×200=3 000（元）

计算结果表明，生产甲产品的边际贡献总额 10 000 大于乙产品的边际贡献总额 3 000，所以应选择生产甲产品。

采用边际贡献分析法，当备选方案没有相关收入，只有相关成本时，那就比较各个方案的相关成本，选择相关成本最低的方案为最优方案。边际贡献分析法适用于开发新产品、是否接受特殊订货、亏损产品是否停产等收入成本型（收益型）方案的择优决策，尤其适用于多个方案的择优决策。

（三）成本无差别点分析法

成本无差别点分析法又叫临界成本分析法，是指通过确定各备选方案的成本无差别点来评价有关方案优劣的一种决策方法。成本无差别点就是使各备选方案的总成本相等时的特定业务量。成本无差别点业务量是指能使两方案总成本相等的业务量，记作 x_0，其计算公式如下。

设第一个方案的成本为 $y_1=a_1+b_1x$

第二个方案的成本为 $y_2=a_2+b_2x$

令
$$y_1=y_2$$

即
$$a_1+b_1x=a_2+b_2x$$

解得：$$\text{成本无差别点业务量}=\frac{\text{两方案固定成本之差}}{\text{两方案单位变动成本之差}}=\frac{a_1-a_2}{b_2-b_1}$$

式中，a_1 为第一个方案的固定成本；a_2 为第二个方案的固定成本；b_1 为第一个方案的单位变动成本；b_2 为第二个方案的单位变动成本，且满足 $a_1>a_2$，$b_1<b_2$。

方案决策标准为:

若业务量 $X>X_0$ 时，则固定成本较高的 A 方案优于 B 方案；

当业务量 $X<X_0$ 时，则固定成本较低的 B 方案优于 A 方案；

若业务量 $X=X_0$ 时，则两方案的成本相等，效益无差别。

【任务案例 5-3】 华为公司因生产需要拟租用一台设备，现有两家公司可提供这种型号的设备。甲公司的条件是：年固定租金 5 000 元，再加承租人销售收入的 5%；乙公司的条件是：按承租人销售收入的 10%收取租金。要求做出该公司选择出租人的决策。

解：设支付给出租人甲的租金为 Y_1，支付给出租人乙的租金为 Y_2，销售收入为 X，则：

$$Y_1=a_1+b_1X=5\,000+5\%X$$

$$Y_2=a_2+b_2X=10\%X$$

令 $Y_1=Y_2$，成本无差别点的销售收入为

$$X_0=\frac{5\,000}{10\%-5\%}=100\,000(\text{元})$$

所以，当销售收入等于100 000元时，两个方案成本相等，均可行；当销售收入大于100 000元时，应选择甲公司；当销售收入小于100 000元时，应选择乙公司。

成本无差别点分析法所评价的方案一般不涉及收入，只涉及相关成本，因此，利用成本与业务量之间的关系模型计算成本无差别点业务量，通过比较不同业务量下各备选方案的相关成本，选择相关成本最低的方案为最优方案。计算成本无差别点时，需要考虑每个方案的单位变动成本和固定成本，而且方案之间的变动成本和固定成本应处于这样的状态：当一个方案的固定成本大于另一个方案的固定成本时，该方案的单位变动成本应小于另一个方案的单位变动成本，否则无法应用成本无差别点分析法。

子任务三　生产对象的决策分析

（一）生产何种产品的决策分析

如果现有设备可用于生产多种产品，则应以生产哪种产品能为企业提供更多的边际贡献为决策依据。

【任务案例5-4】　光明机械厂现有设备可生产甲产品或乙产品，有关资料见表5-2。要求做出该公司生产哪种产品有利的决策。

表5-2　光明机械厂产品资料　　单位：元

产品名称	甲产品	乙产品
产销数量（件）	30 000	50 000
单位售价	20	15
单位变动生产成本	8	5
固定生产成本	80 000	80 000
单位变动销管费用	4	4
固定销管费用	9 600	9 600

解：（1）计算甲、乙产品的差量收入。

差量收入=30 000×20−50 000×15=−150 000（元）

（2）计算甲、乙产品的差量成本。

差量成本=30 000×(8+4)−50 000×(5+4)=−90 000（元）

（3）计算甲、乙产品的差量损益。

差量损益=−150 000−(−90 000)=−60 000（元）

以上计算表明，甲、乙产品的差量损益为负，因此，生产乙产品有利。

本例中的相关成本只包括变动生产成本，因为固定成本不论在哪种方案下，其总额都是相同的，在决策分析中属于无关成本，可不加考虑。这类决策可以使用差量分析法，还可使用边际贡献分析法。计算分析过程如下：

甲产品的边际贡献=30 000×(20−8−4)=240 000（元）

乙产品的边际贡献=50 000×(15−5−4)=300 000（元）

从以上计算结果可看出，乙产品的边际贡献比甲产品多 60 000 元，因此，生产乙产品更为有利。

（二）新产品开发的决策分析

新产品开发的决策包括开发新产品的品种决策，开发新产品与减少老产品的决策，新产品试制方案的决策，由于开发新产品而引起固定资产投资的决策等。这里主要介绍企业利用现有剩余生产能力开发新产品的决策分析。

企业利用现有剩余生产能力开发新产品的决策分析，应先确定剩余生产能力用于开发新产品的最大生产量。如果开发新产品不影响原有产品的生产，则以新产品中能为企业提供较多边际贡献的产品为优。如果开发新产品需要挤掉部分老产品的生产能力，则把老产品减产损失作为被开发的新产品的机会成本加以考虑。

【任务案例 5-5】 华湘公司现有生产能力 100 000 机器小时，生产能力利用程度为 70%，为把剩余生产能力利用起来，决定开发新产品。市场调查研究表明，有产品 A 和产品 B 可开发生产。其相关资料见表 5-3。

表 5-3 华湘公司产品资料 单位：元

产品名称	A 产品	B 产品
定额工时（机器小时/件）	60	30
单位售价	100	65
单位变动成本	58	35
固定成本	50 000	50 000

要求：（1）做出开发哪种新产品的决策。

（2）如果开发新产品 B 将挤占老产品的设备，使老产品减产损失 10 000 元，请问这种情况下该开发生产哪种产品？

解：（1）首先，根据机器最大生产能力计算最大生产量。

新产品 A 的最大生产量=100 000×（1−70%）÷60=500（件）

新产品 B 的最大生产量=100 000×（1−70%）÷30=1 000（件）

然后，计算新产品 A，B 的差量收入、差量成本和差量损益。

新产品 A，B 的差量收入=100×500−65×1 000=−15 000（元）

新产品 A，B 的差量成本=58×500−35×1 000=−6 000（元）

新产品 A，B 的差量损益=−15 000−(−6 000)=−9 000（元）

计算结果表明，新产品 A，B 的差量损益为负，开发生产新产品 B 更为有利。

（2）老产品减产损失 10 000 元应作为开发新产品 B 的机会成本，这种情况下，新产品 A，B 的差量损益计算如下。

新产品 A，B 的差量收入=100×500−65×1 000=−15 000（元）

新产品 A，B 的差量成本=58×500−(35×1 000+10 000)=−16 000（元）

新产品 A，B 的差量损益=−15 000−(−16 000)=1 000（元）

以上计算表明，新产品 A，B 的差量损益为正，此时开发生产新产品 A 更为有利。

差量成本指的是备选方案的预期成本，包括所有相关成本，如变动成本、机会成本、专属成本等。

上例还可使用边际贡献分析法。其计算分析过程如下。

（1）首先，根据机器最大生产能力计算最大生产量。

新产品 A 的最大生产量=100 000×(1−70%)÷60=500（件）

新产品 B 的最大生产量=100 000×(1−70%)÷30=1 000（件）

然后，分别计算两种新产品的边际贡献。

新产品 A 的边际贡献=500×(100−58)=21 000（元）

新产品 B 的边际贡献=1 000×(65−35)=30 000（元）

以上计算结果表明，新产品 B 的边际贡献大于新产品 A，比 A 产品多 9 000 元，因此，开发生产新产品 B 更有利。

（2）如果开发新产品 B 将使老产品减产损失 10 000 元，那么

新产品 B 的边际贡献=1 000×(65−35)−10 000=20 000（元）

此时，新产品 A 的边际贡献为 21 000 元，新产品 B 的边际贡献为 20 000 元，因此，开发新产品 A 更有利。

子任务四　特殊订单的决策分析

特殊订单是指不包括在企业生产范围之内的售价低于正常价格的一次性订单。一般来说，产品的销售价格应该高于生产和销售该产品的全部成本。但是，在企业有剩余生产能力的情况下，如有客户要求特殊订单，虽然从财务会计角度来看是不应该接受的，但从管理会计角度来分析，有时接受特殊订单能为企业带来收益。当然，前提是特殊订单的售价不违反国家有关的价格法规，也不会对企业正常销售价格产生不利影响。

是否接受特殊订单应考虑以下几种具体情况。

① 在生产能力允许范围内，剩余生产能力无其他用途，接受特殊订单不需要追加专属成本。这时，只要特殊订单能够提供边际贡献，也就是说特殊订单价格大于单位产品变动成本，就可以接受该订单。因为，特殊订单只是利用剩余生产能力进行生产，不会影响固定制造费用，特殊订单产生的边际贡献可为企业带来营业利润。

② 在生产能力允许范围内，剩余生产能力无其他用途，接受特殊订单需要追加专属成本。这时，接受特殊订单的条件是，该订单产生的边际贡献大于专属成本，也就是特殊订单的相关损益为正。

③ 在生产能力允许范围内，剩余生产能力可作为其他用途。这时，应将在其他用途上产生的收益作为接受特殊订单的机会成本，只要该订单产生的边际贡献大于机会成本就可接受。

④ 如果接受特殊订单超过生产能力允许范围，将挤占正常生产量，这种情况下，应将减少正常生产而损失的边际贡献作为该订单的机会成本加以考虑。

【任务案例 5-6】 时达公司专业生产某电脑配件，年最大生产能力为 10 万件。该产品正常销售价格为 60 元/件，单位变动成本为 38 元，2011 年预算固定成本总额为 120 万元，产销量为 8 万件。现有客户要求订货一批，单价为 46 元。要求：就以下订货方案做出是否接受该特殊订单的决策。

订货 20 000 件，剩余生产能力无其他用途。

订货 35 000 件，剩余生产能力无其他用途。

订货 20 000 件，但目前有一家公司要租用时达公司的闲置设备，愿意支付租金 100 000 元。

订货 35 000 件，由于该订单对产品加工工艺有特殊要求，需要添置一台价值 50 000 元的专用设备，另外，有一家公司要租用时达公司的闲置设备，愿意支付租金 100 000 元。

解：（1）由于该特殊订单的订货量在生产能力允许范围内，不会增加固定成本，只要它能产生边际贡献就能带来营业利润。用边际贡献分析法计算如下：

边际贡献=20 000×(46−38)=160 000（元）

因此，该订单能为企业创造营业利润 160 000 元，应接受。

（2）剩余生产能力最多只能生产 20 000 件，由于该特殊订单的订货量超过了剩余生产能力，如果接受该订单，将挤占正常生产量 15 000 件，因此，放弃正常生产 15 000 件的边际贡献应作为该订单的机会成本。用边际贡献分析法计算如下：

边际贡献=35 000×(46−38)−15 000×(60−38)=−50 000（元）

因此，如果接受该订单将会减少企业的营业利润 50 000 元，所以，不接受该订单。

（3）由于闲置设备出租可取得租金收入 100 000 元，这是接受该特殊订单的机会成本。用边际贡献分析法计算如下：

边际贡献=20 000×(46−38)−100 000=60 000（元）

计算表明，该订单能为企业创造营业利润 60 000 元，应接受。

（4）由于闲置设备出租可取得租金收入 100 000 元，还要追加专属成本 50 000 元，另外该订单超过了剩余生产能力的生产量，需要减少正常生产量，这些都是接受该特殊订单的机会成本。用边际贡献分析法计算如下：

边际贡献=35 000×(46−38)−[100 000+50 000+15 000×(60−38)]=−200 000（元）

计算表明，如果接受该订单将会减少企业的营业利润 200 000 元，所以，不接受该订单，而应将闲置设备出租。

子任务五　亏损产品的决策分析

当企业生产的产品发生亏损时，管理层一方面要想方设法扭转亏损局面，另一方面要考虑是否停产或转产。从财务会计的角度来看，亏损的产品应当停产或转产。但事实未必如此。不生产亏损产品只是减少了变动成本（可避免成本），而固定成本总额属于一种不可避免成本，如果不生产亏损产品，其负担的固定成本部分就会转嫁到其他产品上。这时，企业的整体利润可能会出现不仅不增加，反而会减少的现象。

【任务案例 5-7】 远大公司经营 A，B，C 三种产品，相关资料见表 5-4。

表 5-4　远大公司产品资料

产品名称	A 产品	B 产品	C 产品
产销量（件）	10 000	4 000	5 000
销售单价（元）	80	100	110
单位变动成本（元/件）	47	81	59
单位人工工时（小时）	5	10	8
固定制造费用（元）	260 000（按产品人工小时比例分摊）		
销售和管理费用（元）	150 000（全部为固定成本）		

要求：（1）按完全成本法分别计算三种产品的营业利润，并编制营业利润表。

（2）是否应该停止亏损产品 B 的生产？

（3）如果 C 产品存在较大的市场，若停止生产亏损产品 B，其设备可用来生产产品 C，预计增加广告宣传费用 5 000 元可使产品 C 的销售量增加 40%。这种情况下，请做出继续生产 B 产品，还是停产 B 产品而转产 C 产品的决策。

解：（1）根据上述资料计算分析如下：

A 产品人工工时=5×10 000=50 000（小时）

B 产品人工工时=10×4 000=40 000（小时）

C 产品人工工时=8×5 000=40 000（小时）

$$固定制定造费用分配率=\frac{260\ 000}{50\ 000+40\ 000+40\ 000}=2（元/小时）$$

A 产品分配的固定制造费用=2×50 000=100 000

B 产品分配的固定制造费用=2×40 000=80 000

C 产品分配的固定制造费用=2×40 000=80 000

采用完全成本法编制利润表见表 5-5。

表 5-5　完全成本法编制的利润表

项　目	A 产品	B 产品	C 产品	合 计
销售收入	800 000	400 000	550 000	1 750 000
减：销售成本				
变动成本	470 000	324 000	295 000	1 089 000
固定制造费用	100 000	80 000	80 000	260 000
销售毛利	230 000	−4 000	175 000	401 000
减：销管费用				150 000
营业利润				251 000

（2）从表 5-5 可知，完全成本法下，B 产品产生亏损 4 000 元。应用变动成本法进行分析，该产品为企业提供边际贡献 76 000 元，可以弥补 76 000 元的固定成本，见表 5-6。

表 5-6　变动成本法编制的利润表

项　目	A 产品	B 产品	C 产品	合 计
销售收入	800 000	400 000	550 000	1 750 000
减：变动成本	470 000	324 000	295 000	1 089 000
边际贡献	330 000	76 000	255 000	661 000
减：固定制造费用				260 000
销管费用				150 000
营业利润				251 000

如果将 B 产品停产，则会丧失 76 000 元的边际贡献，而原来由 B 产品负担的固定制造费用还是照样发生，并将全部转嫁给 A，C 产品，由 A，C 产品负担。停产后的利润表见表 5-7。

表 5-7　停产后的利润表

项　目	A 产品	C 产品	合 计
销售收入	800 000	550 000	1 350 000
减：变动成本	470 000	295 000	765 000
边际贡献	330 000	255 000	585 000
减：固定制造费用			260 000
销售管理费用			150 000
营业利润			175 000

由表 5-7 可见，企业的总利润不但没有增加，反而从 251 000 元减少到 175 000 元，减少了 76 000 元，正好是 B 产品提供的边际贡献。因此，企业不应停产 B 产品。

（3）应该继续生产 B 产品还是停产转而生产 C 产品，可用差量分析法进行分析。

差量收入=100×4 000−110×5 000×40%=180 000（元）

差量成本=81×4 000−(59×5 000×40%+5 000)=201 000（元）

差量损益=180 000−201 000=−21 000（元）

以上计算表明，停止生产 B 产品转产 C 产品比继续生产 B 产品多产生 21 000 元的收益，所以，企业应停产 B 产品转而生产 C 产品。

从上例计算分析可总结以下规律。

① 如果亏损产品不能产生边际贡献，就必须停产。

② 当亏损产品的生产能力无其他用途时，只要亏损产品能够产生边际贡献，就不应当停产。

③ 若亏损产品的生产能力可以转作他用，也就是停产亏损产品后闲置设备可用于生产其他产品，只要转产后所产生的边际贡献小于亏损产品所提供的边际贡献，就不应当转产，而是继续生产亏损产品。

子任务六　自制或外购的决策分析

某项业务活动是由企业内部完成，还是向外部供应者购买的决策，称为自制或外购的决策。例如，产品所需的零部件是企业内部生产，还是从外部购买；租用设备还是购买设备；产品销售是委托他人经销还是自设门店；建筑公司自己做全部工程，还是将部分工程转包给其他企业来完成；某项服务是由企业内部提供，还是由企业外部提供等。

自制或外购的决策分析，通常只考虑相关成本，不考虑相关收入。因为不管自制还是外购，最终出售的相关收入都是一样的。因此，在决策时，选择成本较低者为最优方案。

【任务案例 5-8】 万和电器公司每年需用 Y 零件 50 000 个，市场价格为 25 元。该公司的辅助车间还有闲置设备可生产这种零件。预计零件的成本资料见表 5-8。

表 5-8 预计零件的成本资料 单位：元

成本项目	直接材料	直接人工	变动制造费用	固定制造费用
成本金额	14	6	3	4

要求：就以下情况分别做出自制还是外购的决策。

（1）辅助车间的闲置设备可生产 Y 零件 50 000 个，且这批设备不能作为别的用途。

（2）辅助车间的闲置设备可生产 Y 零件 50 000 个，但这批设备也可生产 A 零件，预计可产生边际贡献 120 000 元。

（3）辅助车间的闲置设备最多可生产 Y 零件 30 000 个，且这批设备不能作为别的用途。若要多生产必须租入一台设备，年租金约 100 000 元，这样生产能力可达 55 000 个。

（4）同（3），但企业也可采用另一种方案，即自制 30 000 个，其他 20 000 个零件外购。

解：（1）因为利用剩余生产能力加工 Y 零件，固定制造费用属于不相关成本，可以不予考虑，所以，

自制总成本=50 000×(14+6+3)=1 150 000（元）

外购总成本=50 000×25=1 250 000（元）

以上计算表明，自制总成本比外购总成本低 100 000 元，因此，应采用自制方案。

（2）放弃生产 A 零件所丧失的边际贡献 120 000 元，应作为生产 Y 零件的机会成本，因此，自制总成本=50 000×(14+6+3)+120 000=1 270 000（元）

可见，自制总成本比外购总成本 1 250 000 元多出 20 000 元，因而，应采用外购方案，同时将剩余生产能力用于生产 A 零件。

（3）租入设备的年租金 100 000 元应作为生产 Y 零件的专属成本，这种情况下，自制总成本=50 000×(14+6+3)+100 000=1 250 000（元）。计算结果表明，自制与外购总成本相同，两种方案均可。

（4）自制 30 000 个，其他 20 000 个零件外购时的总成本为：

30 000×(14+6+3)+20 000×25=1 190 000（元）

全部零件自制的总成本为 1 250 000 元。比较两种方案的成本，自制 30 000 个，其他 20 000 个零件外购的方案更合算，故选择该方案。

对于零部件自制还是外购的决策，在需用量确定的情况下，可采用相关成本分析法进行决策；当需用量不确定时，可采用成本无差别点分析法进行决策。一般来说，固定成本属于不相关成本，决策分析时一般不考虑固定成本，但也应注意区分可避免固定成本与不可避免固定成本。如果剩余生产能力有其他用途，则必须考虑机会成本。取得方式的决策不能仅仅看成本因素，还应该考虑其他因素的影响，如外购的质量保证、价格水平波动的风险、市场供求量的变动等。在实际工作中，很多企业只有在其设备没有其他更好的用途时才自己生产零部件。

子任务七 深加工的决策分析

有的企业生产的产品，完成了一定的工序后即可出售，也可以进一步深加工再出售。深加

工后产品售价更高，但也增加了相应的成本。在深加工前的成本属于沉没成本，决策时不必考虑，只需考虑与进一步加工有关的成本与相关收入。对这类决策问题，一般采用差量分析法。

【任务案例 5-9】 海联化工厂利用化工原料生产出产品 S，年产量 200 吨，该产品可直接出售给石油公司作为汽油的添加成分，售价为 1 000 元/吨，也可进一步加工成产品 L 后再出售给某塑料企业，售价为 1 200 元/吨，但需增加变动成本 100 元/吨。

要求：做出产品 S 直接出售还是进一步加工成 L 后再出售的决策。

解： 继续加工与直接出售两种方案的差量计算如下：

差量收入=200×1 200−200×1 000=40 000（元）

差量成本=200×100=20 000（元）

差量损益=40 000−20 000=20 000（元）

以上计算结果表明，差量损益为正，应选择继续加工再出售的方案。

从上例可看出，这种类型的决策，相关成本只包括与进一步加工相关的成本，相关收入则包括直接出售的有关收入和加工后出售的有关收入，只要进一步深加工增加的收入超过增加的成本，那么，深加工方案就是有利的。

任务二 定价决策

子任务一 常用产品定价方法

定价决策分析是指在不违背国家物价政策的前提下，通过对影响产品价格的因素进行分析，运用一定的方法制定出能够使企业获得最大经济效益的产品价格的决策分析过程。产品定价是否适当将直接影响产品的销售量，而销售量的多少又决定着生产量的高低，并影响产品成本和利润水平，因此，定价决策的正确与否直接关系到企业的生存与发展。一般来说，当销售量一定时，销售单价越高，销售收入就越多。但是，销售价格定得太高，会影响产品的销路，导致销售量减少，进而使单位产品成本随着销售量的下降而提高。相反，如果销售价格定得偏低，又难以保证目标利润的实现，甚至不能补偿各项成本支出。因此，企业必须做出合理的定价决策，才能保证企业长远利益与最佳经济效益的实现。

企业最常用的定价方法有成本导向定价法和市场导向定价法。

（一）成本导向定价法

企业生产的产品或提供的劳务的价格，首先必须补偿成本，然后再考虑为投资者提供合理的利润。在实际工作中，多数企业是以会计上所计算的产品成本为基础制定产品价格的。

以成本为导向的定价方法最常用的是成本加成定价法。成本加成定价法是在单位产品成本的基础上按预定的加成率计算相应的加成额，进而确定产品的目标售价。其基本计算公式为：

产品价格=单位产品成本+（单位产品成本×加成率）

=单位产品成本×（1+加成率）

成本加成定价法的关键是如何确定合理的加成率。成本加成率的大小一般取决于企业生产该产品所希望获得的目标利润，而目标利润又取决于目标投资报酬率。其计算公式如下：

目标利润=平均投资总额×目标投资报酬率

加成率的计算公式为

$$加成率=\frac{目标利润}{相关成本}\times 100\%$$

由于成本计算方法有完全成本法和变动成本法，它们计算出来的成本各不相同，因而成本加成定价法又分为全部成本加成定价法和变动成本加成定价法。

1. 全部成本加成定价法

全部成本加成定价法是在全部成本的基础上按照事先拟订的加成率确定产品价格。从长远的观点来看，产品或劳务的价格必须补偿全部成本并应获得正常利润。全部成本信息可以从会计部门获得，因此，这种方法是一种简单、快速的定价方法。

全部成本加成定价法又包括单位产品总成本和单位产品生产成本两种全部成本基础。单位产品总成本是产品的生产成本加上销售费用和管理费用。加成率通常以企业的目标利润为依据。

以总成本为基础的加成率计算公式如下：

$$加成率=\frac{目标利润}{成本总额}\times 100\%$$

以生产成本为基础的加成率计算公式如下：

$$加成率=\frac{目标利润+非生产成本}{生产成本总额}\times 100\%$$

2. 变动成本加成定价法

变动成本加成定价法是在变动成本的基础上按照事先拟订的加成率确定产品价格。变动成本加成定价法也包括单位产品变动总成本和单位产品变动生产成本两种变动成本基础。单位产品变动总成本是产品变动生产成本加上变动销售费用和变动管理费用后的成本。

以总变动成本为基础的加成率为

$$加成率=\frac{目标利润+固定成本总额}{变动成本总额}\times 100\%$$

以变动生产成本为基础的加成率为

$$加成率=\frac{目标利润+固定制造费用+非生产成本}{变动生产成本总额}\times 100\%$$

【任务案例 5-10】 华美公司全部资产平均余额为 1 000 000 元，目标投资报酬率 20%，2017 年计划生产冰箱 1 000 台，有关预计成本资料见表 5-9。

表 5-9 预计成本资料 单位：元

成本项目	单位成本	成本总额
直接材料	1 400	1 400 000
直接人工	680	680 000
变动制造费用	320	320 000
变动生产成本总额	2 400	2 400 000
固定制造费用	138	138 000
产品生产成本总额	2 538	2 538 000
变动销售及管理费用	25	25 000
固定销售及管理费用	75	75 000
合　计	2 638	2 638 000

要求：（1）分别计算各种成本基础下的加成率。

（2）根据上述加成率计算产品的售价。

解：（1）目标利润=1 000 000×20%=200 000（元）

$$以总成本为基础的加成率=\frac{200\ 000}{2\ 638\ 000}\times100\%=7.58\%$$

$$以生产成本为基础的加成率=\frac{200\ 000+25\ 000+75\ 000}{2\ 538\ 000}\times100\%=11.82\%$$

$$以总变动成本为基础的加成率=\frac{200\ 000+138\ 000+75\ 000}{2\ 400\ 000+25\ 000}\times100\%=17.03\%$$

$$以变动生产成本为基础的加成率=\frac{200\ 000+138\ 000+100\ 000}{2\ 400\ 000}\times100\%=18.25\%$$

（2）以总成本为基础的产品价格=2 638×(1+7.58%)=2 838（元）

以生产成本为基础的产品价格=2 538×(1+11. 82%)=2 838（元）

以总变动成本为基础的产品价格=(2 400+25)×(1+17.03%)=2 838（元）

以变动生产成本为基础的产品价格=2 400×(1+18.25%)=2 838（元）

从上例计算分析可知，全部成本加成法和变动成本加成法都是以产品价格应弥补全部成本并保证实现目标利润为原则，虽然不同的定价法其成本基数各不相同，由此加成的内容也存在差异，但是以各种成本和加成率为基础制定的产品价格都相同。另外，应用成本加成定价法需注意，必须确保产量的准确性。因为如果实际产量与预计产量相差很大，那么定价基础中的成本也会与实际成本相差很大，导致定价不准确。

注意：在企业生产能力有剩余的情况下，企业的固定成本属于与决策无关成本。

（二）市场导向定价法

在市场经济条件下，产品价格主要受供求关系的影响。当产品价格上涨的时候，销售量会减少，而产品价格降低，销售量会增加。价格和销售量的变化都会对利润产生影响。一方面，随着价格的下降，最初销售量会呈现逐步增加的趋势，销售收入随之增加，增加的销售收入会大于降价的损失，从而使销售总收入上升较快。一段时期以后，销售量增加速度会放慢，最终还有可能出现下降，这时降价的损失会超过因销售量增加而增加的销售收入，从而使销售总收入呈下降趋势。另一方面，最初因销售量低而使单位产品成本较高，随着销售量的增加，单位产品成本逐渐下降，总成本会略有下降或缓慢上升，由于单位成本的下降有一定限度，当销售量超过一定限度后，产品单位成本又会提高，从而使总成本急剧上升。销售总收入和销售总成本的变动趋势如图 5-2 所示。

由图 5-2 可知，当销售收入线和销售成本线之间的差额最大时，企业获得的利润最大，与之对应的销售量是最佳销售量，与之对应的价格是最优价格。可见，最优价格不是最高价格，也不是最低价格，而是能够使企业获得最大利润的价格。根据极值原理，当边际收入等于边际成本时，即边际利润为零时，利润总额最大，此时的价格为最优价格。

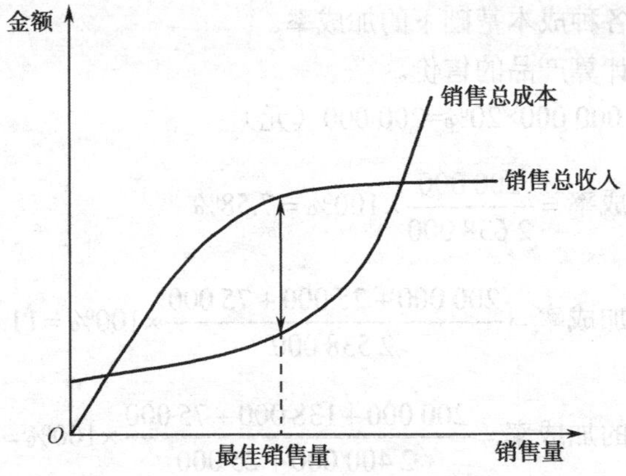

图5-2　销售总收入和销售总成本变动趋势图

子任务二　特殊定价的决策

（一）最低定价法

如果企业进一步生产盈利性更强的其他产品时，不会导致企业的利润下降，这时的价格就是该产品的最低价格。最低价格由以下两部分构成。

① 生产和销售该产品所发生的增量成本。

② 生产和销售该产品所耗用资源的机会成本。

最低价格不可能是产品的最终价格，因为它没有为企业带来任何增量利润。然而，计算产品最低价格对决策非常有用，因为低于最低价格的定价是不能被接受的。企业在接到特殊订单的情况下，也可以采用最低定价法确定接受特殊订单的保本价格。任何超过最低价格的定价都会给企业带来增量利润。

（二）差别对待定价策略

差别对待定价是指企业对同一种产品或劳务根据消费者不同的需求而制定不同的价格。这种价格差异主要反映需求的不同，而不反映成本费用上的差异。差别对待定价策略主要有以下四种。

① 依据消费对象差别定价。即按照不同的价格把同一种产品或劳务卖给不同的消费对象。如铁路客运对学生实行半价。

② 依据产品型号或形式差异定价。即对不同型号或形式的产品分别制定不同的价格，而实际上这些不同型号或形式的产品内部结构及成本大致相同。

③ 依据位置差异定价。就是同一产品或劳务依据所处地理位置的不同分别制定不同的价格，即使这些产品或劳务的成本费用没有任何差异。例如，剧院中的座位，按远近和偏斜程度制定不同的票价。

④ 依据时间差异定价。对不同季节、不同日期甚至不同钟点的同一产品或劳务分别制定不同的价格。如旅馆在旅游旺季和淡季的价格会相差很大。

对产品实行差别定价，有利于企业在不同的市场上获得尽可能大的利润，有利于满足不同需求层次的消费者的需求。但实行差别对待定价不能引起顾客的反感，而且某种差别对待定价不得违反有关法规。

（三）新产品的定价策略

新产品的定价一般有两种策略：撇油性定价和渗透性定价。

1. 撇油性定价

撇油性定价是指在新产品刚上市时，把产品价格定得很高，同时花费巨额广告费用和销售费用促销。以后随着市场扩大，竞争加剧，再把价格逐步降低。这样，在不同时期，产品利润的“油脂”被逐步撇掉，直到以低价维持销售。这是一种短期性的定价策略，一般适用于初期没有竞争对手，而且容易开辟市场的新产品。

2. 渗透性定价

渗透性定价是指在新产品刚上市时，把产品价格定得较低，以吸引顾客，提高市场占有率，赢得竞争优势后再逐步提价。这种策略尽管在初期获利不多，但它能有效地排除其他企业的竞争，便于在市场上建立长期的领先地位，能持久地为企业带来日益增长的经济效益，因而是一种长期性的定价策略。

项目总结

短期经营决策是指企业对一年以内的生产经营活动所进行的决策。短期经营决策的内容主要包括生产决策和定价决策两大类。

生产决策分析常用的方法有三种：差量分析法、边际贡献分析法、成本无差别点分析法。差量分析法是一种最基本的方法，广泛应用于企业短期经营决策分析，如生产产品的品种决策，是否接受特殊订单的决策，产品是否进一步加工的决策，亏损产品是否停产或转产的决策，零部件取得方式的决策，闲置固定资产是出租还是出售的决策等。边际贡献分析法一般适合于只涉及一个方案，或涉及两个以上备选方案的决策分析。成本无差别点分析法所评价的方案一般不涉及收入，只涉及相关成本，利用成本与业务量之间的关系模型计算成本无差别点业务量，通过比较不同业务量下各备选方案的相关成本，选择相关成本最低的方案为最优方案。

企业最常用的定价方法有成本导向定价法和市场导向定价法。

项目综合训练

一、单项选择题

1．下列成本中属于无关成本的是（　　）。

A．专属成本　　B．共同成本　　C．假计成本　　D．可避免成本

2．某企业接到一批特殊订货，需购买一台专用设备，价格为 5 000 元，则该设备款属于（　　）。

A．重置成本　　B．不可避免成本　　C．沉没成本　　D．专属成本

3．短期经营决策不包括（　　）。

A．产品生产决策　　B．定价决策

C．固定资产投资决策　　D．成本决策

4．某厂加工的半成品直接出售可获利 1 000 元，加工为成品后出售可获利 1 500 元，则加工为成品出售方案的机会成本是（　　）。

A．1 000 元　　B．1 500 元　　C．500 元　　D．2 500 元

5. 下列情况中，亏损产品肯定停产的条件是（　　）。
A. 亏损产品的边际贡献大于零
B. 亏损产品的边际贡献小于零
C. 亏损产品的销售收入大于变动成本
D. 亏损产品的边际贡献大于零，但小于固定成本

6. 在新产品开发决策中，如果不追加专属成本，且生产能力有剩余时，决策应采用的分析指标为（　　）。
A. 单位边际贡献　B. 单位资源边际贡献　C. 边际贡献总额　D. 利润总额

7. 采用边际贡献法评价可行方案时，主要以（　　）大小作为选优的依据。
A. 固定成本　B. 单位变动成本
C. 单位边际贡献　D. 边际贡献总额

8. 在自制或外购决策中，当零部件需要量不确定时，应采用的方法是（　　）。
A. 边际贡献分析法　B. 成本无差别点法　C. 相关成本分析法　D. 差量分析法

9. 某零件外购单价为10元，自制单位变动成本为6元，自制增加专属成本2 000元，则该零件的成本无差别点为（　　）件。
A. 200　B. 500　C. 400　D. 800

10. 当生产量发生无限小的变化时所增加的成本叫作（　　）。
A. 差量成本　B. 机会成本　C. 边际成本　D. 重置成本

11. 因生产某种、某批产品或某个项目而发生的成本是（　　）。
A. 差量成本　B. 重置成本　C. 专属成本　D. 机会成本

12. 下列成本中属于决策相关成本的是（　　）。
A. 不可延缓成本　B. 沉没成本　C. 共同成本　D. 可避免成本

13. 与某项经营活动有关，尚未实际发生，需估计才能加以确定的成本是（　　）。
A. 差量成本　B. 假计成本　C. 专属成本　D. 机会成本

14. 已经决策采纳但由于某种原因延期实施的方案成本属于（　　）。
A. 可延缓成本　B. 不可延缓成本
C. 可避免成本　D. 不可避免成本

15. 最优售价是（　　）时的产品价格。
A. 边际利润最接近于零且大于零
B. 边际利润等于零或最接近于零且大于零
C. 边际利润等于零
D. 边际利润大于零

16. 在生产能力允许范围内接受特殊订货的条件是（　　）。
A. 特殊订货所增加的边际贡献大于压缩正常生产的边际贡献
B. 特殊订货所增加的边际贡献小于压缩正常生产的边际贡献
C. 特殊订货所增加的边际贡献大于所增加的固定成本
D. 特殊订货有新增加的边际贡献

17. 可明确归属于某一产品或某一部门的成本是（　　）。
A. 付现成本　B. 可分成本　C. 专属成本　D. 沉没成本

18. 某企业计划将一台闲置设备用来生产新产品，该设备购买时成本为25万元，已提折

旧 15 万元，账面价值为 10 万元，若出售可获得 8 万元收入，则该项决策的相关成本是（　　）万元。

A．25　　B．15　　C．10　　D．8

19．某厂准备从外单位采购 20 吨材料，每吨价格为 3 000 元。付款条件是：先预付 5 000 元，其余分 6 期支付。该方案实施的付现成本是（　　）元。

A．3 000　　B．5 000　　C．60 000　　D．10 000

20．某企业决定统一对职工宿舍安装空调，需要资金 5 万元，因目前资金紧张，推迟两个月施行，则与这一决定相关的空调费 5 万元属于（　　）。

A．不可避免成本　　B．可避免成本　　C．不可延缓成本　　D．可延缓成本

二、多项选择题

1．按决策影响期的长短来分类，决策可分为（　　）。

A．短期决策　　B．长期决策　　C．战略决策　　D．战术决策

2．下列属于短期决策的是（　　）。

A．接受追加订货决策　　B．亏损产品处理决策

C．设备更新改造决策　　D．新产品开发决策

3．下列属于与决策相关的成本的是（　　）。

A．差量成本　　B．可延缓成本　　C．机会成本　　D．重置成本

4．下列属于与决策无关的成本的是（　　）。

A．沉没成本　　B．不可避免成本

C．假计成本　　D．不可延缓成本

5．短期经营决策的方法主要有（　　）。

A．边际贡献分析法　　B．差量分析法

C．成本无差别点法　　D．销售利润率法

6．下列属于决策分析的一般程序的是（　　）。

A．确定决策目标　　B．提出备选方案

C．收集相关资料　　D．选择最优方案

7．下列对机会成本的描述中，正确的是（　　）。

A．如果接受订货，由于生产能力不足而挤占正常订货所丧失的有关收入是接受该订货方案的机会成本

B．如果不接受订货，由于生产能力不足而挤占正常订货所丧失的有关收入是不接受该订货方案的机会成本

C．不接受订货可将设备出租，则设备租金是接受订货方案的机会成本

D．接受订货将租入设备，则租入设备支付的租金是接受订货方案的机会成本

8．下列关于亏损产品生产决策的说法正确的是（　　）。

A．在剩余生产能力无法转移时，只要亏损产品的边际贡献大于零就继续生产

B．剩余生产能力能够转移时，只要亏损产品的边际贡献大于转产产品的边际贡献就应转产

C．如果亏损产品转产后，生产亏损产品的设备可以出租，只要租金大于亏损产品的边际贡献，就应停产而把设备出租

D．如果具备增产亏损产品的能力，而且能力无法转移又不增加专属成本，只要亏损产品的边际贡献为正就可增产

9．对于特殊订单决策说法正确的是（　　）。

A．在特殊订单挤占正常生产时，只要该订单增加的边际贡献大于由此减少的收入就应接受

B．当接受特殊订单需追加专属成本时，只要该订单的边际贡献大于专属成本就应接受

C．只要特殊订单的单价大于单位变动成本就应接受

D．如果不接受特殊订单可将设备出租，只要该订单的边际贡献大于租金就应接受

10．某企业在决定是否停产某亏损产品时，下列成本项目中属于相关成本的是（　　）。

A．该产品的变动制造费用　　B．分配给该产品的厂房折旧费

C．该产品的直接人工成本　　D．企业总部分配的成本

三、判断题

1．（　　）亏损产品是因为销售收入小于销售成本，所以亏损产品不宜再生产。

2．（　　）机会成本并非实际支出，不记入会计账簿，因此在决策中也不必考虑。

3．（　　）增量成本和边际成本从广义上都属于差量成本。

4．（　　）成本加成定价法中，根据各种不同成本基础及其加成率制定的价格会不一样。

5．（　　）短期经营决策时只考虑变动成本不考虑固定成本。

6．（　　）在两个备选方案中相同的成本属于决策非相关成本，因而在决策中无须考虑。

7．（　　）在开发新产品的品种决策时，可以以单位边际贡献的大小作为取舍标准。

8．（　　）产品的最高售价就是最优售价。

9．（　　）完全成本定价法没有考虑到市场的竞争价格，但考虑了价格与需求量的弹性关系。

10．（　　）新产品定价策略有撇油性定价和渗透性定价。

四、计算分析题

1．南华公司一车间可以生产甲产品也可生产乙产品，相关资料见表 5-10。要求做出生产哪种产品更有利的决策。

表 5-10　南华公司产品资料

产品名称	甲产品	乙产品
预计销售数量（元）	1 600	1 200
预计销售单价（元）	18.50	30.80
单位变动成本（元）	12.50	26.40

2．大同工厂准备添置一台机床，有两种方案，一是从国外进口，需花费 580 000 元，估计可用 10 年，每年支付维修保养费 11 800 元，预计残值 20 000 元，该机床每天运营成本约 120 元。另一方案是向租赁公司租用，每天租金 300 元。要求决策分析哪种方案更优。

3．达利公司原生产甲产品，产能 100 000 机器小时，实际只利用了 70%，现计划开发新产品乙或丙。相关资料见表 5-11。

表 5-11 产品资料

产品名称	甲产品（实际）	乙产品（预计）	丙产品（预计）
每件定额工时（机器小时）	9	6	5
销售单价（元）	8.50	7	6
单位变动成本（元）	7.50	6	5.10
固定成本总额（元）	25 000	25 000	25 000

要求：做出开发哪种新产品更有利的决策分析。

4．湘源公司 2017 年计划生产甲产品 10 000 件，年产能 12 000 件，售价 100 元，产品单位生产成本 55 元，包括直接材料 24 元，直接人工 15 元，变动制造费用 6 元，固定制造费用 10 元。现有客户要求订货 3 000 件，出价 70 元。这批订货需要另外添置设备 12 000 元。若不接受这笔订单，公司可将闲置设备出租，可取得租金收入 3 000 元。要求：做出是否接受这笔订单的决策。

5．某炼油厂从原油中提炼出煤油，可直接出售，售价 1 700 元/吨；也可进一步加工成汽油和柴油后再出售，汽油价 3 800 元/吨，柴油价 3 100 元/吨。煤油加工后自然损耗率为 5%，加工费 750 元/吨，所得汽油 80%、柴油 15%。该厂现有煤油 500 吨，进一步加工需增加固定成本 20 000 元。请分析该厂该直接出售煤油还是加工成汽油和柴油后再出售。

项目 6 长期投资决策分析

引导案例

李华 2015 年大学本科毕业，在一家公司做文员，年薪约 3 万元，2016 年年底为了改变现状，他决定创业，从而准备辞职进行个人投资。经过周密的市场调查，他准备投资干洗业。从市场上购置较为先进的干洗机价款要 11 万元，使用年限 5 年。经分析和测算，他准备贷款购置这种干洗机 1 台，预计残值 1 万元。每年折旧费约计 2 万元，每年的净收益 2.5 万元，贷款利率为 7%，价款于 2017 年年初一次付清。请问李华的打算或决策是否正确，为什么？

学习目标

通过本单元的学习，你应该能够：

- 了解长期投资决策的意义、特点和分类；
- 明确长期投资决策应考虑的重要因素；
- 熟悉长期投资决策最常用的评价指标及其专门方法。

项目任务

任务一　长期投资决策方法分析

任务二　长期投资决策典型案例分析

任务一　长期投资决策方法分析

子任务一　了解影响长期投资决策的重要因素

长期投资通常需要大量的资金，而且大多要经过较长的时间才能收回，因此，长期投资决策要比短期经营决策承担更大的风险，一项长期投资决策的失误，必然会影响到整个企业的财务状况和资金周转，给企业带来很大损失，甚至导致企业的破产清算。目前，我国的项目建设都要进行技术上和经济上的可行性分析。经济上的可行性分析，实际上就是长期投资决策。长期投资决策必须考虑投资的风险价值、资金成本（即贴现率）、货币的时间价值、现金流量等重要因素。

（一）货币的时间价值

1. 货币时间价值的含义

所谓货币的时间价值，是指不同时点上的货币具有不同的价值。货币时间价值包括利息和通货膨胀两个方面。通常情况下，时间价值专指利息。所以，货币时间价值也可以表述为是资金持有者因放弃现在使用货币的机会，而换取的按一定利率与时间计算的报酬。

2. 货币时间价值的计算

（1）单利

单利是只就本金计算利息。其计算公式如下所示。

利息的计算公式为

$$I = P \cdot i \cdot n \tag{6-1}$$

终值的计算公式为

$$S = P + I = P + P \cdot i \cdot n = P(1 + i \cdot n) \tag{6-2}$$

现值的计算公式为

$$P = \frac{S}{1 + i \cdot n} \tag{6-3}$$

式中，I——利息；P——现值；S——终值；i——利息率；n——期数。

【任务案例 6-1】 王某在银行存入 3 年期存款 1 000 元，假定年利率为 7%，采用单利计息，则

$$I = 1\,000 \times 7\% \times 3 = 210\text{（元）}$$

$$S = 1\,000 + 210 = 1\,000 \times (1 + 7\% \times 3) = 1\,210\text{（元）}$$

$$P = \frac{1\,210}{1 + 7\% \times 3} = 1\,000\text{（元）}$$

以上计算表明，现值与终值的关系是逆运算关系。

（2）复利

复利俗称“利滚利”，即不但本金要计算利息，而且利息也要计算利息。

① 复利终值。复利终值是指现在投入一定量的金额，按规定的利息率计算的未来某日的价值。其计算公式为

$$S = P \cdot (1 + i)^n$$

【任务案例 6-2】 张蒙 2017 年年初存入银行 1 年期定期存款 1 000 元，假定年利率为 7%，问 3 年后的终值是多少？

解：
$$S = 1\,000 \times (1 + 7\%)^3 = 1\,225\text{（元）}$$

即 3 年后可得款 1 225 元。

公式中，$(1+i)^n$ 为复利终值系数，记作（S/P，i，n），可通过查复利终值系数表（见本书附录）求得。

② 复利现值。复利现值是指未来某日某一特定金额的现在价值。其计算公式为

$$P = S \times \frac{1}{(1 + i)^n}$$

【任务案例 6-3】 假定张蒙拟在 5 年后获得本利和 5 000 元，如果年利率为 10%，那他现在应该存入银行多少钱？

$$P = 5\,000 \times \frac{1}{(1 + 10\%)^5} = 3\,105\text{（元）}$$

即在年利率为 10%的情况下，5 年后的 5 000 元相当于现在的 3 105 元。

公式中的 $\frac{1}{(1+i)^n}$ 为复利现值系数，记作（P/S，i，n），为了简化计算，可通过查年金现值

系数表求得。

（3）年金

年金是指每隔相同时期，收入或支出的相等金额的款项。根据年金收支的时间不同，年金可分为普通年金、预付年金、递延年金及永续年金。

① 普通年金。普通年金是指每期期末收付的等额款项。

年金终值是指每期收入或支出的等量金额，按复利计算的未来某期的总价值。其计算公式为

$$F = A + A(1+i) + A(1+i)^2 + \cdots + A(1+i)^{n-2} + + A(1+i)^{n-1}$$

上述公式实际上是求等比数列的和 S_n，公比为（1+i），经过整理可写成：

$$F = A \times \frac{(1+i)^n - 1}{i}$$

【任务案例 6-4】 假设林军从 2017 年开始每年年末存入银行 1 000 元，年利率为 8%，请问林军 5 年后可获得本利和多少？

$$F = 1\,000 \times \frac{(1+8\%)^5 - 1}{8\%} = 5\,866(\text{元})$$

根据公式计算年金终值显然十分复杂，难度也较大，为了简化计算，可将 $\frac{(1+i)^n - 1}{i}$ 作为复利年金终值系数，记作（F/A，i，n），通过查年金终值系数表求得。

$$F = A \times (F/A,\ i,\ n) = 1\,000 \times 5.867 = 5\,867(\text{元})$$

年金现值是指每期收入或支出的等量金额，按复利计算的现时总价值。其计算公式为

$$P = A(1+i)^{-1} + A(1+i)^{-2} + \cdots + A(1+i)^{-n}$$

经过整理可写成：

$$P = A \cdot \frac{1-(1+i)^{-n}}{i}$$

或

$$P = A \cdot \frac{(1+i)^n - 1}{i(1+i)^n}$$

年金现值系数等于年金终值系数与复利现值系数的乘积。

【任务案例 6-5】 假设恒诚公司计划今后连续 5 年在每年年末从银行取出 20 000 元，假定年利率是 10%，恒诚公司现在应一次性存入银行多少钱？

$$PV_{\text{A}} = 20\,000 \times \frac{1-(1+10\%)^{-5}}{10\%} = 75\,820(\text{元})$$

为了简化计算，可将 $\frac{1-(1+i)^{-n}}{i}$ 作为年金现值系数。通过查年金现值系数表求得。

$$P = A \times (P/A,\ i,\ n) = 20\,000 \times 3.791 = 75\,820(\text{元})$$

$$A = P \times \frac{i}{1-(1+i)^{-n}}$$

$\frac{i}{1-(1+i)^{-n}}$ 又称为投资回收系数，用（A/P，i，n）表示。

② 预付年金。支付出现在每期期初的年金，称为预付年金或即付年金。由于普通年金是最常用的，所以，年金终值系数表和年金现值系数表均是按普通年金编制的，普通年金以外的

各种形式的年金，都是普通年金的转化形式。因此，找出各种年金的终值和现值与普通年金的终值和现值之间的关系，就可根据普通年金的终值和现值，求出其终值和现值。

③ 递延年金。支付出现在第 1 期期末以后的某一时间的年金，称为递延年金，递延年金与普通年金相比，前面的 m 期没有发生过支付，其实际支付期为 $n-m$ 期，所以，递延年金的终值计算与普通年金的终值计算相同，只是支付期不一样而已。

递延年金的终值为

$$F=A[F/A，i，(n-m)]$$

同理，递延年金的现值为

$$P=A(P/A，i，n)-A(P/A，i，m)$$

④ 永续年金。无限期继续支付的年金，称为永续年金。由于没有终止支付的时间，因此，永续年金没有终值。永续年金的现值为

$$P=\frac{A}{i}$$

（二）现金流量

1. 现金流量的含义及内容

现金流量是指在长期投资决策中，从项目的筹建、设计、施工、正式投产使用直至报废为止的整个与决策有关的现金流出量与现金流入量的统称。这里所说的“现金”是指广义的现金。它不仅包括货币资金，而且还包含与项目相关的非货币资源的变现价值。具体地说，在现金流量中有以下三个内容。

（1）现金流出量

现金流出量主要包括以下几项内容。

① 建设投资，指在建设期内按一定生产经营规模和建设内容进行的固定资产、无形资产和开办费等投资的总和，包括基建投资和更改投资。

② 在流动资产上的投资，指对原材料、在产品、产成品、存货和货币资金等流动资产的垫支。

③ 经营成本，指在经营期内为满足正常生产经营而用货币资金支付的那部分成本费用，又称付现成本。某年的经营付现成本等于当年的总成本，扣除年折旧额、无形资产摊销等项目后的差额。这是因为总成本费用中包含了一部分非现金流出的内容，这些项目大多与固定资产、无形资产等长期资产的价值有关，不需要发生现金支出。

④ 所得税支出，从企业的角度出发，只有税后现金流量才真正属于自己，因此将所得税支出看作一种现金流出量。

（2）现金流入量

现金流入量通常包括以下几方面内容。

① 项目投产后每年的营业收入（或付现成本节约额）。

② 项目终止时的残值收入或中途变价收入。

③ 项目终止时回收的流动资金。

（3）现金净流量

现金净流量是指一定期间现金流入量与现金流出量的差额。这里所说的“一定期间”可以是指 1 年内，也可以指投资项目持续的整个年限内。现金流入量大于流出量时，现金净流量为

正数；反之，现金净流量为负数。通常以年为单位，称为“年现金净流量”，记作NCF。

由于项目建设期内通常没有现金的流入，因此，现金净流量表现为投资额的相反数，即

项目建设期内现金净流量=0−投资额=−投资额

项目经营期内的现金净流量主要表现为投产后的经营利润，但由于折旧是一种沉没成本，不发生现金流出，因此，在计算项目经营期内现金净流量时应加回去。同理，如果存在无形资产等的摊销，也应如同折旧的处理。因此：

项目经营期内现金净流量=年经营利润+年计提的折旧

项目终止时，会发生固定资产的变价收入及流动资金的收回。因此：

项目终止时现金净流量=固定资产的变价收入+收回的原投入的流动资金

有关项目现金净流量的计算公式如下：

现金净流量=投资现金流量+营业现金流量+项目终止现金流量

=−投资额（包括投资在固定资产及流动资产上的资金）+（各年经营利润+各年计提的折旧）+（固定资产的变价收入+收回的原投入的流动资金）

2. 现金流量的估计

在确定投资方案的相关现金流量时，有一条重要原则：只有增量现金流量才是与未来决策有关的。所谓增量现金流量是指接受或拒绝某个投资方案后，企业总现金流量因此发生的变动。

为了正确计算投资方案的增量现金流量，必须正确判断哪些支出会引起企业总现金流量的变动；哪些支出不会引起企业总现金流量的变动。因此，在进行判断时，必须要注意以下内容。

（1）正确区分相关成本和非相关成本

决策中的相关成本是指与特定决策有关的、在分析评价时必须加以考虑的成本。它是一种未来的成本，这些未来成本可以被划分为增量成本、机会成本、重置成本等几类。与此相对应，我们把过去已经发生的或虽未发生，但对未来决策没有影响的成本支出，在决策分析时可以不加考虑的称为非相关成本。这些非相关成本主要包括沉没成本、过去成本、账面成本等。

【任务案例6-6】 恒诚公司有一项设备是三年前购买的，该设备的账面净值为80 000元，企业现有两个方案可供选择：一是支出30 000元对设备进行适当修理，然后按50 000元出售；二是直接将其出售，价款12 000元。

由于账面净值代表的是原始成本减去折旧后的余额，原始成本是过去决策的结果，它发生在两年前，故对现在而言，属于沉没成本，不论现在是修理后出售还是直接出售，都与这一成本无关。折旧是根据原始成本计算提取的，与未来决策也不相关。唯一相关成本是与未来决策相关的成本，其具体计算见表6-1。

表6-1 决策计算表

单位：元

	修理出售	直接出售
未来收益	50 000	12 000
未来成本	30 000	0
合计	20 000	12 000

从表6-1中可以看出，修理后出售要比直接出售合算。

（2）不要忽视机会成本

在进行投资决策时，常常需要在多个备选方案中选择最优方案。当选择了某个方案为最优方案时，就必然会放弃其他次优方案。次优方案可能提供的收益称为潜在收益。这种由于放弃

次优方案而丧失的潜在收益，就是被选用的最优方案的机会成本。机会成本是一种未获得的潜在收益，是一种相关成本。

机会成本在投资决策中有着相当大的作用，它有助于全面考虑可能采取的各种方案，以便为既定资源寻求最为有利的使用途径。因此，不可忽视机会成本。

（3）考虑投资方案对公司其他部门的影响

有些投资方案就项目本身而言是可接受的，但从整体观念出发，采用该项目可能会对公司的其他部门造成不利的影响。例如，通过分析计算，我们知道新增设备是可接受的方案。但同时，由于该新增设备投入生产的产品上市后，原有的其他产品的销量将会下降，如果新产品上市所增加的销售额大于原产品下降的销售额，接受新方案是可取的；如果新产品上市会使整个公司的销售额下降，那么就不得不考虑投资方案对公司整体的影响。因此，在进行投资分析时，应将新产品的销售收入扣除其他产品减少的销售收入，作为增量收入来考虑。

（4）考虑对净营运资金的影响

净营运资金是指流动资产与流动负债的差额。一个新项目的投入，势必会引起存货等流动资产需求量的增加，以及流动负债发生相应的变化。因此，在确定投资方案现金流量时，也应考虑其对营运资金的影响。

3. 现金流量与利润的关系

利润是按权责发生制确定的，而现金流量是根据收付实现制确定的。在投资决策中是以现金流量为基础而非利润。

第一，长期投资决策由于项目的时间比较长，因此，应该考虑货币的时间价值。利润是按权责发生制确定的，那么本期所确认的收入本期可能收到也可能没有收到，本期确认的成本本期可能付出也可能没有付出。因此，利润不便于考虑货币的时间价值。而现金流量是以应收应付来确定的，所以，便于考虑货币的时间价值。

第二，利润的计算受人为因素影响较大。大家知道，折旧作为一种成本项目会造成利润的减少，而每期折旧的多少又受折旧方法等人为因素的影响。但现金流量不受人为因素的影响，因此，可以保证评价的客观性。

第三，从长期来看，在整个投资项目的计算期内，利润和现金流量是相等的。所以，现金流量可替代利润作为评价净收益的指标。

4. 税后现金流量的计算

应该看到，以上现金净流量的计算公式只是最基本的。由于所得税的缴纳也是企业的一项现金流出，因此，在计算现金流量时，也应将所得税的影响考虑进去。所得税对现金流量的影响主要表现在以下方面。

（1）建设期的现金流量

如果是新建的投资项目，所得税对现金流量没有影响。如果是更新改造项目，固定资产的清理损益就应考虑所得税的问题，即

投资现金流量=-投资额+设备的变现价值-（设备的变现价值-折余价值）×所得税税率

（2）经营期的现金流量

营业现金流量=税后利润+折旧=税前利润×（1-所得税税率）+折旧

=（收入-总成本）×（1-所得税税率）+折旧

=（收入-付现成本-折旧）×（1-所得税税率）+折旧

=收入×（1-所得税税率）-付现成本×（1-所得税税率）-折旧×（1-所得税税率）+折旧

=收入×（1-所得税税率）-付现成本×（1-所得税税率）+折旧×所得税税率

所得税对现金流量的影响，除了上述两方面外，如果固定资产的最终残值收入不等于预计的残值，那么，其差额必然会引起企业利润的增加或减少。因此，在计算现金流量时，也应考虑这部分的影响，即

项目终止现金流量=实际固定资产残值收入+原投入流动资金-（实际残值收入-预计残值）×所得税税率

【任务案例 6-7】 恒诚公司甲设备购买时原值 200 000 元，可用 5 年，若期满后无残值，用直线法计提折旧，所得税税率 25%。假定 3 年后，该公司花费 300 000 元购买乙设备来更换甲设备，甲设备变现价值 16 000 元。根据上述资料，计算该年（更新设备年）的现金净流量如下：

投资现金流量=-300 000+16 000- [16 000-(200 000-200 000/5×3)]×25%=-268 000（元）

现金流量，货币的时间价值在长期投资的决策中，具有十分重要的意义。只有对每个投资项目在其全过程的现金流量进行科学的预测，掌握其现金流量的数量及时间，把它们统一换算为同一时点的数额，才能对有关项目的投资方案做出客观、合理的评价，可以说，现金流量、货币的时间价值是科学地进行长期投资决策的基础。

（三）资本成本

资本成本也称资金成本，指的是企业资本结构中各种长期资金使用代价的综合。

资金成本在长期投资决策中非常重要，因为它是一个投资项目能否被接受的最低报酬率，又称为“取舍率”。也就是说，如果一个投资项目所获得的预期收益大于资金成本，说明取得或使用该项资本可行；反之，则不可行。

在企业的资本结构中，长期资金可分为债务资本和权益资本两大类，其中债务资本可分为长期借款和债券，权益资本则可分为普通股、优先股和留存收益三种。将所有长期资本按其在资本结构中所占的比例进行资本成本加权平均，便可以得到综合资本成本。

长期投资一般需投入大量资金，而资金是不能无偿使用的，使用资金必须付出代价，也就是说要负担成本。资金成本是衡量企业投资是否可行的重要因素之一。由于企业取得或使用资金的期限不同，数额不同，渠道不同，因此资金成本常用百分比表示。

1. 个别资本成本

个别资本成本就是各种长期资本的使用成本，在数额上等于每种长期资金的实际年占用费与其筹资净额的比值：

$$K=\frac{D}{p-f}$$

$$K=\frac{D}{p(1-F)}$$

（1）长期借款的资本成本

与长期借款相关的成本包括借款利息和筹资费用两部分。由于借款利息可以计入税前成本费用，因此其资金年实际占用费为 $I_L(1-T)$，即长期借款的资本成本公式为

$$K=\frac{I_L(1-T)}{L(1-F_L)}$$

由于长期借款的筹资费用一般很小，所以常忽略不计。并且 I_L/L 即是长期借款的利率 R，

因此上列公式也可以简写为

$$K_l = R_l(1-T)$$

（2）债券的资本成本

与债券发行相关的成本包括债券利息和筹资费用两部分。其中债券利息与长期借款利息相同，也计入税前成本费用，但是债券的筹资费用一般较高，在计算资本成本时不可忽略。债券资本成本的计算公式为

$$K_b = \frac{I_b(1-T)}{B(1-F_b)}$$

如果债券发行采用溢价或折价的方式，为精确计算债券的资本成本，债券的筹资额要以实际的发行价格计算。

（3）普通股与优先股的资本成本

与前面提到的借入资金不同，普通股与优先股属于权益性资金，其资金占用费指的是向股东发放的股利，它是用税后净利支付的，因此在计算时不必考虑所得税的影响。普通股资本成本的计算公式为

$$K_s = \frac{D_c}{P_c(1-F_c)} + G$$

这种计算普通股资本成本的方法叫作“评价法”。普通股资本成本还有一种计算方法，即“资本资产定价模型法”计算公式为

$$K_s = R_F + \beta(R_m - R_F)$$

在一般情况下，优先股与普通股相比，其不同点主要是年股利维持不变，因此，优先股资本成本的计算公式与普通股资本成本的计算公式相似，所不同的是其成长率为零，并且年股利额固定，因此，优先股资本成本的计算公式为

$$K_p = \frac{D}{P(1-F_p)}$$

（4）保留盈余的资本成本

保留盈余也是所得税后形成的，属于股东权益的一部分，它与普通股相比，同样也有资本成本，但不存在筹资费用的问题，因此按照“股票收益率加增长率”的方法，其计算公式为

$$K_r = \frac{D_c}{P_c} + G$$

2. 综合资本成本

企业的筹资方式往往不是单一的，因此企业总的资本成本应是各类资本的综合——综合资本成本。综合资本成本是以各类资本在全部资本中所占有的比重为权数，对各类资本进行加权平均后形成的，其计算公式为

$$K_w = \sum KW$$

【任务案例 6-8】 假定恒诚公司有一长期投资项目，预计其资金支出总额为 1 800 万元，资金来源共有 5 种，每种来源的金额及其资金成本的数据，见表 6-2。

表 6-2 资金来源的金额及资金成本表

资金来源	金额（万元）	资金成本
长期借款	220	9%
债券	280	8%
优先股	300	10%
普通股	1 000	12%
留存收益	200	12%
合计	2 000	—

根据列表资料，各种资金来源的比重为

$$\text{长期借款占总资本的比重}=\frac{220}{2\,000}=11\%$$

$$\text{债券占总资本的比重}=\frac{280}{2\,000}=14\%$$

$$\text{优先股占总资本的比重}=\frac{300}{2\,000}=15\%$$

$$\text{普通股占总资本的比重}=\frac{1\,000}{2\,000}=50\%$$

$$\text{留存收益占总资本的比重}=\frac{200}{2\,000}=10\%$$

加权平均资金成本=11%×9%+14%×8%+15%×10%+50%×12%+10%×12%=10.81%

资金成本是一种机会成本，企业从不同来源取得的资金成本一般是不同的，而企业长期投资的资金来源又是多种多样的，为了使决策者能根据资金成本来评价投资项目是否可行，可计算其“综合的资金成本”，即所谓“加权平均资金成本”。它主要是以各种来源的资金占总资金的比重为权数，对各项资金的成本分别进行加权，然后加以总计而求得的。计算公式如下：

加权平均资金成本=$\sum$（某项资金来源的比重×某项资金来源的资金成本）

子任务二 长期投资决策方法

（一）投资决策方法的分类

长期投资决策方法的分类，按照其主要经济评价指标是否按“货币时间价值”进行统一换算，可分为静态评价法和动态评价法两种。

1. 静态评价法

静态评价法是不考虑货币的时间价值，而直接根据投资项目形成的现金流量计算指标，进行投资决策的一种方法。主要包括投资报酬率法、回收期法等。

2. 动态评价法

动态评价法是指对投资项目形成的现金流量，在按货币的时间价值统一换算的基础上计算指标，进行投资决策的一种方法。它是一种既考虑了货币的时间价值，又考虑了投资项目生命周期中全部现金流量的一种评价方法。主要包括净现值法、内含收益率法和现值指数法等。

（二）静态评价法

1. 投资报酬率法

投资报酬率又称投资利润率（ARR），是指投资项目正常利润或平均利润与投资总额之比，即

$$投资报酬率（ARR）=\frac{年平均利润}{年平均投资额}$$

用投资报酬率法评价投资方案包括两方面的内容，即估计预计项目的投资报酬率和与目标投资报酬率相比较这两个步骤。如果估计项目的投资报酬率高于目标报酬率，项目将被接受；如果估计项目的投资报酬率低于目标报酬率，那么应拒绝该项目。

必须指出，这一方法中的利润指的是权责发生制下的会计利润，而非年现金净流量。由于该方法没有考虑投资期间获取利润的时间性，因此，以此作为评价不同方案的经济效益显得不够合理。

【任务案例 6-9】 稀物公司 2017 年拟上马一新项目，现对该投资项目进行评价。该公司采用投资报酬率法，目标投资报酬率为 30%。有关资料如下：投资项目总成本 80 000 元，预计可使用 4 年，各年的利润分别为 0 元，5 000 元，15 000 元和 5 000 元。

根据上述资料，计算该项目的投资报酬率如下：

$$投资报酬率（ARR）=\frac{年平均利润}{年平均投资额}=\frac{\frac{0+5\,000+15\,000+5\,000}{4}}{\frac{0+80\,000}{2}}=15.625\%$$

由于该项目目标收益率为 30%，大于预计的投资报酬率 15.625%，所以，应拒绝该方案。

2. 回收期法

回收期法是指投资项目历年所获取的净现金流量回收该项目初始投资所需要的时间。回收期通常用年表示。这一方法是以投资回收期的长短作为评价投资方案优劣的标准。值得注意的是，该方法采用的是“现金流量”的概念，而非会计利润。

投资回收期的计算方法，有以下两种。

① 每年现金净流量相等时，直接计算，计算公式为

$$投资回收期=\frac{投资总额}{年现金净流量}$$

② 每年现金净流量不相等时，按累计现金净流量计算，投资回收期为累计现金净流量与原投资额达到相等所需的时间，其计算公式为

$$投资回收期=\begin{matrix}已收回投资的\\若干整年年数\end{matrix}+\frac{原投资额-已收回投资的若干整年年数的投资额之和}{已收回投资的若干整年年数下一年的投资回收额}$$

投资回收期法计算简便易懂，投资回收期的长短可看作一项投资方案在未来所冒风险大小的标志。但由于没有考虑货币的时间价值和投资回收后的现金流量及整个投资项目的盈利水平，故不能全面、正确地评价各投资方案的经济效益。

【任务案例 6-10】 立强工厂 2017 年拟用 100 000 元购置一台新机床，预计使用 5 年，预计残值 10 000 元，有两个方案可供选择。

（1）甲方案，每年现金净流量相等，资料见表6-3。

表6-3　甲方案现金净流量计算表　　单位：元

年　序	年净收益	年折旧	年现金净流量	累计现金净流量
1	22 000	18 000	40 000	40 000
2	22 000	18 000	40 000	80 000
3	22 000	18 000	40 000	120 000
4	22 000	18 000	40 000	160 000
5	22 000	18 000	40 000	200 000

$$甲方案投资回收期=\frac{100\,000}{40\,000}=2.5(年)$$

（2）乙方案，每年现金净流量不相等，资料见表6-4。

表6-4　乙方案现金净流量计算表　　单位：元

年　序	年净收益	年折旧	年现金净流量	累计现金净流量
1	42 000	18 000	60 000	60 000
2	32 000	18 000	50 000	110 000
3	22 000	18 000	40 000	150 000
4	12 000	18 000	30 000	180 000
5	2 000	18 000	20 000	200 000

从累计现金净流量可知，乙方案的投资回收期为1～2年，计算如下：

$$乙方案投资回收期=1+\frac{100\,000-60\,000}{50\,000}=1.8(年)$$

根据计算结果，乙方案的投资回收期比甲方案短0.7年（2.5−1.8），即乙方案可提前0.7年收回全部投资，故应选乙方案。

（三）动态评价法

1．净现值法

净现值是指将投资项目所产生的所有现金流入和现金流出，按照预定的回报率进行折现而获得的现值，即各期现金流入量的现值与现金流出量现值之差，通常记作NPV。一般地，回报率通常指股东或其他资本提供者所要求的报酬率，也可理解为“资本成本”。

净现值为正值，表明现金流入产生的回报大于资本成本，说明企业在支付给资本提供者回报外，仍有剩余资金可用于企业经营，因此，该方案可以被接受。如果企业有若干个净现值为正值的方案，而这些方案并不相互排斥，则企业就应当首先满足最大净现值方案的投资需要。

净现值为负值，表明企业从投资项目中所得到的现金流入产生的效益还不能满足资本提供者的要求，因此，该方案应该被拒绝。

如果净现值为零，表明投资项目产生的效益正好与资本提供者的要求相同，企业没有任何剩余留存。

设：n为项目所需要的时间；

I_t为项目在实施 t 年的现金流入值；

O_t为项目在实施 t 年的现金流出值；

i 为资本成本。

则

$$净现值=\sum_{t=1}^{n}\frac{I_t}{(1+i)^t}-\sum_{t=1}^{n}\frac{O_t}{(1+i)^t}$$

净现值指标是个绝对数，它考虑了货币的时间价值，考虑了项目全部时间内的净现金流量，反映了企业采用某方案所得到的报酬额，因此，该方法经常被用来判断投资项目的可接受与否。但是，净现值法无法反映投资项目的实际报酬率，并且由于不同企业或同一企业不同的决策者，采用的折现率不同，对同一投资项目就会做出不同的判断。

【任务案例 6-11】 永军公司 2017 年考虑新增一项投资计划，有关现金流量的预计情况见表 6-5。

表 6-5 预计现金流量情况表

年　度	现金流量（万元）
0（现在）	10 000
1	6 000
2	8 000
3	4 000
4	3 000

该公司的资本成本率为 20%，请按净现值法判断是否该接受此项投资。

根据上述资料，折现的现金流量见表 6-6。

表 6-6 现金流量折现计算表

年　度	现金流量（万元）	折现率	现值（万元）
0（现在）	10 000	1.0	10 000
1	6 000	0.833	4 998
2	8 000	0.694	5 552
3	4 000	0.579	2 316
4	3 000	0.482	1 446
净现值	—	—	4 312

由表计算可知，本方案现金流入的现值大于现金流出现值，净现值为 4 312 元，说明该项投资项目的收益率大于 20%，应该被接受。

2. 内含收益率法

内含收益率又称为内部报酬率，记作 IRR，是投资项目实际可望达到的报酬率。这种方法是将投资项目能达到的期望报酬率计算出来，然后与目标报酬率（资本成本）相比较的一种方法。如果期望报酬率超过了目标报酬率，项目将被接受；如果期望报酬率不能达到目标报酬率，那么，项目将被拒绝。若几个投资方案的内部收益率都大于其资本成本，则应选择内含收益率最大的方案为最优的方案。

内部报酬率也就是在折现计算的条件下，净现值为 0 时的折现率，即净现值为 0 的条件下，投资项目隐含的报酬率。

内部报酬率的常用计算方法是逐步测试法。逐步测试法要求先按照不同的折现率计算出几个净现值，净现值越接近于0，则结果越接近于项目的内部报酬率。在逐步测试结果中，选取两个不同的折现率：一个计算出的净现值为正数；另一个计算出的净现值为负数，利用这两个净现值和折现率，便可计算出项目的内部报酬率。

设：A为净现值为正的较低的估计报酬率；

B为净现值为负的较高的估计报酬率；

P为正的净现值；

N为负的净现值。

则
$$\text{内含收益率} = A + \left[\frac{P}{P+N} \times (B-A)\right]$$

内含收益率法和净现值法一样，都考虑了货币的时间价值。但净现值法只能说明投资方案高于或低于某一特定的投资报酬率，没办法揭示方案本身可以达到的具体报酬率究竟是多少。而内含收益率能从动态的角度直接反映投资方案的实际收益水平，不受行业基本收益率的影响，根据内含收益率就可确定投资方案的顺序，比较客观。但是内含收益率存在一个重要的弱点：如果某个方案在运行过程中，净现金流量不是持续地大于零，而是反复出现隔若干年就会有一个净现金流量小于零的阶段，这样，根据内含收益率的方法，就可能得到若干个内含收益率，它们都能够满足使方案的净现值等于零的条件。在这种情况下，必须结合其他方法来进行判断。内含收益率法与净现值法相比，其计算过程相对复杂。

【任务案例 6-12】 永军公司 2017 年准备投资 80 000 元购买一节能设备，预计投资后 5 年内每年可节约 20 000 元的现金流出，5 年后预计残值收入 10 000 元，计算该项目的内含收益率。计算分析如下。

先用 9%的贴现率进行试算，其结果如表 6-7 所示。

表 6-7 测试表一

年 度	现金流量（元）	折现系数 9%	现值（元）
0	80 000	1	80 000
1～5	20 000	3.89	77 800
6	10 000	0.650	6 500
净现值			4 300

净现值 4 300 元净现值为正，表明项目的实际报酬率将高于 9%。再用 12%的折现率进行测试，其结果见表 6-8。

表 6-8 测试表二

年 度	现金流量（元）	折现系数 12%	现值（元）
0	80 000	1	80 000
1～5	20 000	3.605	72 100
6	10 000	0.567	5 670
净现值			−2 230

净现值−2 230 元净现值为负，表明该项目的实际报酬率应低于 12%。

$$内含收益率 = 9\% + \left[\frac{4\,300}{4\,300 + 2\,230} \times (12\% - 9\%)\right]$$
$$= 9\% + 1.975\% = 10.975\%$$

如果永军公司的资本成本率高于 15%，计算出的内含收益率 10.98%低于资本成本率，那么这一项目将被拒绝；如果资本成本率为 10%，内含收益率 10.98%高于资本成本率，则这一投资项目可以接受。

3. 现值指数法

现值指数又称获利指数，记作 PI，是未来现金流入现值与现金流出现值的比率。其计算公式如下：

$$PI = \frac{\sum_{t=1}^{n} \frac{I_t}{(1+i)^t}}{\sum_{t=1}^{n} \frac{O_t}{(1+i)^t}}$$

现值指数法与净现值法相比，它可从动态的角度反映项目的投入与产出之间的关系，可以弥补净现值法在投资额不同的方案之间不能比较的缺陷，使投资方案之间可直接利用现值指数进行对比，但它同样无法反映投资项目内在的真实报酬率。

【任务案例 6-13】 现有甲、乙两个投资方案，有关资料见表 6-9（假定贴现率 10%）。

表 6-9 备选方案资料表

单位：元

期　间	甲	乙
	现金净流量	现金净流量
0	20 000	12 000
1	11 900	4 500
2	13 000	4 500
3		4 500
合　计	4 900	1 500

甲方案：

现金流入现值=11 900×0.909+13 000×0.826=21 555.1（元）

现金流出现值=20 000×1=20 000（元）

甲方案现值指数=$\frac{21\,555.1}{20\,000}$=1.078

乙方案：

现金流入现值=4 500×2.487=11 191.5（元）

现金流出现值=12 000×1=12 000（元）

乙方案现值指数=$\frac{11191.5}{12\,000}$=0.933

甲方案的现值指数 1.078 大于 1，说明其报酬率已超过预定的贴现率，因此，甲方案可以接受；乙方案的现值指数 0.933 小于 1，说明其报酬率小于预定的贴现率，因此，乙方案应被拒绝。如果有几个方案的现值指数均大于 1，那么获利指数越大，该方案投资效果则越好。但在采用该方法进行互斥方案的选择时，其正确的选择原则不是选择获利指数最大的方案，而是在保证现值指数大于 1 的条件下，选择净现值最大的方案。

（四）长期投资决策方案的选用原则

长期投资决策方案既有独立的，又有相互排斥的。比如机器设备的购置与厂房的改建、扩建，为各自独立的方案，它们之间不能相互取代；但是，如果生产同一种产品，既可用甲机器又可用乙机器，而甲机器和乙机器的功能完全相同，则购买甲机器就不买乙机器，购买乙机器就不买甲机器。因此，到底是购买甲机器还是购买乙机器，甲机器和乙机器这两个方案是互斥的。

为了正确进行投资方案的决策，必须要将投资方案区分为独立的和相互排斥的两类。

1. 对于单一独立投资方案的决策

在只有一个投资项目可供选择的条件下，不管采用何种评价方法，一般而言，都可获得同样的结论。也就是说，对独立方案的选择，如果净现值大于零，内部报酬率大于设定的贴现率，获利指数大于 1，则投资项目可以接受；反之，则应加以拒绝。

2. 多个相互排斥方案的决策

所谓投资决策中的相互排斥方案是指在决策时涉及的多个相互排斥、不能同时并存的投资方案。在有多个相互排斥方案决策时，即使方案的净现值大于零，内部报酬率大于设定的贴现率，该方案也不一定被选中。因为满足这样条件的方案可能有许多。所以，我们必须根据不同情况，利用具体的决策方法，从多个备选方案中选出一个最优的方案。

（1）使用年限相同

① 投资额相等。对于使用年限相同，投资额相等的相互排斥方案的决策，可采用净现值法或内含收益率法来判断，哪个方案的净现值或内含收益率高，就选哪一个。

② 投资额不等。对于使用年限相同，投资额不等的相互排斥方案的决策，可采用差量投资净现值或差量投资内含收益率来进行判断。

（2）使用年限不同

对于使用年限不同的投资方案，不能简单地用净现值或内含收益率等方法来判断。通常采用年回收额法，通过计算各方案的年平均成本的大小来加以判断。

（五）动态投资指标的评价

净现值指标是一个绝对数，它可以反映采取某方案时，企业具体可得到的收益额，因此该指标常常被用来筛选项目，即企业只选择净现值大于零的项目进行投资。如果企业有若干个净现值大于零的方案，而这些方案间并不相互排斥，这时企业就应当首先满足最大净现值方案的投资需要。

但是净现值指标无法反映方案之间投资报酬率的差异。如果企业评价方案的目的不仅是筛选项目，而且还要在所有净现值大于零的项目中只选择一个报酬率最高的项目来进行投资，就必须使用相对数指标来进行判断。获利指数和内部报酬率指标都适合用来判断，两者的不同之处在于前者需要先确定一个贴现率，该贴现率一般可以通过资金成本或企业要求的最低资金利润率来确定，但是不仅计算比较复杂，而且也含有较多的主观因素。内部报酬率指标计算的是方案自身的报酬率，因此可回避上述问题。

内部报酬率指标也存在一个重要的弱点：如果方案在运行过程中，净现金流量不是持续地大于零，而是反复出现隔若干年就会有一个净现金流量小于零的阶段，此时根据内部报酬率的数学模型，就可能得到若干个内部报酬率，它们都能够满足使方案的净现值等于零的条件。在这种情况下，一般就只能根据经验并结合其他指标进行判断了。

任务二 长期投资决策典型案例分析

子任务一 生产设备最优更新期的决策

生产设备最优更新期的决策就是选择最佳的淘汰旧设备的时间，此时该设备的年平均成本最低。

与生产设备相关的总成本在其被更新前共包括两大部分。一部分是运行费用。运行费用又包括设备的能源消耗及其维护修理费用等，不仅运行费用的总数会随着使用年限的增加而增加，而且其每年发生的费用也将随着设备的不断老化而逐年上升。另一部分是消耗在使用年限内的设备本身的价值，它是以设备在更新时能够按其折余价值变现为前提的，即从数量关系上看，它是设备的购入价与更新时的变现价值之差。因此生产设备在更新前的现值总成本为

$$\text{现值总成本} = C - \frac{S_n}{(1+i)^n} + \sum_{t-1}^{n} \frac{C_n}{(1+i)^t}$$

式中 C——设备原值；

S_n——第 n 年（设备被更新年）时的设备余值；

C_n——第 n 年设备的运行成本；

n——设备被更新的年份；

i——设定的投资报酬率。

在考虑“货币的时间价值”的基础上，生产设备的平均年成本就不再是总成本与年限的比值，而将其看作以现值总成本为现值、期数为 n 的年金，即考虑到“货币的时间价值”时每年的现金流出。

固定资产的年平均成本为

$$\text{UAC} = \left[C - \frac{S_n}{(1+i)^n} + \sum_{t-1}^{n} \frac{C_n}{(1+i)^n} \right] \div (P/A,\ i,\ n)$$

式中 UAC——设备的年平均成本。

【任务案例 6-14】 立强工厂甲设备的购买价格为 70 000 元，预计使用寿命为 10 年，无残值。资金成本为 10%，其各年的折旧额、折余价值及运行成本见表 6-10。

表 6-10 各年的折旧额、折余价值及运行成本 单位：元

更新年限	1	2	3	4	5	6	7	8	9	10
折旧额	7 000	7 000	7 000	7 000	7 000	7 000	7 000	7 000	7 000	7 000
折余价值 S_n	63 000	56 000	49 000	42 000	35 000	28 000	21 000	14 000	7 000	0
运行费用 C_n	10 000	10 000	10 000	11 000	11 000	12 000	13 000	14 000	15 000	16 000

根据上述资料，可计算出不同年份的年平均成本，见表 6-11。

表 6-11　不同年份的年平均成本　　　　单位：元

更新年限	1	2	3	4	5	6	7	8	9	10
折旧额	7 000	7 000	7 000	7 000	7 000	7 000	7 000	7 000	7 000	7 000
（P/F，10%，n）	0.909	0.826	0.751	0.683	0.621	0.564	0.513	0.467	0.424	0.386
S_n（P/F，10%，n）	57 267	46 256	36 799	28 686	21 735	15 792	10 773	6 538	2 968	0
C_n（P/F，10%，t）	9 090	8 260	7 510	7 513	6 831	6 768	6 669	6 538	6 360	6 176
$\sum C_n$（P/F，10%，t）	9 090	1 7350	24 860	32 373	39 204	45 972	52 641	59 179	65 539	71 715
（P/A，10%，n）	0.909	1.736	2.487	3.170	3.791	4.355	4.868	5.335	5.759	6.145
现值总成本	21 823	41 094	58 061	73 687	87 469	100 180	111 868	122 641	132 571	141 715
年平均成本	24 008	23 672	23 346	23 245	23 073	23 003	22 980	22 988	23 020	23 062

比较上表中年平均成本可知，甲设备运行到第 7 年时的年平均成本最低，因此，应在设备使用 7 年后，将其更新。

生产设备最优更新期决策也就是找出能够使平均年成本的得数最小的年数 n，其方法通常是计算出若干个不同更新期的年平均成本并进行比较，然后从中找出最小的年平均成本及其年限。

子任务二　固定资产修理和更新的决策

固定资产修理和更新的决策是在假设维持现有生产能力水平不变的情况下，选择继续使用旧设备（包括对其进行大修理），还是将其淘汰，而重新选择性能更优异、运行费用更低廉的新设备的决策。由于假设新旧设备的生产能力相同，对企业而言，销售收入没有增加，即现金流入量未发生变化，但是生产成本却发生了变化。另外新旧设备的使用寿命往往不同，因此固定资产修理和更新决策实际上也是比较两个方案的年平均成本。

【任务案例 6-15】　立强工厂有一台旧设备，重置成本为 8 000 元，年运行成本为 3 000 元，可大修 2 次，每次修理费为 8 000 元，4 年后报废，无残值。如果用 40 000 元购买一台新设备，年运行成本为 6 000 元，使用寿命 8 年，不需大修，8 年后，残值 2 000 元。新旧设备的产量及产品销售价格相同。另外立强工厂采用直线法计提折旧，资本成本率为 10%，企业所得税税率 40%。问立强工厂是应该继续使用旧设备，还是将其更新为新设备？

1. 如果继续使用旧设备

① 设备重置成本=8 000（元）

② 大修费用现值=8 000+8 000×（P/S，10%，2）=14 608（元）

③ 大修费用及折旧费对所得税的影响现值。因为设备的大修费用可以按预提费用摊销的方式，在设备的使用年限内计入成本，减少企业的利润，从而减少企业应缴纳的所得税。而固定资产则是以计提折旧的方式进行补偿，折旧费作为一项成本，也将减少企业的利润，进而减少企业应缴纳的所得税。对企业而言，税负的减少实际上可看作一项现金流入，在本例中也可看作成本的节约。因此大修费用及折旧费对所得税的影响现值为

$$\frac{8\,000+8\,000+8\,000}{4}\times 40\%\times(P/A,\ 10\%,\ 4)$$

$$=\frac{24\,000}{4}\times 40\%\times 3.170=7\,608(\text{元})$$

④ 总运行成本现值

$$3\,000\times(1-40\%)\times(P/A,\ 10\%,\ 4)$$
$$=1\,800\times 3.170=5\,706(\text{元})$$

⑤ 年平均成本

$$\frac{\text{总成本}}{(P/A,\ 10\%,\ 4)}=\frac{(1)+(2)-(3)+(4)}{(P/A,\ 10\%,\ 4)}$$
$$=\frac{8\,000+14\,611.20-7\,607.76+5\,705.82}{3.169\,9}$$
$$=6\,533.10(\text{元})$$

2. 改用新设备

① 新设备采购成本=40 000（元）

② 残值收回现值=2 000×(P/S，10%，8)=2 000×0.467=934（元）

③ 折旧费对所得税的影响现值

$$\frac{40\,000-2\,000}{8}\times 40\%\times(P/A,\ 10\%,\ 8)$$
$$=\frac{38\,000}{8}\times 40\%\times 5.335=10\,136.5(\text{元})$$

④ 总运行成本现值

$$6\,000\times(1-40\%)\times(P/A,\ 10\%,\ 8)$$
$$=19\,206(\text{元})$$

⑤ 年平均成本

$$\frac{\text{总成本}}{(P/A,\ 10\%,\ 8)}=\frac{(1)-(2)-(3)+(4)}{(P/A,\ 10\%,\ 8)}$$
$$=\frac{40\,000-934-10\,136.5+19\,206}{5.335}$$
$$=9\,022.59(\text{元})$$

由上述计算结果可知，立强工厂更新设备的年平均成本高于继续使用旧设备，因此不应当更新。

新旧设备的总成本包括两个组成部分：设备的资本成本和运行成本。在计算新旧设备的年平均成本时，要特别注意运行成本、设备大修理费和折旧费对所得税的影响。

子任务三　固定资产租赁或购买的决策

固定资产租赁指的是固定资产的经营租赁，与购买设备相比，每年将多支付一定的租赁费用。另外由于租赁费用是在成本中列支的，因此企业还可以减少需缴纳的所得税，即得到纳税利益；购买固定资产是一种投资行为，企业将支出一笔可观的设备款，但同时每年可计提折旧费进行补偿，折旧费作为一项成本，也能使企业得到纳税利益，并且企业在项目结束或设备使用寿命到期时，还能够得到设备的残值变现收入。

【任务案例 6-16】 永军在生产中需要一种设备，若公司自己购买，需支付设备买入价

200 000元，该设备使用寿命10年，预计残值率5%；公司若采用租赁设备的方式进行生产，每年将支付40 000元的租赁费用，租赁期10年。假设贴现率10%，所得税税率25%。问永军公司应采取哪种方式？

1. 购买设备

设备残值价值=200 000×5%=10 000（元）

年折旧额=(200 000−10 000)/10=19 000（元）

购买设备的总支出

=购买设备支出−因折旧税负减少现值−设备残值变现值

=200 000−19 000×25%×(*P*/*A*，10%，10)−10 000×(*P*/*S*，10%，10)

=200 000−19 000×25%×6.145−10 000×0.386

=200 000−29 188.75−3 860

=166 951.25（元）

2. 租赁设备

租赁总支出

=租赁费支出−因租赁税负减少现值

=40 000×(*P*/*A*，10%，10)−40 000×25%×(*P*/*A*，10%，10)

=40 000×6.145−40 000×25%×6.145

=245 800−61 450

=184 350（元）

上述计算结果表明，购买设备的总支出数大于租赁的总支出数，因此企业应采取租赁的方式。

在进行固定资产租赁或购买的决策时，由于所用设备相同，即设备的生产能力与产品的销售价格相同，同时设备的运行费用也相同，因此只需比较两种方案的成本差异及成本对企业所得税所产生的影响差异即可。

项目总结

长期投资决策必须考虑的因素是货币的时间价值、投资风险价值、资金成本、现金流量。

货币时间价值的计算主要包括复利终值与现值、年金的终值与现值。

静态长期投资决策指标有静态投资回收期、投资报酬率。

动态长期投资决策指标有动态回收期、净现值、现值指数、内部报酬率等。

项目综合训练

一、单项选择题

1. 某投资项目建设投资70万元，流动资金投资23万元，建设期资本化利息7万元，经营期每年利润额14万元，则该项目年平均报酬率为（　　）。

A. 20%　　B. 14%　　C. 18%　　D. 25%

2. 某投资项目原始投资100万元，建设期1年，经营期10年，期满有残值10万元，经营期每年可获营业净利润16万元，则该项目含建设期的投资回收期为（　　）。

A. 4年　　B. 5年　　C. 6年　　D. 7年

3. 某投资项目的净现值为10万元，原投资额现值为100万元，则获利能力指数为（　　）。

A．10%　　B．1.1　　C．100%　　D．0.1

4．某投资项目的原投资额为220万元，经营期为10年，每年净现金流量为40万元（10年12%的年金现值系数为5.7，10年14%的年金现值系数为5.2）。则该投资项目的内部报酬率为（　　）。

A．12%　　B.14%　　C．12.8%　　D．13.2%

5．某投资项目按18%计算的净现值为3万元，按16%计算的净现值为-7万元，则其内部报酬率为（　　）。

A．18.6%　　B.17.4%　　C．16.6%　　D．14.6%

6．在原始投资额不相等的多个互斥方案决策时，不能采用的决策方法是（　　）。

A．净现值法　　B．净现值率法

C．获利能力指数法　　D．差额内部报酬率法

7．如果考虑货币的时间价值，固定资产年平均成本是未来使用的年限内的现金流出总现值与（　　）乘积。

A．年金终值系数　　B．年金现值系数

C．投资回收系数　　D．偿债基金系数

8．下列各项中，属于非贴现的长期投资决策分析方法的是（　　）。

A．获利能力指数法　　B．年平均投资报酬率法

C．净现值法　　D．内部报酬率法

9．当某方案的净现值大于零时，其内含报酬率（　　）。

A．可能小于零　　C．一定等于零

C．一定大于资金成本　　D．可能等于资金成本

10．已知某投资项目的项目计算期是10年，资金于建设起点一次性投入，当年完工并投产。经预计项目包括建设期的非贴现投资回收期是4年，则按内部报酬率确定的年金现值系数是（　　）。

A．10　　B．6　　C．4　　D．2.5

11．在一般投资项目中，当一项投资方案的净现值等于零时，即表明（　　）。

A．该方案的获利能力指数等于1

B．该方案不具备财务可行性

C．该方案的获利能力指数小于零

D．该方案的内部报酬率小于资金成本

12．在进行原始投资不同的多个互斥方案的比较决策时，应当使用的方法是（　　）。

A．净现值法　　B．年平均投资报酬率法

C．获利能力指数法　　D．投资回收期法

13．如果其他因素不变，一旦折现率提高，则下列指标中其数值将会变小的是（　　）。

A．净现值　　B．年平均投资报酬率

C．内部报酬率　　D．投资回收期

14．某项目原始投资为12 000元，当年完工投产，预计使用年限为3年，每年可获得现金净流量4 600元，则该项目的内部报酬率为（　　）。

A．7.33%　　B．7.68%　　C．8.32%　　D．6.68%

15．某公司拟投资10万元建一项目，预计该项目当年投资当年完工，预计投产后每年获

得净利1.5万元，年折旧率为10%，则该项目回收期为（　　）。

A．3年　　B．5年　　C．4年　　D．6年

二、多项选择题

1．贴现的长期投资决策分析方法包括（　　）。

A．原始投资回收率法　　B．净现值法

C．回收期法　　D．获利能力指数法

E．内部报酬率法

2．当内部报酬率大于资金成本时，则（　　）。

A．净现值>0　　B．净现值<0

C．获利能力指数>1　　D．获利能力指数<0

3．某一投资方案具备财务可行性的标志有（　　）。

A．净现值≥0　　B．获利能力指数≥1

C．内含报酬率≥资金成本　　D．投资回收期≤期望回收期

4．下列几个因素中影响内含报酬率的有（　　）。

A．银行存款利率　　B．银行贷款利率

C．投资项目有效年限　　D．原始投资额

5．有甲、乙两台设备可供选用，甲设备年使用费比乙设备低2 000元，但价格高于乙设备6 000元，若资本成本为12%，选用甲设备有利的使用期是（　　）年。

A．3　　B．4　　C．5　　D．6

6．内含报酬率是指（　　）。

A．投资报酬与总投资的比率

B．能使未来现金流入量现值与未来现金流出量现值相等的贴现率

C．投资报酬现值与总投资现值的比率

D．使投资方案净现值为零的贴现率

7．采用固定资产年平均成本法进行设备更新决策主要因为（　　）。

A．使用新旧设备给企业带来年收入不同

B．使用新旧设备给企业带来年成本不同

C．新旧设备使用年限不同

D．使用新旧设备给企业带来年收入相同

8．下列表述中正确的是（　　）。

A．净现值是未来报酬率的总现值与原始投资额现值之差

B．当净现值等于零时，说明此时的贴现率为内部报酬率

C．当净现值大于零时，获利能力指数小于1

D．当净现值大于零时，说明该投资方案可行

三、判断题

1．（　　）不考虑货币时间价值因素的长期投资决策分析法称为贴现的决策分析方法。

2．（　　）净现值法、投资回收期法均为贴现的决策分析方法。

3．（　　）非贴现的回收期和年平均投资报酬率的计算公式中均以利润额作为分子。

4.（　　）内部报酬率是指项目投资实际可望达到的报酬率，也就是能使投资项目的净现值等于零时的折现率。

5.（　　）净现值是指在长期投资项目的项目计算期内，按资金成本计算的各年净现金流量现值的代数和。

6.（　　）净现值指标的缺点是不能用于投资水平不同的多个方案之间的比较。

7.（　　）考虑所得税的影响时，项目采用加速折旧法计提折旧，计算出来的方案净现值比采用直线折旧法大。

8.（　　）如果把原始投资看成按预定贴现率借入的，那么在净现值法下，当净现值为正数时说明还本付息后该项目仍有剩余收益。

9.（　　）如果考虑时间价值，固定资产平均年成本是未来使用年限内现金流出的总现值与使用年限的比值。

10.（　　）非贴现的投资回收期指标虽然没有考虑资金时间价值，但考虑了回收期满后的现金流量的状况。

11.（　　）用年平均成本法进行固定资产更新时，残值收入作为现金流入来考虑。

四、计算分析题

1. 立强工厂 2017 年准备用一套自动化设备更换原来的机械化设备以降低产品成本，提高产品质量，扩大销路。机械化设备原值 60 万元，账面净值 36 万元。每年折旧 6 万元，预计还可使用 6 年，期满无残值，若现在变卖机械化设备可卖 30 万元。自动化设备的投资额 72 万元，可以使用 6 年，期满也无残值，使用自动化设备后，将使销售收入由原来每年的 30 万元提高到 60 万元，但每年经营成本只由原来的 16 万元提高到 26 万元。所得税税率为 25%。假定折现率为 12%。

要求：为立强工厂做出设备更换的决策分析。

2. 永军公司 2017 年拟投资 15 500 元购入一台设备，该设备预计残值为 500 元。可使用 3 年，折旧按直线法计算（会计政策与税法一致），设备投产后每年销售收入增加额分别为 10 000 元、20 000 元、15 000 元，除折旧外的费用增加额分别为 4 000 元、12 000 元、5 000 元，企业适用的所得税税率为 25%，要求的最低投资报酬率为 10%，目前年税后利润为 20 000 元。

要求：（1）假设公司经营无其他变化，预测未来三年每年的税后利润；

（2）计算该投资方案的净现值。

3. 光明公司 2017 年计划进行某项投资活动，现有甲乙两个方案备选。有关资料为：甲方案原始投资为 150 万元，其中，固定资产投资 100 万元，流动资产投资 50 万元，全部资金于建设起点一次性投入，该项目经营期 5 年，到期残值收入 5 万元，预计投产后年营业收入 90 万元，年总成本 60 万元。

乙方案原始投资为 210 万元，其中固定资产投资 120 万元，无形资产投资 25 万元，流动资产投资 65 万元，全部资金于建设起点一次性投入，该项目建设期 2 年，经营期 5 年，到期残值收入 8 万元，无形资产自投产年份起分 5 年摊销完毕，该项目投产后，预计年营业收入 170 万元，年经营成本 80 万元。

该企业按直线法折旧，全部流动资金于终结点一次回收，所得税税率 25%，设定折现率 10%。

要求：采用净现值法评价甲、乙方案是否可行。

4．恒诚公司有一投资项目，需要投资6 000元（5 400元用于购买设备，600元用于追加流动资金）。预期该项目可使企业销售收入增加：第一年为2 000元，第二年为3 000元，第三年为5 000元。第三年年末项目结束，收回流动资金600元。

假设公司适用的所得税税率为25%，固定资产按3年使用直线法折旧并不计残值。公司要求的最低投资报酬率为10%。

要求：

（1）计算该项目的税后现金净流量；

（2）计算该项目的净现值；

（3）计算该项目的回收期；

（4）如果不考虑其他因素，你认为该项目应否被接受？

项目 7　全面预算

引导案例

湖南红松公司是生产机电产品的企业。公司计划 2016 年只生产和销售一种产品。预计每季度销售量分别为 2 000 台、3 000 台、4 000 台、4 000 台，每台售价为 150 元。预计每季度商品销售收入的 70%为现销，剩下的 30%货款在下个季度收讫。2015 年年末应收账款余额为 12 000 元。请编制 2016 年度的销售预算和现金收入预算。

学习目标

通过本单元的学习，你应该能够：

- 了解全面预算的含义、体系结构、编制程序；
- 掌握全面预算的方法；
- 熟悉全面预算的内容。

项目任务

任务一　全面预算的方法

任务二　全面预算的编制内容

任务一　全面预算的方法

子任务一　全面预算的概述

（一）全面预算的含义

在市场经济环境下，企业要想在激烈的市场竞争中求生存谋发展，其生产经营管理工作就不仅需要对各项经营活动进行预测和决策，并据此编制计划，而且还要把各项计划进行综合平衡，做好全面预算工作，以期达到企业的经营目标。

一般来说，预算是指用货币金额和数量单位反映企业某个时期的现金收支、资金需求、资金融通、营业收入与成本，以及财务状况、盈利能力和现金流量的一整套财务计划。所谓全面预算，西方学者认为：它一方面是全企业的，即整个企业的经营、生产、技术、设备投资、科学研究、人员培训等各个环节，都要编制预算，进行预算控制，或者说企业的整个经营过程，从产品设计，到供应、生产、销售，以及售后服务工作的全过程，都要进行预算控制；另一方面是全员性的，即企业的全体职工，包括总经理、各级各部门的管理人员和工人都要参加预算工作。我国学者认为：全面预算是指企业根据会计的概念和程序，对其未来的全部经济活动，用数量表达的计划形式。或者说，全面预算是指用数量来统筹、协调、平衡企业各环节的工作，以保证主要经营指标，特别是预期的目标利润能够按期实现。根据上述中外学者对全面预算的解释，不难看出一个共同点，即全面预算是反映企业全部经营活动的财务计划，或者说是指企业全部未来计划的数量说明。

全面预算是反映企业未来某一特定期间的全部生产经营活动的数量化的财务计划。它以实现企业的目标利润为目的，以销售预测为起点，通过对生产、成本及现金收支等进行预测，并编制现金预算表、预计利润表和资产负债表，以反映企业未来期间的经营成果和财务状况。

（二）全面预算的结构

预算是计划工作的成果，它既是决策的具体化，又是控制生产经营活动的依据。全面预算是由根据企业战略目标所编制的经营、资本、财务等年度收支总体计划，包括日常业务预算、特种决策预算与财务预算等一系列预算构成的基本体系，各项预算之间互相联系，关系比较复杂。

企业根据市场预测和生产能力，确定长期战略目标，编制长期销售预算，以此为基础，确定本年度的销售预算，并根据企业财力确定特种决策预算。销售预算是年度预算的编制起点，根据“以销定产”的原则确定生产预算，同时确定所需要的销售费用。生产预算的编制，除了考虑计划销售量外，还要考虑现有存货和年末存货。根据生产预算来确定直接材料、直接人工和制造费用预算。产品成本预算和现金预算是有关预算的汇总。预计利润表、预计资产负债表和预计现金流量表是全部预算的综合。

全面预算按其涉及的预算期分为长期预算和短期预算。长期预算包括长期销售预算和特种决策预算，有时还包括长期资金筹措预算和研究与开发预算。短期预算是指年度预算，或者时间更短的季度或月度预算，如直接材料预算、现金预算等。通常长期和短期的划分以 1 年为界限，有时把 2～5 年期的预算称为中期预算，把 5 年期以上的预算称为长期预算。

全面预算按其涉及的内容分为总预算和专门预算。总预算是指预计利润表、预计资产负债表和预计现金流量表，它们反映企业的总体状况，是各种专门预算的综合。专门预算是指其他反映企业某一方面经济活动的预算。

全面预算按其涉及的业务活动领域分为业务预算、特种决策预算和财务预算。业务预算包括销售预算、生产预算等，用于预算企业的日常基本经营业务。特种决策预算又称专门决策预算，是关于企业不经常发生的、需要根据特定决策临时编制的一次性预算，包括资金支出决策预算（即投资决策预算）和一次性专门业务决策预算。财务预算是关于资金筹措和使用的预算，包括短期的现金收支预算和信贷预算，以及长期的资本支出预算和长期资金筹措预算。

（三）全面预算的编制原则

1. 战略性原则

预算管理的思想要体现公司的发展战略，公司的全年预算要依据公司的中长期战略规划进行编制，服从公司的中长期战略发展目标，并符合公司的总体经营方针。

2. 全员参与原则

企业经营目标确定以后，就要求企业所有部门相互配合，协调行动，解决整体与局部、上级与下级、部门与部门之间的矛盾，做到上下结合，协调一致，全员参与。

3. 可行性原则

全面预算确定的有关经济指标必须建立在企业实际经营状况的基础之上，参照国内外同行业的先进水平及本企业历史最高水平确定，使得全面预算既切合实际又先进合理，具有可行性。

（四）全面预算的编制程序

企业全面预算的编制程序有两种，一种是“自上而下”，一种是“自下而上”。一般来说，全面预算的编制应采用“上下结合、分级编制、逐级汇总”的方法，不断修改，最后由企业有关机构综合平衡，并以书面形式传达，作为正式的预算下达到各级各部门予以执行。

企业全面预算的编制有以下几个程序。

第一，成立预算委员会，下达预算目标。企业董事会或经理办公会根据企业发展战略和预算期对经济形势的初步预测，提出下一年度企业财务预算目标责任制，包括销售或营业目标、成本费用目标、利润目标和现金流量目标，并确定财务预算编制的政策，由预算委员会下达各预算执行单位。

第二，各预算执行单位编制本部门预算并上报。各预算执行单位按照企业财务预算委员会下达的财务预算目标和政策，结合自身特点及预算的执行条件，提出详细的本单位财务预算方案，上报企业财务管理部门。

第三，进行预算审查平衡。企业财务管理部门对各项预算执行单位上报的财务预算方案进行审查、汇总，提出综合平衡的建议。在审查、平衡的过程中，财务预算委员会应当充分协调，对发现的问题提出初步调整的意见，并反馈给有关预算执行单位予以修正。

第四，最高管理当局审议批准。企业财务管理部门在经预算执行单位修订、调整的基础上，编制出企业财务预算方案，报财务预算委员会讨论。对于不符合企业发展战略或者财务预算目标的事项，企业财务预算委员会应当责成有关预算执行单位进一步修订、调整。在讨论、调整的基础上，企业财务管理部门正式编制企业年度财务预算草案，提交董事会或经理办公会审议批准。

第五，下达执行。企业财务管理部门对董事会或经理办公会审议批准的年度总预算，分解成一系列的具体指标，由财务预算委员会逐级下达各预算执行单位执行。

子任务二 全面预算的编制方法

全面预算根据控制形式分为固定预算、弹性预算、增量预算、滚动预算、零基预算和概率预算。现将各种主要预算说明如下。

（一）固定预算

固定预算又称静态预算，指根据预算期内正常的、可实现的某一业务量水平为唯一基础来编制预算的方法，是一种传统的、常用的预算方法。

1. 固定预算的基本特点

① 不考虑预算期内业务量水平可能发生的变动，只按某一确定的业务量水平为基础预计其相应的数量。

② 可以将实际结果与预算进行比较分析，并据此进行业绩评价考核。

2. 固定预算的缺点

当实际的业务量发生较大差异时，实际数与预算数缺少了可比的基础。所以，固定预算只能适用于考核业务量水平较为稳定的企业或非营利组织。

（二）弹性预算

弹性预算又称“变动预算”或“滑动预算”，是指企业在不能准确预测业务量的情况下，根据本量利之间的有规律的数量关系，按照预算期可预见的各种业务量水平为基础而编制的有伸缩性的预算。编制弹性预算所依据的业务量可以是产量、销售量、直接人工工时、机器工时、材料消耗量或直接人工工资等。只要这些数量关系不变，弹性预算可以持续使用较长时期，不必每月重复编制。弹性预算主要用于各种间接费用预算，有些企业也用于利润预算。

1. 与按特定业务量水平编制的固定预算相比，弹性预算有两个显著特点

① 弹性预算是按一系列业务量编制的，从而扩大了预算的使用范围。固定预算是按特定的业务量编制的，而且这种预算只有在实际业务量接近这一特定业务量的情况下，才能发挥作用。如果实际业务量与作为预算基础的特定业务量相差很多，而仍用该预算水平去控制和评价，显然是不合适的。弹性预算则分别列示了若干业务量水平的预算数据，这样，无论实际业务量达到何种水平，都有适用的一套预算数据来发挥控制作用。

② 可比性强。弹性预算是按成本的不同习性分类列示的，便于在计划期终了时计算“实际业务量的预算成本”（应当达到的成本水平），使预算执行情况的评价和考核建立在更加现实和可比的基础上。固定预算在实际业务量超过特定业务量的情况下，不能使用该业务量去评价实际成本的高低，也不能按业务量变动的比例调整后的预算成本去考核实际成本，因为并不是所有的成本都一定同业务量成正比例关系；如果采用弹性预算，就可以根据各项成本同业务量的不同关系，采用不同方法确定“实际业务量的预算成本”去评价和考核实际成本。

弹性预算适用于编制全面预算中所有与业务量有关的各种预算。

2. 弹性预算的编制

编制弹性预算的基本步骤如下。

① 选择业务量的计量单位。编制弹性预算，要选用一个最能代表本部门生产经营活动水平的业务量的计量单位。例如，以手工操作为主的车间，就应选用人工工时；制造单一产品或零件的部门，可以选用实物数量；制造多种产品或零件的部门，可以选用人工工时或机器工时；修理部门可以选用直接修理工时等。

② 确定使用的业务量范围。弹性预算的业务量范围，视企业或部门的业务量情况而定，务必使实际业务量不超出确定的范围。一般来说，可以为正常生产能力的 70%～110%，或以历史上最高业务量和最低业务量为其上、下限。

③ 逐项研究并确定各项成本和业务量之间的数量关系。弹性预算的质量高低，在很大程度上取决于成本习性分析的水平，将总成本最终区分为变动成本和固定成本两大类。变动成本主要通过单位业务量来控制，固定成本则按总额控制。其成本的预算公式为

成本的弹性预算=固定成本预算数+∑（单位变动成本预算数×预计业务量）

④ 计算各项预算成本，并用一定的方式来表达。在此基础上，按事先选择的业务量计量单位和确定的有效变动范围，根据该业务量与有关成本费用项目之间的内在关系即可编制弹性预算，其具体编制方法一般用多水平法。

采用多水平法，首先要在确定的业务量范围内，划分出若干个不同水平，然后分别计算各项预算成本，汇总列入一个预算表格。

3. 弹性预算的运用

弹性预算的主要用途是作为控制成本支出的工具。在预算期开始时，提供成本所需要的数

据；在预算期结束后，可用于评级和考核实际成本。

① 控制支出。由于成本一旦支出就不可能挽回，只有事先提出成本的限额，使有关的部门和人员在限额内开支，才能有效地控制支出。根据弹性预算和每月的生产计划，可以确定各月的成本控制限额。这个事先确定的限额并不要求十分精确，所以，采用多水平法时可选用与预算业务量最接近的一套成本数据，作为控制成本的限额。

② 评价和考核成本控制业绩。每个预算期结束后，需要编制成本控制情况的责任报告，对各部门成本预算执行情况进行评价和考核。

【任务案例 7-1】 红松公司在某预算期内编制的制造费用弹性预算见表 7-1。

表 7-1 红松公司预算期制造费用弹性预算（多水平法） 单位：元

业务量	700	800	900	1 000	1 100
占正常生产能力的百分比	70%	80%	90%	100%	110%
变动成本项目					
人工工资（b=1）	700	800	900	1 000	1 100
运输费（b=2）	1 400	1 600	1 800	2 000	2 200
混合成本项目					
修理费	1 700	1 800	1 900	2 000	2 100
水电费	1 900	2 100	2 300	2 500	2 700
固定成本项目					
管理人员工资	8 000	8 000	8 000	8 000	8 000
保险费	3 000	3 000	3 000	3 000	3 000
制造费用合计	16 700	17 300	17 900	18 500	19 100

在这个预算中，业务量的间隔为 10%，这个间隔可以更大些，也可以更小些。间隔较大，水平级别就少一些，可简化编制工作，但太大就会失去弹性预算的优点；间隔较小，用以控制成本较为准确，但会增加编制的工作量。

多水平法弹性预算的优点是不管实际业务量是多少，不必经过计算即可找到与业务量相近的预算成本，用以控制成本比较方便；混合成本中的阶梯成本和曲线成本，可按其习性计算填列，不必用数学法修正为近似的直接成本。但是，运用多水平法弹性预算评价和考核实际成本时，往往需要使用插补法来计算“实际业务量的预算成本”，比较麻烦。

（三）滚动预算

滚动预算，又称连续预算或永续预算，是指在编制预算时，将预算期和会计年度脱离，随着预算的执行不断延伸补充预算，逐期向后滚动，使预算期永远保持为一个固定期间（如 12 个月）的一种预算编制方法。其具体做法是：每过一个季度（或月份），立即根据前一个季度（或月份）的预算执行情况，对以后季度（或月份）进行修订，并增加一个季度（或月份）的预算。这样逐期向后滚动，连续不断地以预算形式规划企业未来的经营活动。

1. 滚动预算的方式及其特征

滚动预算按其预算编制和滚动的时间单位不同可分为逐月滚动、逐季滚动和混合滚动三种方式。

2. 滚动预算的优、缺点

与传统的定期预算相比，按滚动预算方法编制的预算具有以下优点。

① 透明度高。由于编制预算不再是预算年度开始之前几个月的事情，而是实现与日常管理的紧密衔接，可以使管理人员始终能够从动态的角度把握住企业近期的规划目标和远期的战略布局，使预算具有较高的透明度。

② 及时性强。由于滚动预算能根据前期预算的执行情况，结合各种因素的变动影响，及时调整和修订近期预算，从而使预算更加切合实际，能够充分发挥预算的指导和控制作用。

③ 连续性好。由于滚动预算在实践上不再受日历年的限制，能够连续不断地规划未来的经营活动，不会造成预算的人为间断。

④ 完整性和稳定性突出。可以使企业管理人员了解未来预算内企业的总体规划与近期预算目标，能够确保企业管理工作的完整性和稳定性。

采用滚动预算的方法编制预算的唯一缺点就是预算工作量较大。

（四）零基预算

零基预算的全称为“以零为基础编制计划和预算的方法”，简称零基预算，又称零底预算，是指在编制成本费用预算时，不考虑以往会计期间所发生的费用项目或费用数额，而是将所有的预算支出均以零为出发点，一切从实际需要与可能出发，逐项审议预算期内各项费用的内容及开支标准是否合理，在综合平衡的基础上编制费用预算的一种方法。

零基预算是为克服增量预算的缺点而设计的。最初是由美国德州仪器公司彼得·派尔在20 世纪 70 年代创建的，现已被西方国家广泛用作管理间接费用预算的一种新的有效方法，特别适用于产出较难辨认的服务性部门费用预算的编制。

编制零基预算的具体程序如下。

① 划分基层预算单位并进行动员和讨论。动员企业内部所有部门，在充分讨论的基础上提出本部门在预算期内应当发生的费用，并确定其预算数额，而不考虑这些费用以往是否发生及发生额是多少。

② 确定各项费用是否应该存在，划分不可避免费用和可避免费用。在预算编制过程中，对不可避免费用必须保证资金供应；对可避免费用则需要逐项进行成本-效益分析，按照各费用开支必要性的大小确定各费用预算的优先顺序。

③ 按费用的轻重缓急，划分不可延缓费用和可延缓费用。在预算编制过程中，必须根据预算期内可供支配的资金数额在各费用项目之间进行分配，并应优先保证满足不可延缓费用的开支，然后再根据需要，按照项目的轻重缓急确定可延缓费用的开支标准。

【任务案例 7-2】 红松公司为了降低费用开支水平，现对业务招待费、劳动保护费、办公费、广告费和保险费等间接费用编制零基预算如下。

经多次动员和讨论研究，编制上述费用在预算年度的开支水平见表 7-2。

表 7-2 红松公司费用开支预算 单位：元

费用项目	金 额
业务招待费	200 000
劳动保护费	100 000
办公费	20 000
广告费	250 000
保险费	30 000
合 计	600 000

经过充分论证，得出上述费用中除业务招待费和广告费以外都不能再压缩，必须得到全额保证。至于业务招待费和广告费，通过进一步成本-效益分析，得知广告费的成本-效益比业务招待费的成本-效益大。最后，权衡上述各项费用开支的轻重缓急排出层次和顺序：由于劳动保护费、办公费和保险费在预算期必不可少，需要得到全额保证，属于不可避免的约束性固定费用，应作为第一层次；业务招待费和广告费可根据预算期间企业财力情况酌情增减，属于可避免费用；其中广告费的成本-效益最大，应列为第二层次；业务招待费的成本-效益相对较小，应列为第三层次。

假定该公司预算年度对上述各项费用可动用的财务只有500 000元，根据以上排序，分配资源，落实预算金额如下。

（1）确定不可避免项目的预算金额=100 000+30 000+20 000=150 000（元）

（2）确定可分配的资金数额=500 000−150 000=350 000（元）

（3）按业务招待费和广告费之间的成本-效益比重（4∶6）分配资金。

业务招待费可分配资金=$350\ 000\times\dfrac{4}{4+6}$=140 000（元）

广告费可分配资金=$350\ 000\times\dfrac{4}{6}$=210 000（元）

零基预算的优点：一是不受现有费用项目限制。这种方法可以促使企业合理有效地进行资源分配，将有限的资金用在“刀刃”上；二是能够调动企业各部门降低费用的积极性；三是有助于企业未来发展。由于这种方法以零为出发点，对一切费用一视同仁，有利于企业面向未来发展考虑预算问题。

零基预算的缺点：这种方法一切从零出发，在编制费用预算时需要完成大量的基础工作，如对企业现状和市场环境进行调研分析，对现有资金使用效果进行投入-产出定量分析等，这势必会带来大量的工作量，搞不好会顾此失彼，难以突出重点，而且也需要比较长的编制时间。

任务二　全面预算的编制内容

完整的全面预算通常包括营业预算、财务预算和专门预算三个部分。随着企业的性质和规模的不同，全面预算的体系及编制方法也会有所不同。全面预算体系图如图7-1所示。

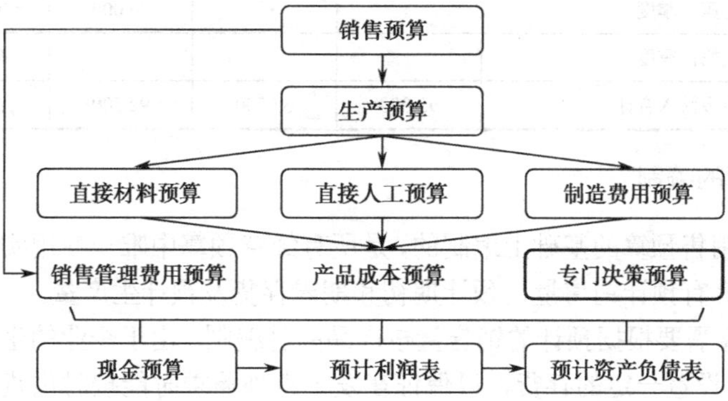

图7-1　全面预算体系图

子任务一　营业预算的编制

营业预算是指与企业在预算期的日常营业活动，即生产和购销活动相关的预，是企业具有实质性的基本活动的预算。这些预算以实物量指标和价值量指标分别反映企业收入与费用的构成情况，主要包括销售预算、生产预算、成本预算、销售及管理费用预算等。

（一）销售预算的编制

销售预算是整个预算编制的起点，其他预算的编制都以销售预算作为基础。销售预算的主要内容是销量、单价和销售收入。销量是根据市场预测或销货合同并结合企业生产能力确定的。单价是通过价格决策决定的。销售收入是两者的乘积，从销售预算中计算得出。

销售预算通常要分品种、分月份、分销售区域、分推销员来编制。为了简化，在任务案例 7-3 中只划分了季度销售数据。

【任务案例 7-3】　丰华公司在预算年度（2017 年）内只生产一种甲产品，全年 4 个季度的销售量分别为 100 件、150 件、200 件、180 件，该产品每件售价 500 元。参照以往历史资料，每季度的销货款有 70%能于当季收到现金，其余 30%要到下季才能收到现金。2016 年年底应收账款为 60 000 元。

要求：根据所给资料，为该公司编制销售预算。

丰华公司计划年度的销售预算见表 7-3。

表 7-3　销售预算　　单位：元

项　目		第一季度	第二季度	第三季度	第四季度	合　计
预计销售量		100	150	200	180	630
销售单价		500	500	500	500	
预计销售额		50 000	75 000	100 000	90 000	315 000
预计现金流入计算表	期初应收账款	60 000				60 000
	第一季度	35 000	15 000			50 000
	第二季度		52 500	22 500		75 000
	第三季度			70 000	30 000	100 000
	第四季度				63 000	63 000
	现金流入合计	95 000	67 500	92 500	93 000	348 000

（二）生产预算的编制

生产预算是在销售预算的基础上编制的，是所有经营预算中唯一使用实物量作为计量单位的预算，其主要内容有预计销售量、预计期初和期末存货及预计生产量。

通常，生产预算需要根据预计的销售量按产品品种编制。由于企业的生产和销售不能做到“同步同量”，需要设置一定的存货，以保证在发生意外需求时能按时供货，并可均衡生产，节省赶工的额外支出。编制生产预算的有关公式为

某种产品预计生产量=预计销售量+预计期末存货量-预计期初存货量

“预计期末存货量”通常按下期销售量的一定百分比确定，“预计期初存货量”是上期的

期末余额。年初存货是编制预算时预计的，年末存货根据长期销售趋势来确定，生产预算的“预计销售量”来自销售预算。存货预算也可以单独编制。

【任务案例 7-4】 承任务案例 7-3，丰华公司各季度的期末存货量预算为下季度销售量的 10%，预计期末存货量为 15 件。

要求：根据所给资料，为该公司编制生产预算。

丰华公司生产预算见表 7-4。

表 7-4 生产预算 单位：件

项　目	第一季度	第二季度	第三季度	第四季度	合　计
预计销售量	100	150	200	180	630
预计期末存货	15	20	18	15	15
合　计	115	170	218	195	645
减：预计期初存货	10	15	20	18	10
预计生产量	105	155	198	177	635

（三）直接材料采购预算的编制

直接材料采购预算是以生产预算、材料消耗定额和预计材料采购单价等为基础编制的，同时要考虑期初、期末材料存货水平。其计算公式如下：

$$预计材料采购所需金额=预计材料采购量\times材料单价$$

$$预计材料采购量=生产需要量+预计期末库存量-预计期初库存量$$

$$生产需要量=单位产品材料标准消耗量\times预计生产量$$

【任务案例 7-5】 承任务案例 7-4，设丰华公司生产的甲产品，每件耗用 A 材料 10kg，每千克 5 元，所购材料价款当季度支付 40%，余下 60%在下一季度支付；年初应付上年 A 材料价款 8 000 元；预算期内每季度末库存 A 材料为下一季度需用量的 20%，预算期初、期末的库存量分别为 210kg、160kg。

要求：根据所给资料，为该公司编制直接材料预算。

丰华公司计划年度直接材料预算见表 7-5。

表 7-5 直接材料预算 单位：元

项　目	第一季度	第二季度	第三季度	第四季度	合　计
预计生产量（件）	105	155	198	177	635
单位产品材料耗用量（千克/件）	10	10	10	10	
预计生产需用量（千克）	1 050	1 550	1 980	1 770	6 350
加：预计期末材料存量（千克）	310	396	354	160	160
合　计	1 360	1 946	2 334	1 930	6 510
减：预计期初材料存量（千克）	210	310	396	354	210
预计材料采购量（千克）	1 150	1 636	1 938	1 576	6 300
计划采购单价	5	5	5	5	5
预计采购金额	5 750	8 180	9 690	7 880	31 500

续表

项　目		第一季度	第二季度	第三季度	第四季度	合　计
预计现金支出	上年末应付账款	8 000				8 000
	第一季度	2 300	3 450			5 750
	第二季度		3 272	4 908		8 180
	第三季度			3 876	5 814	9 690
	第四季度				3 152	3 152
	合　计	10 300	6 722	8 784	8 966	34 772

（四）直接人工预算的编制

直接人工预算是以已知的标准工资率、标准单位人工工时、其他直接费用计提标准和生产预算中的预计生产量等资料为基础编制的。直接人工成本的计算公式为

各季度的直接人工成本=季度生产量×单位产品人工小时×小时工资率

【任务案例7-6】 承任务案例7-4，丰华公司生产的甲产品，每件产品需用直接人工4小时，每小时标准工资15元。

要求：根据所给资料，为该公司编制直接人工预算。

丰华公司直接人工预算见表7-6。

表7-6　直接人工预算　　单位:元

项　目	第一季度	第二季度	第三季度	第四季度	合　计
预计生产量（件）	105	155	198	177	635
单位产品工时（小时/件）	4	4	4	4	4
人工总工时（小时）	420	620	792	708	2 540
每小时人工成本（元）	15	15	15	15	15
人工总成本（元）	6 300	9 300	11 880	10 620	38 100

（五）制造费用预算的编制

制造费用预算是反映生产成本中除直接材料、直接人工以外的所有不能直接计入产品制造成本的那部分生产费用的预算。制造费用预算的前提是将费用按成本习性划分为固定费用和变动费用。应分别编制变动制造费用预算和固定制造费用预算。

变动制造费用以生产预算为基础编制。变动制造费用=单位产品的变动制造费用×预计产量。若没有标准成本资料，就需要逐项预计变动制造费用。

固定制造费用与产量无关，因此预算时直接按每期间的实际需要额预计。

另外，为了编制现金预算，因此制造费用预算中还需预计现金支出。一般认为，除折旧费外，制造费用各项目均需支付现金，所以现金支出=制造费用-折旧费。

【任务案例7-7】 承任务案例7-4、7-6，丰华公司生产的甲产品中全年发生的变动制造费用和固定制造费用有关资料为：变动制造费用中的间接材料费为2元/件，间接人工费为6元/件，维修费为1元/件；固定制造费用中的折旧费1 000元，管理人员工资4 500元，财产保险费500元。

要求：根据所给资料，为该公司编制制造费用预算。

制造费用预算见表7-7。

表 7-7 制造费用预算 单位：元

项　目	第一季度	第二季度	第三季度	第四季度	合　计
产量	105	155	198	177	635
变动制造费用					
间接人工（6 元/件）	630	930	1 188	1 062	3 810
间接材料（2 元/件）	210	310	396	354	1 270
维修费（1 元/件）	105	155	198	177	635
小　计	945	1 395	1 782	1 593	5 715
固定制造费用					
管理人员工资	4 500	4 500	4 500	4 500	18 000
折旧费	1 000	1 000	1 000	1 000	4 000
财产保险费	500	500	500	500	2 000
小　计	6 000	6 000	6 000	6 000	24 000
合　计	6 945	7 395	7 782	7 593	29 715
减：折旧	1 000	1 000	1 000	1 000	4 000
现金支出	5 945	6 395	6 782	6 593	25 715

为了便于编制产品成本预算，还需要计算每小时制造费用分配率。

$$每小时变动制造费用分配率=\frac{5\,715}{2\,540}=2.25$$

$$固定制造费用分配率=\frac{24\,000}{2\,540}=9.45$$

（六）产品成本预算的编制

产品成本预算是生产预算、直接材料预算、直接人工预算、制造费用预算的汇总；同时，也为编制预计利润表和预计资产负债表提供资料。该预算必须按照各种产品进行编制，其程序与存货的计价方法密切相关。

【任务案例 7-8】 承任务案例 7-4、7-5、7-6、7-7。

要求：根据任务案例 7-4、7-5、7-6、7-7 所给资料及计算结果，为该公司编制产品成本预算。

丰华公司产品成本预算见表 7-8。

表 7-8 产品成本预算 单位：元

项　目	产品单位成本			生产成本	期末存货成本	销售成本
	单　价	单位耗用量	成　本			
直接材料	5	10	50	31 750	750	31 500
直接人工	15	4	60	38 100	900	37 800
变动制造费用	2.25	4	9	5 715	135	5 670
固定制造费用	9.45	4	37.8	24 000	567	23 814
合　计			156.8	99 565	2 352	98 784

（七）销售及管理费用预算的编制

销售费用预算是以销售预算为基础编制的。其编制方法与制造费用预算的编制方法非常接近，也可将其划分为变动销售费用预算和固定销售费用预算两部分。为便于以后编制现金预算，销售费用预算也要编制相应的现金支出预算。

【任务案例 7-9】 承任务案例 7-3，丰华公司生产的甲产品全年发生的变动销售及管理费用为：销售人员的薪金及佣金按销售收入的 1%计付，运杂费核定为销售收入的 1.5%，业务招待费核定为销售收入的 0.5%。全年发生的固定销售及管理费用为：广告费 8 000 元，行政管理人员工资 12 000 元，折旧费 2 000 元，办公费 8 000 元。

要求：根据所给资料，为该公司编制销售及管理费用预算。

丰华公司销售与管理费用预算见表 7-9。

表 7-9 销售及管理费用预算 单位：元

项 目	预算金额
变动费用	
销售佣金（1%）	3 150
业务招待费（0.5%）	1 575
运杂费（1.5%）	4 725
小 计	9 450
固定费用	
管理人员工资	12 000
办公费	8 000
折旧费	2 000
广告费	8 000
小 计	30 000
合 计	39 450
减：折旧费	2 000
现金支出	37 450
每季度现金支出	9 362.5

生产预算是根据销售预算编制的；以生产预算为基础，可进而编制直接材料预算、直接人工预算、制造费用预算；产品成本预算是生产预算、直接材料预算、直接人工预算、制造费用预算的汇总；销售及管理费用预算包括预算期内发生的制造费用以外的各项费用，根据历史资料和预计销售量编制。

子任务二 财务预算的编制

财务预算是一系列专门反映企业未来一定预算期内预计财务状况和经营成果，以及现金收支等价值指标的各种预算的总称，主要包括现金预算、预计利润表、预计资产负债表等内容。

(一)现金预算的编制

现金预算编制的主要内容包括现金收入、现金支出、现金多余或不足、资金的筹集和运用四个部分。其中,“期初现金金额”是在编制预算时预计的,“经营现金收入”的数据来自销售预算,销货取得的现金收入是其主要来源,“可供使用的现金”是期初现金金额与本期现金收入之和。

“现金支出”部分包括预算期的各种现金支出,“采购直接材料支出”“支付增值税”“支付销售税金及附加”“支付直接人工”“支付制造费用”“支付销售费用”“支付管理费用”的数据分别来自前述编制的有关经营预算。另外,还包括所得税、购置设备、股利(或利润)分配等现金支出,有关的数据分别来自前述编制的有关特种决策预算。

“现金多余或不足”部分列示现金收入合计与现金支出合计的差额。差额为正,说明收入大于支出,现金有多余,可用于偿还过去从银行取得的借款,或者用于短期投资。差额为负,说明支出大于收入,现金不足,要从银行取得新的借款。

【任务案例7-10】 承任务案例7-3、7-5、7-6、7-7、7-9,丰华公司按年度分季度编制现金预算,假定预算期初现金余额为5 000元,第二季度现金购入设备100 000元,第四季度支付股利55 000元,每季度支付所得税2 000元,现金正常限额为12 000元。

要求:根据任务案例7-3、7-5、7-6、7-7、7-9所给资料及计算结果,为该公司编制现金预算。

该公司现金预算见表7-10。

表7-10 现金预算 单位:元

项目	第一季度	第二季度	第三季度	第四季度	合计
期初现金余额	5 000	12 000	12 813	12 000	5 000
加:销售现金收入	95 000	67 500	92 500	93 000	348 000
可供使用现金	100 000	79 500	105 313	105 000	353 000
减:各项支出					
直接材料	10 300	6 722	8 784	8 966	34 772
直接人工	6 300	9 300	11 880	10 620	38 100
制造费用	5 945	6 395	6 782	6 593	25 715
销售及管理费用	9 362.5	9 362.5	9 362.5	9 362.5	37 450
所得税费用	2 000	2 000	2 000	2 000	8 000
设备		100 000			100 000
股利				55 000	55 000
支出合计	33 907.5	133 779.5	38 808.5	92 541.5	299 037
现金多余或短缺	66 092.5	−54 279.5	66 504.5	12 458.5	53 963
售出短期投资		54 092.5			54 092.5
向银行借款		13 000			13 000
偿还银行借款			1 3000		13 000
借款利息(年利10%)			325		325
进行短期投资	54 092.5		41 179.5		95 272
期末余额	12 000	12 813	12 000	12 458.5	12 458.5

现金预算的编制，以各经营预算和特种决策预算为基础，它反映各预算期的收入款项和支出款项，并做对比说明。其目的在于：资金不足时筹措资金，资金多余时及时处理现金余额，并且提供现金收支的控制限额，发挥现金管理的作用。

（二）预计利润表的编制

预算财务报表是控制企业资金、成本和利润总量的重要手段，主要包括预计利润表、预计所有者权益（股东权益）变动表和预计资产负债表。

预计的利润表与实际的利润表相比，在内容、格式方面是相同的，只不过其数据是面向预算期的。该表又称为利润预算。它是在汇总销售收入、销售成本、销售税金及附加、销售费用、管理费用、财务费用、特种决策等预算的基础上加以编制的。通过编制预计的利润表，可以了解企业预算期的盈利水平。如果预算利润与最初编制方针中的目标利润有较大的不一致，就需要调整有关部门预算，设法达到目标，或者经企业领导同意后修改目标利润。

【任务案例7-11】 承任务案例7-3、7-8，7-9、7-10，丰华公司按年度分季度编制预计利润表。

要求：根据任务案例7-3、7-8，7-9、7-10所给资料及计算结果，为该公司编制预计利润表。

丰华公司预计利润表见表7-11。

表7-11 丰华公司预计利润表

单位：元

项　目	金　额
销售收入	315 000
销售成本	98 784
毛利	216 216
销售及管理费用	39 450
财务费用	325
利润总额	176 441
所得税费用	8 000
净利润	168 441

预计损益表是综合反映企业计划生产经营的财务状况和预计企业经营活动最终成果的重要依据，是企业财务预算中最主要的预算之一。

（三）预计资产负债表的编制

预计资产负债表与实际的资产负债表内容、格式相同，只不过数据是反映预算期末的财务状况。该表又称资产负债表预算。该表是利用本期期初（上年期末数）资产负债表，根据本期经营预算和特种决策预算的有关数据加以调整编制的。编制预计资产负债表的目的在于：判断预算反映的财务状况的稳定性和流动性。如果通过预计资产负债表的分析，发现某些财务比率不佳，必要时可修改有关预算，以改善财务状况。

【任务案例7-12】 承任务案例7-3、7-5、7-7、7-8、7-10、7-11。

要求：根据任务案例7-3、7-5、7-7、7-8、7-10、7-11所给资料及计算结果，为该公司编制预计资产负债表。

年末的预计资产负债表见表 7-12。

表 7-12 丰华公司预计资产负债表 单位：元

资　产	年初余额	期末余额	负债及所有者权益	年初余额	期末余额
现　金	5 000	12 458.5	应付账款	8 000	4 728
短期投资		41 179.5	股本	100 000	100 000
应收账款	60 000	27 000	未分配利润	39 621	153 062
直接材料	1 050	800			
产成品	1 571	2 352			
固定资产	100 000	200 000			
累计折旧	20 000	26 000			
资产总额	147 621	257 790	负债及所有者权益合计	147 621	257 790

预计资产负债表主要用来反映企业在计划期末那一天的财务状况。它是以上年年底的资产负债表为基础，根据计划年度的全面预算编制的。

子任务三　专门决策预算构成

专门决策预算又称特种决策预算，是指企业为不经常发生的长期投资项目或者一次性专门业务所编制的预算。通常是指与企业投资活动、筹资活动或收益分配等相关的各种预算。专门决策预算可以分为资本支出预算和一次性专门业务预算两类。其中，资本支出预算主要是针对企业长期投资决策编制的预算，包括固定资产投资预算、权益性资本投资预算和债券投资预算；一次性专门业务预算主要有资金筹措及运用预算、缴纳税金与发放股利预算等。

编制专门决策预算的依据是项目财务可行性分析资料及企业筹资决策资料，重点是准确反映项目资金投资与筹资计划，它同时也是编制现金预算和预计资产负债表的依据。

项目总结

全面预算是指反映企业全部生产交易活动的财务计划，或者说是指企业全部未来计划的数量说明。它是各级各部门工作的奋斗目标、协调工具、控制标准和考核依据，在经营管理中发挥着重大作用。全面预算的编制应采用“上下结合、分级编制、逐级汇总”的方法，不断反复和修改，最后由企业有关机构综合平衡，并以书面形式下达，作为正式的预算下达到各级各部门予以执行。全面预算按其涉及的业务活动领域分为销售预算、生产预算、特种决策预算和财务预算。前两个预算统称为业务预算、营业预算或经营预算，用于计划企业的日常基本经济业务。特种决策预算又称专门决策预算，是关于企业不经常发生的、需要根据特定决策临时编制的一次性预算，包括资本支出决策预算（即投资决策预算）和一次性专门业务决策预算。财务预算是关于资金筹措和使用的预算，包括短期的现金收支预算和信贷预算，以及长期的资本支出预算和长期资金筹措预算。编制预算常见的方法有弹性预算、零基预算、滚动预算和概率预算等，它们有各自的优、缺点和适用范围。

项目综合训练

一、单项选择题

1. 下列各项预算中，构成全面预算体系最后环节的是（　　）。

A. 特种决策预算　　B. 日常业务预算
C. 财务预算　　D. 期末存货预算

2. 下列各项中，不能直接在现金预算中得到反映的是（　　）。

A. 期初期末现金余额　　B. 现金筹措及使用情况
C. 预算期产量和销量　　D. 现金收支情况

3. 能够同时以实物量指标和价值量指标分别反映企业经营收入和相关现金收入的预算是（　　）。

A. 现金预算　　B. 销售预算　　C. 生产预算　　D. 预计资产负债表

4. 属于编制全面预算的出发点和日常业务预算的基础的是（　　）。

A. 销售预算　　B. 生产预算　　C. 产品成本预算　　D. 预计利润表

5. 编制生产预算时，关键是正确地确定（　　）。

A. 销售价格　　B. 销售数量　　C. 期初存货量　　D. 期末存货量

6. 直接材料预算的主要编制基础是（　　）。

A. 销售预算　　B. 现金预算　　C. 生产预算　　D. 产品成本预算

7. 下列各项中，能够集中反映财务决策结果的专门预算是（　　）。

A. 日常业务预算　　B. 特种决策预算
C. 财务预算　　D. 责任预算

8. 在财务预算中，专门用以反映企业未来一定预算期内预计财务状况和经营成果的报表统称为（　　）。

A. 现金预算　　B. 预计利润表　　C. 预计资产负债表　　D. 预计财务报表

9. 不需另外预计现金支出，直接参加现金预算汇总的预算是（　　）。

A. 成本预算　　B. 直接人工预算　　C. 销售预算　　D. 制造费用预算

10. 全面预算的内容可分为三大类，即经营预算、特种决策预算和（　　）。

A. 销售预算　　B. 现金预算　　C. 财务预算　　D. 产品成本预算

二、多项选择题

1. 编制弹性费用预算的方法包括（　　）。

A. 公式法　　B. 列表法　　C. 因素法　　D. 百分比法

2. 关于弹性预算，下列表述中正确的是（　　）。

A. 它不必每月重复编制，但伸缩性较大
B. 它主要用于间接费用预算的编制，有时也用于利润预算
C. 编制弹性预算的目的是控制成本支出
D. 弹性预算的质量高低，取决于成本特性的分析水平

3. 下列各项中，属于滚动预算特点的有（　　）。

A. 远期指导性　　B. 灵活性　　C. 连续性　　D. 完整性

4. 下列各项中，被纳入现金预算的有（　　）。

A. 经营性现金收入　　B. 经营性现金支出

C. 资本性现金支出　　D. 现金收支差额

5. 编制现金预算的依据包括（　　）。

A. 预计财务报表　　B. 特种决策预算

C. 日常业务预算　　D. 资金时间价值系数表

6. 下列各项中，属于日常业务预算内容的有（　　）。

A. 生产预算　　B. 产品成本预算

C. 销售费用预算　　D. 制造费用预算

7. 在编制预计资产负债表时，下列计算公式正确的是（　　）。

A. 期末应收账款=本期销售额×（1-本期收现率）

B. 期末应付账款=本期采购额×（1-本期付现率）

C. 期末现金余额=库存现金+银行存款

D. 期末未分配利润=期初未分配利润+本年利润-本期股利

8. 下列各项中，能够在销售预算中找到的内容有（　　）。

A. 销售收入　　B. 销售单价　　C. 销售数量　　D. 应收账款

9. 在日常业务预算中，编制产品生产成本预算的基础包括（　　）。

A. 生产预算　　B. 直接材料消耗及采购预算

C. 制造费用预算　　D. 直接工资及其他直接支出预算

10. 编制生产预算中的"预计生产量"项目时，需要考虑的因素有（　　）。

A. 预计销售量　　B. 预计期初存货

C. 预计期末存货　　D. 前期实际销量

三、判断题

1. （　　）财务预算是全面预算体系中的最后环节，可以总括地反映经营期决策预算和业务预算结果。因此，它在全面预算中占有重要地位。

2. （　　）弹性预算只是一种编制费用预算的方法。

3. （　　）直接人工预算是在销售预算的基础上编制的。

4. （　　）在编制零基预算时，应以企业现有的费用水平为基础。

5. （　　）现金预算以实物量指标总括反映经营活动和资本支出的结果。

6. （　　）生产预算是日常业务预算中唯一仅以实物量作为计量单位的预算，不直接涉及现金收支。

7. （　　）直接材料消耗及采购预算和直接工资及其他直接支出预算均同时反映业务量消耗和成本消耗，但后一种预算的支出属于现金支出。

8. （　　）预计财务报表的编制程序是先编制预计资产负债表，然后编制预计利润表。

9. （　　）因为预计财务报表需要汇总日常业务预算、特种决策预算和现金预算的信息资料，而现金预算又是在日常业务预算和特种决策预算的基础上编制而成的，所以编制预计财务报表只要根据现金预算即可。

10. （　　）编制现金预算的主要目的在于了解企业预算年度各季度末现金余额有多少。

四、计算分析题

1．已知红叶公司的制造费用的成本习性如下表所示。

单位：元

成本项目	间接人工	间接材料	维修费用	水电费用	折旧费	劳保费	其他费用
固定部分	6 000	1 000	200	100	2 800	200	600
变动部分	1.0	0.5	0.2	0.4			0.2

假定红叶公司正常生产能力（100%）为 10 000 工时，试用列表法编制红叶公司生产能力在 90%～110%范围内的弹性制造费用预算（间隔为 5%）。

2．红叶公司 2017 年 11 月份现金收支的预计资料如下。

（1）11 月 1 日的现金（包括银行存款）余额为 13 700 元，已收到未入账支票 40 400 元。

（2）产品售价为 8 元/件。9 月销售 20 000 件，10 月销售 30 000 件，11 月销售 40 000 件，12 月预计销售 25 000 件。根据经验，商品售出后当月可收回货款 60%，次月收回 30%，再次月收回 8%，另外 2%为坏账。

（3）进货成本为 5 元/件，平均在 15 天后付款。编制预算时月底存货为次月销售的 10%加 1 000 件。10 月底的实际存货为 4 000 件，应付账款余额为 77 500 元。

（4）11 月的费用预算为 85 000 元，其中折旧为 12 000 元，其余费用需当月用现金支付。

（5）预计 11 月份将购置设备一台，支出 150 000 元，需当月付款。

（6）11 月份预缴所得税 20 000 元。

（7）现金不足时可从银行借入，借款额为 10 000 元的倍数，利息在还款时支付。期末现金余额不少于 5 000 元。

要求：编制红叶公司 2016 年 11 月份的现金预算。

项目 8 标准成本法

引导案例

红旗机械厂由于前几年经济效益欠佳，债台高筑。经行业专家诊断，发现主要原因是其生产成本远远高于同行业平均成本水平导致亏损。因此，为了适应当前市场竞争环境，反亏为盈，该厂 2010 年决定采用标准成本控制制度，将采购成本降低 10%，部门可控费用将在 2009 年的基础上降低 25%。该厂在供应过程中，严把进货关，降低采购成本；在生产过程中，严格控制消耗，使材料损失降到最低程度。通过科学合理地组织生产，使生产效率大大提高，进而节约了生产工时，降低了人工成本。

红旗机械厂实施上述措施后，实际成本大幅度下降，经济效益有了很大的提高，该厂达到了标准成本的要求。由此可见，这就是标准成本制度给企业带来的经济效益。

项目任务

通过本单元的学习，你应该能够：

- 掌握标准成本的概念及其制定方法；
- 掌握标准成本差异的计算和分析方法；
- 熟悉标准成本差异核算账户，并能进行账务处理。

学习目标

任务一　标准成本的制定

任务二　标准成本差异的分析与处理

任务一　标准成本的制定

子任务一　标准成本的概念及分类

（一）标准成本的概念

标准成本（Standard Cost），是指通过精确的调查、分析与技术测定而制定的，用来评价实际成本（Actual Cost）、衡量工作效率的一种预计成本。实际上就是按成本项目反映的单位产品的目标成本。因为通过成本预测、确定的目标总成本，不便于日常的控制和考核，必须分别按成本项目逐一制定出各自的标准成本才能落实。“标准成本”一词在实际工作中有以下两种含义。

一是指单位产品的标准成本，它是根据单位产品的标准消耗量和标准单价计算出来的，也

称“成本标准”，其计算公式为

$$成本标准=单位产品的标准成本=单位产品标准消耗量\times标准单价$$

二是指实际产量的标准成本，是根据实际产品的产量和单位产品的标准成本计算出来的，其计算公式为

$$标准成本=实际产量\times单位产品的标准成本$$

（二）标准成本的种类

1. 理想标准成本和正常标准成本

标准成本按其制定时所依据的生产技术和经营管理水平，分为理想标准成本和正常标准成本。

理想标准成本是以现有生产经营条件处于最佳状态为基础确定的最低水平的成本。这种标准成本是在假定材料无浪费，设备无事故，产品无废品，工时全有效的基础上制定的。显然这种理想标准成本很难成为现实，它的主要用途就是提供一个完美的成本目标，揭示实际成本能够下降的潜力和余地。

正常标准成本是指在效率良好的条件下，根据下期一般应该发生的生产要素消耗量、预计价格和预计生产经营能力利用程度而制定出来的标准成本。在制定这种标准成本时，把生产经营活动中一般难以避免的损耗和低效率等情况也计算在内，使之切合下期的实际情况，成为切实可行的控制标准。虽然达到标准具有一定的困难，但是经过努力是可以实现的，因而可以调动职工的积极性。

2. 现行标准成本和基本标准成本

标准成本按其适用期，分为现行标准成本和基本标准成本。

现行标准成本指根据其适用期间应该发生的价格、效率和生产经营能力的利用程度等预计的标准成本。这些决定因素变化时，需要按照改变了的情况加以修订。这种标准成本可以成为评价实际成本的依据，也可以用来对成本计价。

基本标准成本是指一经制定，只要生产的基本条件无重大变化，就不予变动的一种标准成本。由于基本标准成本不按各期实际修订，不宜用来直接评价工作效率和成本控制的有效性。

子任务二　标准成本的制定方法

标准成本包括直接材料标准成本、直接人工标准成本和制造费用标准成本三部分内容。制定标准成本，首先确定直接材料和直接人工的标准成本，其次确定制造费用的标准成本，最后确定单位产品的标准成本。在制定标准成本时，无论是哪个成本项目，都需要分别确定其用量标准和价格标准，两者的乘积就是该项目的成本标准，即

$$成本标准=价格标准\times用量标准$$

根据用量标准与价格标准制定出的目标标准成本可以是理想标准成本，也可以是正常标准成本。下面介绍正常标准成本的制定。

（一）直接材料标准成本的制定

直接材料的用量标准是在现有生产技术条件下生产单位产品所需要的材料数量。其用量标准中应当包括废品损失、产品整理挑选损耗等。直接材料的价格标准是事先确定的购买材料应当支付的标准价格，也是取得材料的完全成本，包括买价、运杂费、保险费、包装费、检验费和运输途中合理损耗等成本费用。

在制定直接材料标准成本时，首先，应确定构成产品的直接材料项目；然后，分别制定各种直接材料的数量标准和价格标准以确定每项材料的标准成本；最后，汇总计算出某一产品的直接材料标准成本。其计算公式为

$$某单位产品耗用某种材料的标准成本=用量标准\times价格标准$$

$$某单位产品的直接材料标准成本=\sum该种产品所耗用的各种材料标准成本$$

【任务案例 8-1】 某企业生产 A 产品，消耗甲、乙、丙三种材料，其直接材料标准成本见表 8-1。

表 8-1 直接材料标准成本 产品：A

标　准	材料甲	材料乙	材料丙
价格标准（元/千克）			
发票单价	10	12	8
运费	1	1.2	0.8
保险费	0.5	0.6	0.4
装卸检验费	0.71	0.86	0.57
每千克材料标准价格	12.21	14.66	9.77
用量标准（千克/件）			
产品用量	8.6	10	6.5
允许损耗量	3	2.5	2.1
单位产品标准用量	11.6	12.5	8.6
直接材料标准成本（元/件）			
材料甲（11.6×12.21）	141.64		
材料乙（12.5×14.66）		183.25	
材料丙（8.6×9.77）			84.02
单位产品直接材料标准成本（元/件）	408.91		

（二）直接人工标准成本的制定

直接人工标准成本的制定体现了对人工成本的控制，在具体实务中，需要根据企业所采取的工资形式而运用不同的方式。在采用计件工资形式下，标准工资分配率是预定的每件产品支付的工资除以标准工时，或者是预定的小时工资；在采用月工资形式下，需要根据月工资总额和可用工时总量来计算标准工资率。

直接人工标准成本的制定需要确定直接人工的用量标准和价格标准。其中，用量标准是单位产品的标准工时，它是按产品的加工工序所需直接人工工时汇总而得的，是指在现有生产技术条件下，生产单位产品所需要的时间，包括直接加工操作必不可少的时间和必要的间歇与停工两部分；价格标准是指标准工资率，即单位小时工资费用标准分配率。其计算公式为

$$标准工资率=\frac{标准工资总额}{标准总工时}$$

$$直接人工标准成本=标准工时\times标准工资率$$

【任务案例 8-2】 假设上例 A 产品经过两个车间的生产，其直接人工标准成本见表 8-2。

表 8-2　直接人工标准成本　　　　产品：A

项　目	第一车间	第二车间
小时工资率		
基本生产工人人数（人）	40	50
每人每月工时（22天×8小时/天）（小时）	176	176
出勤率	100%	100%
每人平均可用工时（小时/人）	176	176
每月总工时（小时）	7 040	8 800
每月工资总额（元）	7 500	12 000
每小时工资（元/小时）	1.07	1.36
单位产品工时（小时/件）		
理想作业时间	7	10
调整设备时间	0.6	0.2
其他必要时间	0.2	0.4
小　计	7.8	10.6
直接人工标准成本（元/件）	8.35	14.42
合　计	22.77	

（三）制造费用标准成本的制定

各部门的制造费用标准成本分为变动制造费用标准成本和固定制造费用标准成本两部分。它们都是按部门分别编制的，然后将同一产品涉及的各部门单位制造费用标准加以汇总，得出整个产品的制造费用标准成本。

1. 变动制造费用标准成本的制定

变动制造费用的数量标准通常采用单位产品直接人工工时标准（在直接人工标准成本制定时已经确定）、机器工时或其他用量标准。变动制造费用的价格标准是每一工时变动制造费用的标准分配率，它是根据变动制造费用预算和直接人工总工时计算求得的。其计算公式为

$$\text{变动制造费用标准分配率}=\frac{\text{变动制造费用预算总额}}{\text{直接人工标准工时总数}}$$

$$\text{变动制造费用标准成本}=\begin{matrix}\text{单位产品直接}\\\text{人工标准工时}\end{matrix}\times\begin{matrix}\text{变动制造费用}\\\text{标准分配率}\end{matrix}$$

各车间变动制造费用标准成本确定之后，将其求和得出该产品的变动制造费用标准成本。

【任务案例 8-3】　某企业生产A产品，经过两个车间生产，其变动制造费用标准成本见表8-3。

表 8-3　变动制造费用标准成本　　　　产品：A

项　目	第一车间	第二车间
变动制造费用预算（元）		
运输	1 000	1 500

续表

项　　目	第一车间	第二车间
动力	800	1 800
维护	450	900
直接人工	5 200	5 500
其他	300	1 100
小　计	7 750	10 800
生产量标准（人工工时）（小时）	7 040	8 800
变动制造费用标准分配率（元/小时）	1.1	1.23
直接人工用量标准（人工工时）（小时）	7.8	10.6
变动制造费用标准成本（元）	8.58	13.04
单位产品标准变动制造费用（元/件）	21.62	

2. 固定制造费用标准成本的制定

如果企业采用的是变动成本核算制度，那么产品成本不包括固定制造费用。固定制造费用的成本控制应属于期间成本控制的范围。如果企业采用的是完全成本核算制度，那么固定制造费用就要计入产品的成本，因而需要制定单位产品的固定制造费用的标准成本。

固定制造费用的价格标准是每一工时的标准分配率，是根据固定制造费用预算总额和直接人工标准总工时计算得出的。

固定制造费用的用量标准可以采用人工工时，也可以采用机器工时。下面，以直接人工工时作为固定制造费用的用量标准。其计算公式为

$$\text{固定制造费用标准分配率}=\frac{\text{固定制造费用预算总额}}{\text{标准总工时}}$$

固定制造费用标准成本=标准工时×固定制造费用标准分配率

各车间固定制造费用标准成本确定之后，将其求和得出该产品的固定制造费用标准成本。

【任务案例 8-4】 某企业生产 A 产品，经过两个车间生产，其固定制造费用标准成本见表 8-4。

表 8-4　固定制造费用标准成本　　产品：A

项　　目	第一车间	第二车间
固定制造费用（元）		
折旧费	2 800	4 200
保险费	240	520
办公费	300	550
管理人员工资	2 500	3 800
其他	250	400
合　计	6 090	9 470
生产量标准（人工工时）	7 040	8 800
固定制造费用分配率（元/小时）	0.87	1.08
直接人工用量标准（人工工时）	7.8	10.6

续表

项　目	第一车间	第二车间
部门固定制造费用标准成本（元）	6.79	11.45
单位产品固定制造费用标准成本（元/件）	18.24	

将以上确定的直接材料、直接人工和制造费用的标准成本按产品加以汇总，就可得出A产品的标准成本卡，见表8-5。通常，企业编制“标准成本卡”，反映产品成本标准的具体构成，在每种产品生产之前，它的标准成本卡要送达有关人员，包括各级生产部门负责人、会计部门、仓库保管等，作为领料、派工和支出其他费用的依据。

表8-5　直接人工标准成本　　产品：A

成本项目	用量标准	价格标准	标准成本（元）
直接材料			
材料甲	11.6	12.21	141.64
材料乙	12.5	14.66	183.25
材料丙	8.6	9.77	84.02
小　计			408.91
直接人工			
第一车间	7.8	1.07	8.35
第二车间	10.6	1.36	14.42
小　计			22.77
变动制造费用			
第一车间	7.8	1.1	8.58
第二车间	10.6	1.23	13.04
小　计			21.62
固定制造费用			
第一车间	7.8	0.87	6.79
第二车间	10.6	1.08	11.45
小　计			18.24
单位A产品标准成本合计	471.54		

在制定标准成本时，用量标准是指该项目每个单位所需消耗资源的数量限定标准，包括单位产品材料消耗量、单位产品直接人工工时、单位产品机器工时等。该标准主要由生产技术部门测算得出，一般用定额表示。价格标准是指该项目每个单位所需消耗资源的价格限定标准，反映一定时期这种资源价格的平均水平，包括原材料单价、小时工资率、小时制造费用分配率等。价格标准主要由会计部门与有关部门共同制定。

任务二 标准成本差异的分析与处理

子任务一 标准成本差异的分析

在标准成本制度下，由于种种原因，企业在一定时期生产一定数量的产品所发生的实际成本与其标准成本可能不一致，它们之间的差额就是标准成本差异。

标准成本差异是指在生产经营过程中发生的实际成本偏离预定的标准成本而形成的差额，又称成本差异，它反映实际成本脱离预定标准的程度和企业成本控制的业绩。为了消除这种偏差，企业在日常经营过程中应定期进行差异分析（Variance Analysis），并找出产生成本差异的主要原因，同时采取相应对策，加以纠正，保证将企业各项成本控制在理想的水平范围之内。所谓差异处理（Variance Processing），是指在期末把标准成本和成本差异重新结合，最终确定产品的实际成本。

标准成本差异分为直接材料成本差异、直接人工成本差异和制造费用差异。

直接材料成本、直接人工成本和变动制造费用随着产品数量的增加而增加，都属于变动成本，其成本差异分析的基本方法相同。由于它们的实际成本高低取决于实际用量和实际价格，标准成本的高低取决于标准用量和标准价格，因此其成本差异主要是因为实际用量脱离用量标准和价格脱离价格标准两方面产生的。所以，我们把变动成本差异分为用量差异和价格差异两类。价格差异反映由于直接材料、直接人工和变动性制造费用等成本要素实际价格水平与标准价格不一致而产生的成本差异；用量差异反映由于直接材料、直接人工和变动性制造费用等成本要素实际用量消耗与标准用量消耗不一致而产生的成本差异。其计算公式如下：

$$\begin{aligned}\text{成本差异}&=\text{实际成本}-\text{标准成本}\\&=\text{实际用量}\times\text{实际价格}-\text{标准用量}\times\text{标准价格}\\&=\text{实际用量}\times\text{实际价格}-\text{实际用量}\times\text{标准价格}+\text{实际用量}\times\text{标准价格}-\text{标准用量}\times\text{标准价格}\\&=\text{实际用量}\times\left(\text{实际价格}-\text{标准价格}\right)+\left(\text{实际用量}-\text{标准用量}\right)\times\text{标准价格}\\&=\text{价格差异}+\text{用量差异}\end{aligned}$$

（一）直接材料成本差异的计算与分析

直接材料的成本差异是指一定产量产品的直接材料的实际成本与标准成本之间的差额。该项差异形成的原因有两个：一是价格脱离标准，二是用量脱离标准。前者按实际用量计算，称为价格差异；后者按标准价格计算，称为数量差异。其计算公式为

直接材料价格差异=实际用量×（实际价格-标准价格）

直接材料用量差异=（实际用量-标准用量）×标准价格

一般来说，材料价格差异是在采购过程中形成的，应由采购部门负责。影响价格的因素很多，如材料规格和质量、物价上涨、采购批量大小、违反合同被罚款、送货方式、运输工具和距离、有无购货折扣等。但是，由于生产计划安排不合理或材料浪费等原因，导致采购部门采

取应急措施，如因生产上的临时需要材料而进行紧急采购或组织小批量采购，由于运输方式的改变或不能享受数量折扣而引起的材料采购价格上升，则不应该由采购部门负责，而应由生产部门负责。再如，由于市场对产品的供求关系发生变化所引起的材料价格变动也是采购部门不可控因素。

直接材料用量差异产生的原因是多方面的，主要是在材料耗用过程中形成的。例如，生产工人的责任心强弱、废品废料率的高低、设备状况等，这些都应由生产部门负责。但材料用量差异有时也可能由于采购部门片面地为了压低进料价格而购进质量低劣的材料而增加了废品，或因材料规格不符合要求而大材小用，以致用料过多，则应由采购部门负责；又如机器或工具不适用或工艺变更等导致用料增加，则应由设备、工艺技术等部门负责。

【任务案例 8-5】 X 公司本月生产 M 产品 200 件，使用材料 2 000 千克，实际单价为 2.5 元/千克，每件产品的材料标准用量为 4 千克，标准价格为 2.8 元/千克。根据上述公式计算：

直接材料价格差异=2 000×(2.5−2.8)=−600（元）

直接材料用量差异=(2 000−200×4)×2.8=3 360（元）

由此可得，直接材料成本差异等于价格差异与用量差异之和，即(−600)+3 360=2 760（元），而直接材料成本差异又等于实际成本减去标准成本，即 2 000×2.5−200×4×2.8=2 760（元）。因此，直接材料价格差异与用量差异之和，应当等于直接材料成本的总差异。

（二）直接人工成本差异的计算与分析

直接人工成本差异是指在实际产量下，直接人工实际总成本与其标准总成本的差额。这种差额分为“价差”和“量差”两部分。价格差异是由于实际小时工资率脱离标准而形成的差异，又称为工资率差异；用量差异是由于实际使用的人工工时脱离标准而形成的差异，又称为人工效率差异。其计算公式如下：

工资率差异=实际工时×（实际工资率−标准工资率）

人工效率差异=（实际工时−标准工时）×标准工资率

工资率差异的原因复杂且难以控制，一般来说应归属于人力资源部门管理，差异的具体原因会涉及生产部门或其他部门。工资率差异形成的原因主要有工资率的调整、直接生产工人升级或降级使用、出勤率的变化、奖励制度未产生实效、加班或雇用临时工等。

直接人工效率差异形成的主要原因有工人技术的熟练程度、责任感、工作环境改变、劳动情绪波动、机器工具选用不当、加工设备的先进程度、作业计划的安排、产量太少无法发挥批量节约的优势等。直接人工效率差异主要由生产部门负责，但也不是绝对的。例如，由于材料采购的质量、要求等不符合生产要求，进而影响生产效率，由此而产生的直接人工效率差异的责任则主要应该由采购部门负责。

【任务案例 8-6】 X 公司本月生产 M 产品的标准工时为 3 小时/件，标准人工工资率为 2 元/小时，本月生产产品 200 件，实际工时总额为 550 小时，该月支付的工资总额为 1 430 元。则

工资率差异=550×(1 430/550−2)=330（元）

人工效率差异=(550−200×3)×2=−100（元）

由此可得，直接人工成本差异等于工资率差异与人工效率差异之和，即 330+(−100)=230（元），而直接人工成本差异又等于实际成本减去标准成本，即 1 430−200×3×2=230（元）。因此，直接人工的工资率差异与人工效率差异之和，应当等于直接人工成本的总差异。

（三）变动制造费用差异的计算与分析

变动制造费用同一定的生产经营活动水平相联系，要事先编制预算，采用弹性预算的形式进行考核。变动制造费用差异是指实际变动制造费用与标准变动制造费用之间的差额，该差异也同样可分为“价差”和“量差”两部分。价格差异是指变动制造费用的实际小时分配率脱离标准，按实际工时计算的金额，反映耗费水平的高低，故称为变动制造费用分配率差异或变动制造费用耗费差异；用量差异是指实际工时脱离标准工时，按标准的小时费用率计算确定的金额，反映工作效率变化引起的费用超支或节约，故称为变动制造费用效率差异。其计算公式如下：

$$\text{变动制造费用耗费差异}=\text{实际工时}\times\left(\text{变动制造费用实际分配率}-\text{变动制造费用标准分配率}\right)$$

$$\text{变动制造费用效率差异}=\left(\text{实际工时}-\text{标准工时}\right)\times\text{变动制造费用标准分配率}$$

一般来说，变动制造费用成本差异是实际支出与按实际工时和标准分配率计算的预算数之间的差额，对于生产管理人员而言是可控的，该项责任通常归属于各生产部门。其耗费差异是生产部门经理的责任，他们有责任将变动制造费用控制在弹性预算限度之内；变动制造费用效率差异是由于实际工时脱离了标准，多用工时导致的费用增加，因此其形成原因与人工效率差异相同。

【任务案例 8-7】 X 公司本月生产 M 产品的标准工时为 3 小时/件，变动制造费用标准分配率为 1.5 元/小时，本月生产产品 200 件，实际发生的人工工时为 550 小时，该月发生的变动制造费用总额为 1 595 元。则

变动制造费用耗费差异=550×(1 595/550−1.5)=770（元）

变动制造费用效率差异=(550−200×3)×1.5=−75（元）

由此可得，变动制造费用成本差异等于耗费差异加上效率差异，即 770+(−75)=695（元），而变动制造费用成本差异又等于实际成本与标准成本的差额，即 1 595−200×3×1.5=695（元）。因此，变动制造费用的耗费差异与效率差异之和，应当等于变动制造费用的总差异。

（四）固定制造费用差异的计算与分析

固定制造费用主要是同生产能力的形成及其正常维护相联系，要采用固定预算形式进行考核。固定制造费用不随产品数量的增加而增加，属于非变动成本。它与变动制造费用的差异分析不同，其分析方法有“二因素分析法”和“三因素分析法”两种。

1．二因素分析法

二因素分析法是指将固定制造费用差异分为耗费差异和能量差异。

耗费差异是指固定制造费用的实际金额与固定制造费用预算金额之间的差额。由于固定制造费用不随业务量的变动而变动，因而在考核时不考虑业务量的变动，而以原来的预算数作为标准，实际数超过预算数即视为耗费过多。其计算公式为

$$\text{固定制造费用耗费差异}=\text{固定制造费用实际总额}-\text{固定制造费用预算总额}$$

能量差异是指固定制造费用预算与固定制造费用标准成本的差额，即实际业务量的标准工时与生产能量的差额用标准分配率计算的金额。其计算公式如下：

$$\text{固定制造费用能量差异}=\text{固定制造费用预算总额}-\text{固定制造费用标准成本}$$

$$=\text{固定制造费用标准分配率}\times\text{生产能量}-\text{固定制造费用标准分配率}\times\text{实际产量标准工时}$$

$$=(\text{生产能量}-\text{实际产量标准工时})\times\text{固定制造费用标准分配率}$$

【任务案例 8-8】 X公司本月生产M产品，实际产量200件，发生固定制造费用2 150元，实际工时为550小时，企业生产能量为600件即1 800小时，每件产品固定制造费用标准成本为6元/件，每件产品标准工时为3小时，标准分配率为2元/小时。则

固定制造费用耗费差异=2 150−1 800×2=−1 450（元）

固定制造费用能量差异=1 800×2−200×3×2=3 600−1 200=2 400（元）

验算：

固定制造费用成本差异=实际固定制造费用−标准固定制造费用

=2 150−200×6=950（元）

固定制造费用成本差异=耗费差异+能量差异=(−1 450)+2 400=950（元）

由以上计算可知，该公司本月M产品的固定制造费用超支950元，主要原因是生产能力利用不足，实际产量小于计划产量所致。产生固定制造费用成本差异，一般都应由相关的管理部门负责。

2. 三因素分析法

三因素分析法是将固定制造费用成本差异分为耗费差异、效率差异和闲置能量差异三部分。耗费差异的计算与二因素分析法相同，不同的是将二因素分析法中的“能量差异”进一步分为两部分：一部分是实际工时未达到标准能量而形成的闲置能量差异；另一部分是实际工时脱离标准工时而形成的效率差异。其计算公式如下：

$$\text{固定制造费用耗费差异}=\text{固定制造费用实际总额}-\text{固定制造费用预算总额}$$

$$\text{固定制造费用闲置能量差异}=\text{固定制造费用预算总额}-\text{实际工时}\times\text{固定制造费用标准分配率}$$

$$=(\text{生产能量}-\text{实际工时})\times\text{固定制造费用标准分配率}$$

$$\text{固定制造费用效率差异}=\text{实际工时}\times\text{固定制造费用标准分配率}-\text{实际产量标准工时}\times\text{固定制造费用标准分配率}$$

$$=\left(\begin{matrix}\text{实际}\\\text{工时}\end{matrix}-\begin{matrix}\text{实际产量}\\\text{标准工时}\end{matrix}\right)\times\begin{matrix}\text{固定制造费用}\\\text{标准分配率}\end{matrix}$$

【任务案例 8-9】 以任务案例 8-8 的会计数据为依据，计算固定制造费用成本差异。

固定制造费用耗费差异=2 150−1 800×2=−1 450（元）

固定制造费用闲置能量差异=(1 800−550)×2=2 500（元）

固定制造费用效率差异=(550−200×3)×2=−100（元）

由以上计算可知，三因素分析法的闲置能量差异（2 500 元）与效率差异（−100 元）之和为 2 400 元，与二因素分析法中的“能量差异”数额相同。闲置能量差异的责任一般在于管理部门，而效率差异的责任则往往在于生产部门。因此，采用三因素分析法能够清楚地说明企业生产能力利用程度和生产效率高低所导致的成本差异情况，并且便于分清责任。

① 直接材料成本、直接人工成本和变动制造费用随着产品数量的增加而增加，都属于变动成本，其成本差异分析的基本方法相同。由于它们的实际成本高低取决于实际用量和实际价格，标准成本的高低取决于标准用量和标准价格，所以其成本差异可以归结为价格脱离标准造成的价格差异与用量脱离标准造成的数量差异两类。

② 固定制造费用的差异分析与各项变动成本差异分析不同，其分析方法有“二因素分析法”和“三因素分析法”两种。二者对耗费差异的计算相同。不同的是三因素分析法要将二因素分析法中的“能量差异”进一步分为闲置能量差异和效率差异两部分。

子任务二 标准成本差异的处理

在标准成本制度下，按照成本差异的类别设置成本差异账户，将标准成本与实际成本的差异分类归集在有关成本差异账户上，以便用于成本控制和期末结转差异。

(一) 标准成本差异归集及账户设置

设置成本差异账户，要同采用的成本差异分析方法相适应，为各种差异设置不同的成本差异账户。例如，核算直接材料成本差异需要设置“材料价格差异”和“材料用量差异”两个账户；核算直接人工成本差异需要设置“直接人工效率差异”和“直接人工工资率差异”两个账户；核算变动制造费用差异需要设置“变动制造费用耗费差异”和“变动制造费用效率差异”两个账户；核算固定制造费用差异需要设置“固定制造费用耗费差异”“固定制造费用效率差异”和“固定制造费用闲置能量差异”三个账户。

在需要登记“原材料”“生产成本”和“库存商品”账户时，应将实际成本分离为标准成本和相关的成本差异，标准成本数据记入“原材料”“生产成本”和“库存商品”账户，而相关的差异数据分别记入各成本差异账户。成本差异账户的本期发生额反映了这一会计期间的标准成本的完成情况和成本控制的业绩。

(二) 期末标准成本差异的账务处理

1. 直接处理法

每个会计期末各个成本差异账户均应结清。如果成本差异额较小，可采用“结转本期损益法”处理成本差异。在会计期末将所有差异转入“主营业务成本”账户，再随同已销售产品的标准成本一起转至“本年利润”账户。

【任务案例 8-10】 以 X 公司生产 M 产品相关业务为例，并假设 X 公司“生产成本”和“库存商品”账户均无期初余额，本期投产的 200 件 M 产品均已全部完工，并已全部销售，销售价格为 100 元/件。要求根据以下数据编制会计分录。

根据任务案例 8-5 数据，该公司投产 200 件 M 产品的直接材料的会计数据：

（1）直接材料标准成本=200×4×2.8=2 240（元）

（2）直接材料实际成本=2 000×2.5=5 000（元）

（3）直接材料价格差异=2 000×(2.5−2.8)=−600（元）

（4）直接材料用量差异=(2 000−200×4)×2.8=3 360（元）

会计分录如下：

借：生产成本 2 240

材料用量差异 3 360

贷：材料价格差异 600

原材料 5 000

根据前述任务案例 8-6 数据，将直接人工工资记入产品成本的会计分录。投产 200 件 M 产品的直接人工工资的相关数据如下：

（1）直接人工标准成本=200×3×2=1 200（元）

（2）直接人工实际成本=1 430（元）

（3）直接人工工资率差异=550×(1 430/550−2)=330（元）

（4）直接人工效率差异=(550−200×3)×2=−100（元）

会计分录如下：

借：生产成本 1 200

直接人工工资率差异 330

贷：直接人工效率差异 100

应付职工薪酬 1 430

根据前述任务案例 8-7 数据，将变动制造费用记入产品成本的会计分录。投产 200 件 M 产品的变动制造费用相关数据如下：

（1）标准变动制造费用=200×3×1.5=900（元）

（2）实际变动制造费用=1 595（元）

（3）变动制造费用耗费差异=550×(1 595/550−1.5)=770（元）

（4）变动制造费用效率差异=(550−200×3)×1.5=−75（元）

会计分录如下：

借：生产成本 900

变动制造费用耗费差异 770

贷：变动制造费用效率差异 75

变动制造费用 1 595

根据前述任务案例 8-9 数据，将固定制造费用记入产品成本的会计分录。投产 200 件 M 产品的固定制造费用相关数据如下：

（1）标准固定制造费用=200×3×2=1 200（元）

（2）实际固定制造费用=2 150（元）

（3）固定制造费用耗费差异=2 150−1 800×2=−1 450（元）

（4）固定制造费用闲置能量差异=(1 800−550)×2=2 500（元）

（5）固定制造费用效率差异=(550−200×3)×2=−100（元）

会计分录如下：

借：生产成本　　1 200

　固定制造费用闲置能量差异　　2 500

　贷：固定制造费用耗费差异　　1 450

　　固定制造费用效率差异　　100

　　固定制造费用　　2 150

编制结转完工入库产品标准成本的会计分录。完工 M 产品 200 件的标准成本见表 8-6。

表 8-6　M 产品标准成本　　单位：元

会计科目	金额
直接材料	2 240
直接人工	1 200
变动制造费用	900
固定制造费用	1 200
合　计	5 540

根据以上会计资料，编制会计分录：

借：库存商品　　5 540

　贷：生产成本　　5 540

产品销售时：

借：应收账款　　20 000

　贷：主营业务收入　　20 000

结转本期已销售标准成本的会计分录：

借：主营业务成本　　5 540

　贷：库存商品　　5 540

采用"结算本期损益法"结算成本差异时：

借：主营业务成本　　4 635

　材料价格差异　　600

　直接人工效率差异　　100

　变动制造费用效率差异　　75

　固定制造费用耗费差异　　1 450

　固定制造费用效率差异　　100

　贷：材料用量差异　　3 360

　　直接人工工资率差异　　330

　　变动制造费用耗费差异　　770

　　固定制造费用闲置能量差异　　2 500

[注意]

① 在标准成本系统中，"原材料""生产成本"和"库存商品"账户登记标准成本。

② 设置成本差异账户分别记录各种成本差异，设置成本差异账户，要同采用的成本差异分析方法相适应，为各种差异设置不同的成本差异账户。

③ 各会计期末对成本差异进行处理。当成本差异额不大时，可采用“结转本期损益法”处理成本差异。

2. 递延法

这种方法下，成本差异按标准成本的比例分配给期末在产品、期末产成品和本期已销售产品。一般按在产品、产成品及已销售产品的标准成本比例分配。在成品、产成品及已销售产品的标准成本加上应负担的成本差异即为在产品、产成品及已销售产品的实际成本。因为成本差异只有部分分摊在产品销售成本中，所以成本差异对当期利润的影响不大，利润水平比较接近实际情况。但此方法期末差异分配非常复杂，不便于产品成本计算的简化。而且期末资产负债表的在产品和产成品项目反映的都是实际成本，损益表的产品销售成本反映的也是本期已经销售产品的实际成本，这样不便于本期成本差异的分析和控制。

项目总结

标准成本是运用科学方法制定的，在一定的技术经济条件下单位产品生产耗费的限额，包括直接材料标准成本、直接人工标准成本和制造费用标准成本三方面的内容。实际工作中一般采用正常标准成本。制定标准成本，首先确定直接材料和直接人工的标准成本，其次确定制造费用的标准成本，最后确定单位产品的标准成本。无论是哪个成本项目，都需要分别确定其用量标准和价格标准，两者的乘积就是该项目的标准成本。

生产过程中发生的实际成本可能由于种种原因而与标准成本不符，其差额称为成本差异。产品成本差异处理是分别从直接材料成本差异、直接人工成本差异和制造费用成本差异三方面进行计算与分析的，并对各种差异通过设置各个成本差异账户进行核算。通过成本差异处理，查清差异发生的具体原因，考核责任人工作业绩，予以奖惩，并在调查研究的基础上，采取措施，消除不正常、低效率因素，对成本进行有效的控制。

项目综合训练

一、单项选择题

1. 以现有生产经营条件处于最佳状态为基础确定的最低水平的成本称为（　　）。

A. 理想标准成本　　B. 基本标准成本

C. 平均标准成本　　D. 现实标准成本

2. 下面的做法能够提高产品价值的是（　　）。

A. 成本提高，功能不变　　B. 成本不变，功能下降

C. 成本减小，功能提高　　D. 成本提高，功能下降

3. 在实际工作中得到广泛应用的标准成本是（　　）。

A. 理想标准成本　　B. 基本标准成本

C. 正常标准成本　　D. 先进标准成本

4. 通常应对不利的材料价格差异负责的部门是（　　）。

A. 质量控制部门　　B. 采购部门

C. 生产部门　　D. 产品设计部门

5．成本差异分析中下列属于数量差异的是（　　）。

A．直接材料价格差异　　B．直接材料用量差异

C．直接人工工资率差异　　D．变动制造费用分配率差异

6．成本差异分析中下列属于价格差异的是（　　）。

A．直接材料用量差异　　B．直接人工效率差异

C．直接人工工资率差异　　D．变动制造费用效率差异

7．变动制造费用的耗费差异=（　　）。

A．标准工时×（实际分配率-标准分配率）

B．实际工时×（实际分配率-标准分配率）

C．（实际工时-标准工时）×实际分配率

D．（实际工时-标准工时）×标准分配率

8．材料价格差异是根据实际数量与价格脱离标准的差额计算的，其中实际数量是指材料的（　　）。

A．采购数量　　B．入库数量

C．领用数量　　D．耗用数量

9．在成本差异分析中，变动制造费用的耗费差异类似于（　　）。

A．材料用量差异　　B．人工效率差异

C．材料成本差异　　D．工资率差异

10．某企业生产乙产品200件，实际耗用总工时400小时，标准总工时380小时，标准工资率为1元/小时，实际工资率为0.8元/小时，则工资率差异为（　　）。

A．20元　　B．42元

C．-40元　　D．-80元

二、多项选择题

1．标准成本在实际工作中的含义可以是（　　）。

A．单位产品的标准成本　　B．计划产品的标准成本

C．基本产品的标准成本　　D．实际产量的标准成本

2．产品标准成本一般包括（　　）。

A．直接材料成本　　B．直接人工成本

C．制造费用成本　　D．管理费用成本

3．下列成本差异中，通常不属于生产部门责任的是（　　）。

A．直接人工效率差异　　B．直接人工工资率差异

C．直接材料价格差异　　D．变动制造费用效率差异

4．在生产过程发生的成本差异有（　　）。

A．材料价格差异　　B．材料用量差异

C．直接人工效率差异　　D．直接人工工资率差异

5．在进行变动成本差异分析时，形成直接材料数量差异的原因经常有（　　）。

A．操作疏忽造成废品和废料增加

B．机器或工具不适用造成用料增加

C．新工人上岗造成多用材料

D．紧急订货形成的采购成本增加

E．操作技术改进而节省材料

6．直接材料的价格标准包括材料的（　　）。

A．买价　　B．运杂费

C．检验费　　D．保险费

7．各成本差异科目的贷方登记（　　）。

A．成本超支差异　　B．成本节约差异

C．超支差异转出额　　D．节约差异转出额

8．固定制造费用的差异可以分解为（　　）。

A．耗费差异　　B．价格差异

C．闲置能量差异　　D．效率差异

9．在变动成本法下，产品标准成本包括（　　）。

A．直接材料成本　　B．直接人工成本

C．变动制造费用成本　　D．固定制造费用成本

10．制定标准成本的用量标准时，包括（　　）。

A．产品直接材料消耗总量　　B．单位产品直接人工总量

C．产品直接人工总量　　D．单位产品直接人工工时

三、判断题

1．（　　）无论哪种变动成本项目的实际价格上升，都会引起整个变动成本差异的不利变化。

2．（　　）在材料成本差异分析中，价格差异总金额是根据单价偏差乘以“实际”用量计算的，而数量差异总额却是根据单耗偏差乘以“标准”价格计算的。

3．（　　）标准成本制度不仅可以用于制造类企业，也可以用于服务类企业。

4．（　　）材料价格差异是指材料外购的实际价格与标准价格之间的差异。

5．（　　）直接人工效率差异、变动制造费用效率差异和固定制造费用效率差异三者形成的原因是相同的，只是程度不同。

6．（　　）固定制造费用效率差异是指单位产品耗用工时差异对固定制造费用成本差异的影响。

7．（　　）固定制造费用差异一般分为价格差异和用量差异两部分。

8．（　　）在成本差异分析中，数量差异的大小是由用量脱离标准的程度及实际价格高低决定的。

9．（　　）材料数量差异在排除采购部门的责任之后，产生差异的责任都应归属于生产部门。

10．（　　）现实标准成本从数额上看，它应当大于理想标准成本，但又小于历史平均水平。

四、计算分析题

1．某轴承厂本月生产轴承4 000套，实际耗用钢材10 800千克，实际成本为10 260元，而该厂轴承的标准成本每个需用钢材2.5千克，每千克0.88元。

要求：（1）计算生产轴承所耗用钢材的成本差异总额；

（2）计算耗用钢材的价格差异和用量差异。

2．大运公司 2017 年 5 月份生产 500 件甲产品，实际使用工时 850 小时，支付工资 4 420 元，单位产品标准工时为 2 小时，标准工资率为 4.5 元/小时。

要求：进行直接人工成本差异的计算分析。

3．大运公司生产 5 000 件甲产品，预算生产量为 6 000 件，即 12 000 小时，单位产品标准工时为 2 小时，固定制造费用标准分配率为 2 元/小时，本期实际使用工时 8 500 小时，实际发生的固定制造费用 23 600 元（其中：管理人员工资为 10 200 元，固定资产折旧为 8 000 元，保险费为 2 560 元，其他费用为 2 840 元）。

要求：采用二因素和三因素分析法计算并分析固定制造费用的成本差异。

项目 9 作业成本计算

引导案例

某农机厂是典型的国有企业，以销定产、多品种小批量生产模式。传统成本法下制造费用超过人工费用的 200%，成本控制不力。为此，企业决定实施作业成本法。根据企业的工艺流程，确定了 32 个作业，以及各作业的作业动因，作业动因主要是人工工时，其他作业动因有运输距离、准备次数、零件种类数、订单数、机器小时、客户数等。通过计算，发现了传统成本法的成本扭曲：最大差异率达到 46.5%。根据作业成本法提供的信息，为加强成本控制，针对每个作业制定目标成本，使得目标成本可以细化到班组，增加了成本控制的有效性。

通过对成本信息的分析，发现生产协调、检测、修理和运输作业不增加顾客价值，这些作业的执行人员归属于一个分厂管理，但是人员分布在各个车间。通过作业分析，发现大量的人力资源冗余。根据分析，可以裁减一半的人员，并减少相关的资源支出。分析还显示，运输作业由各个车间分别提供，但是都存在能力剩余，将运输作业集中管理，可以减少三四台叉车。

此外，正确的成本信息对于销售的决策也有重要的影响，根据作业成本信息及市场行情，企业修订了部分产品的价格。修订后的产品价格更加真实地反映了产品的成本，具有更强的竞争力。

学习目标

通过本单元的学习，你应该能够；

- 了解作业成本法的产生背景及发展历程；
- 理解作业成本法的概念及原理；
- 掌握作业成本法的计算程序；
- 理解传统成本计算法与作业成本计算法的区别；
- 了解作业成本法在企业管理中的运用。

项目任务

任务一　作业成本法的产生与发展

任务二　作业成本法的基本理论

任务三　作业成本法的计算程序

任务四　作业成本管理在企业中的应用

任务一 作业成本法的产生与发展

（一）作业成本法的产生

作业成本法（Activity-Based Costing，ABC）是一种比传统成本核算方法更加精细和准确的成本核算方法，是西方国家于20世纪80年代末开始研究，90年代初在先进制造企业首先应用起来的一种全新的企业管理理论和方法，在发达国家的企业中日益得到广泛应用。

作业成本法起源于美国，是基于传统成本法的不足应运而生的。随着生产力的高速发展，传统的成本计算方法已不能适应社会的发展要求。特别是在20世纪70年代以后，西方许多制造企业的制造环境发生了重大变化，许多企业更加需要准确的产品成本信息，而传统的成本计算法要求将直接材料、直接人工和制造费用全都追溯到产品中去，直接成本由于归属对象明确，可以做到准确分配，而间接成本的产生动因却比较多，笼统以单位水平动因来分配，在制造费用较多的情况下，将严重扭曲产品成本。时代的变革导致经营环境的变化，经营环境的变化要求企业在激烈的竞争中努力改进和完善管理技术和方法，降低成本，提高生产效率和效益。随着企业对成本计算准确度的要求，作业成本法慢慢地走入企业成本管理者的视野中。

（二）作业成本法的发展

1. 作业成本法在国外的发展历程

作业成本法的产生最早可以追溯到20世纪30年代末至40年代初期。此阶段杰出的会计大师埃里克·科勒一直在思考，如何正确计算水力发电行业的成本。1952年他在其编著的《会计师词典》中系统地阐述了他的作业会计思想。

1971年乔治·斯托布斯出版了《作业成本计算和投入产出会计》一书，作为研究成本会计的杰出理论家，他坚持：会计是一个信息系统，作业成本会计是一种与决策有用性目标相联系的会计。研究作业成本会计应首先明确三个概念，“作业”“成本”“会计目标-决策有用性”。会计要揭示收益的本质，首先就必须解释报告的目标，这个目标表示托管责任或受托责任，主要是为投资者的决策提供信息，作业成本计算中的“成本”不是一种存量，而是一种流出量。会计若要较好地解决成本分配问题，成本计算的对象就应是作业，而不是完工产品，成本不应硬性分为直接材料、直接人工、间接费用，而是应该根据资源投入量，计算利用每种资源的完全成本。

20世纪80年代，美国哈佛大学库伯和卡普兰两位教授撰写了一系列案例、论文和著作，引起西方会计界的普遍重视。库伯相继发表了一系列关于作业成本法的论文，这些论文基本上对作业成本法的现实需要、运行程序、成本动因的选择、成本库的建立等方面做了较全的分析。库伯还和卡普兰在《哈佛商业评论》上合作发表了《计算成本的正确性：制定正确的决策》一文。这标志着作业成本法开始从理论走向应用。

20世纪末，以美、英等国家为代表的西方会计界开始对ABC的理论和实践产生了广泛的研究兴趣，许多会计学者发表和出版了大量研究探讨作业成本法的论文和专著，作业成本法已成为人们广泛接受的一个概念和术语，ABC的理论也日趋完善，并已在西方国家的一些企业中得到了推广应用，更促进了作业成本法的发展。

2. 作业成本法在我国的发展

作业成本法的产生与发展适应了高新技术制造环境下正确计算产品成本的要求，它为改革间接费用的分配等问题提供了新的思路和方法。随着我国企业的国际化经营，拓宽了企业价值链的空间范围，也要求现代成本管理扩展空间范围，为企业价值链优化提供有用信息，作业成本法正适应了这种世界经济发展的需要。另外，作业成本将成本分为增值作业和非增值作业，有利于我们树立顾客第一的经营思想。适时生产方式需要作业成本计算系统为其提供有效的相对准确的成本信息。多年来，我国成本会计学家始终在探索我国成本管理的模式，并取得了丰富的研究成果，有着深厚的理论积累。另外，通过近20年的教育和培养，我国会计人员的素质也在不断地提高，加之多年来先进管理思想的导入，企业会计人员能很快理解并运用作业成本法，为作业成本管理的推广打下了基础。随着科学技术的飞速发展，我国企业的生产组织和生产技术条件正在发生着深刻变化，这就为企业采用适时制生产方式和弹性制造系统，实施全面质量管理提供了物质条件，从而也为作业成本的推行提供了现实基础。

任务二 作业成本法的基本理论

（一）作业成本法的概念

作业成本法（Activity-Based Costing，ABC 法），是一种通过对所有作业活动进行追踪动态反映，计量作业和成本对象的成本，评价作业业绩和资源的利用情况的成本计算和管理方法。它以作业为中心，根据作业对资源耗费的情况将资源的成本分配到作业中，然后根据产品和服务所耗用的作业量，最终将成本分配到产品与服务中的一种成本核算方法。

（二）与作业成本法有关的概念

任何一个理论体系，都需要一套概念体系作为支撑以便完整而准确地解释、探索规律，从而指导实践，作业成本法也不例外，与其相关的概念有如下几种。

① 作业。作业指企业为了达到其生产经营的目标所进行的与产品相关或对产品有影响的各项具体活动。

② 作业链。作业链是由相互联系的一系列作业活动组成的链条。现代企业实际上是一个为了最终满足顾客需要而设计的一系列作业活动实体的组合，所以企业就是作业链。

③ 价值链。从生产经营环节上看就是作业链，是从货币和价值的角度反映的作业链。卡普兰教授等学者认为，立足于经营的最后一个环节（即产品销售到顾客的环节）来看，能够产生和增加顾客价值的作业是需要大力加强的有效作业，不增加价值的作业是维持作业或无效作业，需要严格控制。但是，无效作业不等于无用作业。例如，修复残次品，管理活动，都增加不了价值，是无效作业，但却是维持企业正常运营的有用作业。

价值链需要不断地优化组合，如努力减少各环节的无效作业，使之接近于零；在各环节有效作业中，提高其产出比例等。价值链的优化组合需要对其做科学的分析。分析价值链应该体现市场营销意识，尤其在买方市场中，要从顾客着手，分析顾客支付的价格与其受益的比例，产品与竞争对手的比较，逐步延伸到厂商的内部价值链组合情况；控制价值链应该从产品设计环节开始，尽力改善价值链的组合，提高其投入产出比例。

（三）与作业成本习性有关的概念

1. 短期变动成本

短期变动成本主要是指短期内发生的变动成本，与产出量成正比例变动。

2. 长期变动成本

长期变动成本主要是指短期内一直不发生变动，在长期中虽不随产量变动，但是与作业量成正比例变动的成本。例如，工厂中的产品质量检验费，不应该按产量分配给产品，而应该按照产品接受的检验劳务量（作业量）来分配，这就可以看作一种长期变动成本。作业量与长期变动成本二者的变动不一定是同步的，即作业量减少时，当期长期变动成本未必减少。例如，当月企业质量检验次数减少了，但是检验人员的固定工资可能并没有马上减少。

3. 固定成本

固定成本主要是指既不随产量变动，也不随作业量变动的成本，比如西方国家企业中历史成本计价的“土地所有权”。作业成本法下的长期变动成本和固定成本，在传统制造成本法下都叫“固定成本”。

（四）与成本动因有关的概念

1. 成本动因

成本动因是对导致成本发生及增加的，具有相同性质的某一类重要的事项进行的度量，是对作业的量化表现。成本动因通常选择作业活动耗用的资源的计量标准来进行度量，如质量检查次数、用电度数等。选择合理的成本动因很重要，最好由成本会计师、生产工艺工程师、作业成本法专家共同组成专门小组来做选择，要把企业看作价值链的组合，照顾到动因选择的全面性、代表性、操作性和动因与其他部门的密切关联性。

2. 成本库

成本库即作业中心，由相同性质的成本归为一类而构成，如维修车间、检验车间各自对应一个成本库。选择成本库（作业中心）的类别时，也应该照顾其与整个价值链、其他部门联系的密切性。成本库的主要类别有以下几种。

① 单位水平作业中心，即生产每一单位产品所发生的作业量不变，作业总量随产量变动，如原材料耗用中心。

② 批量水平作业中心，即生产每一批产品所发生的作业量不变，作业总量随生产批量成正比例变动，如生产调度、计提准备、质量检验中心。

③ 产品水平作业中心，即为支付生产每类产品或劳务所发生的作业总量随着产品的项目成正比例变动，如产品测试中心。

④ 维持水平作业中心，为了维持生产环境所发生的作业，如冬天取暖、夏天降温、车间照明等中心。

3. 分配率

某一成本库耗用的总成本与该成本库对应的总作业量的比率，叫作作业成本分配率。其公式为

$$\text{某项作业成本分配率}=\frac{\text{某项作业成本总额}}{\text{某项作业成本动因的作业量}}$$

某产品应承担的某项作业成本分配额=该产品消耗的某项作业成本动因的作业量×该项作

业成本分配率

从作业成本法的相关概念体系框架中，我们可以看出：生产导致作业发生，产品耗用作业，作业耗用资源，从而导致成本发生。这与传统的制造成本法中产品耗用成本的理念是不同的。

（五）作业成本法的基本原理

作业成本法的基本原理是："作业消耗资源，产品耗用作业。"作业成本计算是一个以作业为基础的管理信息系统。它以作业为中心，而作业的划分是从产品设计开始，到物料供应，从生产工艺流程（各车间）的各个环节、质量检验、总装，到发运销售的全过程。通过对作业及作业成本的确认、计量，最终计算出相对真实的产品成本。同时，通过对所有与产品相关联作业活动的追踪分析，为尽可能消除"不增值作业"，改进"增值作业"，优化"作业链"和"价值链"增加"顾客价值"，提供有用信息，促使损失、浪费减少到最低限度，提高决策、计划、控制的科学性和有效性，最终达到提高企业的市场竞争能力和营利能力，增加企业价值的目的。

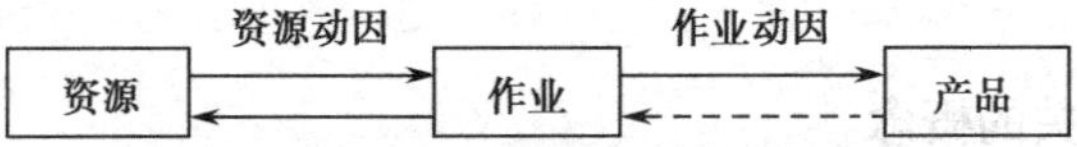

图 9-1　作业成本法基本原理图

任务三　作业成本法的计算程序

一般认为，作业成本法是一个以作业为基础的管理信息系统。在作业成本法下，成本计算程序分为两大阶段六个步骤。第一阶段是将制造费用分配到同质的作业成本库（同一成本），并计算每一个成本库的分配率；第二阶段是利用作业成本库分配率，把制造费用分摊给产品，计算产品成本。其实际操作步骤如下。

① 定义、识别和选择主要作业。

② 归集资源费用到相关成本库。

这些资源通常可以从企业的总分类账中得到，但总分类账并无执行各项作业所消耗资源的成本。

③ 选择成本动因，计算成本库分配率。

从中选择一个成本动因作为计算成本分配率的基准。成本计量要考虑成本动因材料是否易于获得；成本动因和消耗资源之间相关程度越高，现有的成本被歪曲的可能性就会越小。

④ 计算成本库分配率。

$$某作业成本（库）分配率=\frac{分摊成本}{被某产品耗用成本动因数量}$$

⑤ 把作业库中的费用分配到产品中。

$$某产品某成本动因成本=某成本库分配率\times 成本动因数量$$

⑥ 计算产品成本。

作业成本计算的最终目标要计算出产品的成本。直接成本可单独作为一个作业成本库处理。将产品分摊的制造费用，加上产品直接成本，为产品成本。作业成本法基本计算程序图如图 9-2 所示。

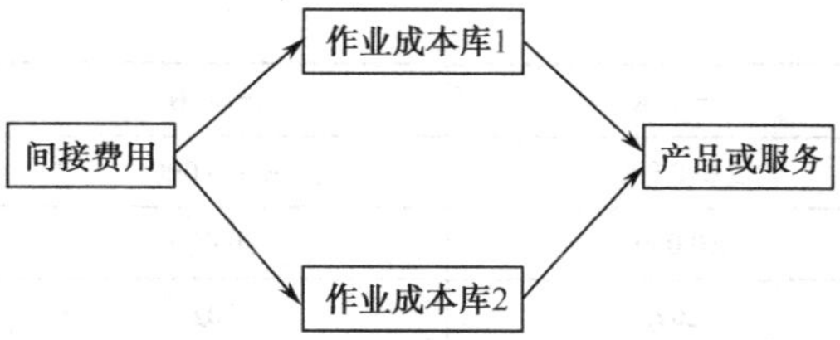

图 9-2 作业成本法基本计算程序图

【任务案例 9-1】 TT 公司是一家生产电子产品的公司，于 2016 年成立。该公司分别生产产品 A、产品 B、产品 C 三种电子产品。产品 A 是三种产品中工艺最简单的一种，公司每年销售 10 000 件；产品 B 工艺相对复杂一些，公司每年销售 20 000 件，在三种产品中销量最大；产品 C 工艺最复杂，公司每年销售 4 000 件。公司设有一个生产车间，主要工序包括零部件排序准备、自动插件、手工插件、压焊、技术冲洗及烘干、质量检测和包装。原材料和零部件均外购。TT 公司一直采用传统成本计算法计算产品成本。

1. 运用传统成本法计算

（1）公司有关的成本资料见表 9-1。

表 9-1 成本资料

项　目	产品 A	产品 B	产品 C	合　计
产量（件）	10 000	20 000	4 000	
直接材料（元）	500 000	1 800 000	80 000	2 380 000
直接人工（元）	580 000	1 600 000	160 000	2 340 000
制造费用（元）				3 894 000
年直接人工工时（小时）	30 000	80 000	8 000	118 000

（2）在传统成本计算法下，TT 公司以直接人工工时为基础分配制造费用，见表 9-2。

其分配率=$\frac{3\,894\,000}{118\,000}$=33（元/小时）

表 9-2 资料一

项　目	产品 A	产品 B	产品 C	合　计
年直接人工工时（小时）	30 000	80 000	8 000	118 000
制造费用（元）	990 000	2 640 000	264 000	3 894 000

（3）采用传统成本法计算的产品成本资料见表 9-3。

表 9-3 资料二　　单位：元

项　目	产品 A	产品 B	产品 C
直接材料	500 000	1 800 000	80 000
直接人工	580 000	1 600 000	160 000
制造费用	990 000	2 640 000	264 000

续表

项　目	产品A	产品B	产品C
合　计	2 070 000	6 040 000	504 000
产量（件）	10 000	20 000	4 000
单位产品成本	207	302	126

2. 公司的定价策略及产品销售方面的困境

（1）公司的定价策略。公司采用成本加成定价法作为定价策略，按照产品成本的125%设定目标售价，见表9-4。

表9-4　资料三

单位：元

项　目	产品A	产品B	产品C
产品成本	207.00	302.00	126.00
目标售价（产品成本×125%）	258.75	377.50	157.50
实际售价	258.75	328.00	250.00

（2）产品销售方面的困境。从近几年的销售情况来看，产品A按照目标售价正常出售。产品B由于受外国公司竞争的压力，迫使公司将其实际售价降低到328元，低于目标售价377.5元。产品C由于在市场上的需求较大，且其他公司在产品C的市场上无力与公司竞争，因此公司将其售价从157.50元提高到250元时，公司收到的订单依然很多。综合上述情况，产品A的销售及盈利状况正常，产品C是一种高盈利低产量的优势产品，而产品B是公司的主要产品，年销售量最高，但现在却面临困境，因此产品B成为公司管理人员关注的焦点。在分析过程中，管理人员对传统成本计算法提供的成本资料的正确性产生了怀疑，他们决定使用作业成本计算法重新计算产品成本。

3. 运用作业成本法计算

（1）分析公司主要成本资料，确定作业和作业中心。管理人员经过分析，认定了公司发生的主要作业并将其划分为几个同质作业成本库，然后将间接费用归集到各作业成本库中。归集的结果见表9-5。

表9-5　资料四

制造费用	金额（元）
装配	1 212 600
材料采购	200 000
物料处理	600 000
启动准备	3 000
质量控制	421 000
产品包装	250 000
工程处理	700 000
管　理	507 400
合　计	3 894 000

（2）根据材料，管理人员认定各作业成本库的成本动因并计算单位作业成本，见表9-6。

表9-6　资料五

制造费用	成本动因	作业量			
		产品A	产品B	产品C	合计
装配	机器小时（小时）	10 000	25 000	8 000	43 000
材料采购	订单数量（张）	1 200	4 800	14 000	20 000
物料处理	材料移动（次数）	700	3 000	6 300	10 000
启动准备	准备次数（次数）	1 000	4 000	10 000	15 000
质量控制	检验小时（小时）	4 000	8 000	8 000	20 000
产品包装	包装次数（次）	400	3 000	6 600	10 000
工程处理	工程处理时间（小时）	10 000	18 000	12 000	40 000
管理	直接人工（小时）	30 000	80 000	8 000	118 000

（3）计算单位作业成本分配率见表9-7。

表9-7　资料六

制造费用	成本动因	年制造费用	年作业量	单位作业成本
装配	机器小时（小时）	1 212 600	43 000	28.2
材料采购	订单数量（张）	200 000	20 000	10
物料处理	材料移动（次数）	600 000	10 000	60
启动准备	准备次数（次数）	3 000	15 000	0.2
质量控制	检验小时（小时）	421 000	20 000	21.05
产品包装	包装次数（次）	250 000	10 000	25
工程处理	工程处理时间（小时）	700 000	40 000	17.5
管理	直接人工（小时）	507 400	118 000	4.3

（4）将作业成本库的制造费用按单位作业成本分配到各产品中，见表9-8。

表9-8　资料七

项　目	单位作业成本	A产品		B产品		C产品	
		作业量	作业成本（元）	作业量	作业成本（元）	作业量	作业成本（元）
装配	28.2	10 000	282 000	25 000	705 000	8000	225 600
材料采购	10	1 200	12 000	4 800	48 000	14 000	140 000
物料处理	60	700	42 000	3 000	180 000	6 300	378 000
启动准备	0.2	1 000	200	4 000	800	10 000	2 000
质量控制	21.05	4 000	84 200	8 000	168 400	8 000	168 400
产品包装	25	400	10 000	3 000	75 000	6 600	165 000
工程处理	17.5	10 000	175 000	18 000	315 000	12 000	210 000
管理	4.3	30 000	129 000	80 000	344 000	8 000	34 400
合　计	—	—	734 400	—	1 836 200	—	1 323 400

（5）经过重新计算，管理人员得到的产品成本资料见表 9-9。

表 9-9 管理人员得到的产品成本资料 单位：元

项　目	产品 A	产品 B	产品 C
直接材料	500 000	1 800 000	80 000
直接人工	580 000	1 600 000	160 000
装　配	282 000	705 000	225 600
材料采购	12 000	48 000	140 000
物料处理	42 000	180 000	378 000
启动准备	200	800	2 000
质量控制	84 200	168 400	168 400
产品包装	10 000	75 000	165 000
工程处理	175 000	315 000	210 000
管　理	129 000	344 000	34 400
合　计	1 814 400	5 236 200	1 563 400
产　量	10 000	20 000	4 000
单位产品成本	181.44	261.81	390.85

4. 问题的解决

通过计算，我们发现产品 A 和产品 B 在作业成本法下的产品成本都远远低于传统成本计算法下的产品成本。这为公司目前在 B 产品销售方面遇到的困境提供了很好的解释。如表 9-10 所示，根据作业成本法计算的产品成本，产品 B 的目标售价应是 327.26 元，公司原定 377.50 元的目标售价显然是不合理的。公司现有的 328 元的实际售价与目标售价基本吻合。产品 A 的实际售价 258.75 元高于重新确定的目标售价 226.80 元，是一种高盈利的产品。产品 C 在传统成本法下的产品成本显然被低估了，公司制定的目标售价过低，导致实际售价 250 元低于作业成本计算得到的产品成本 390.85 元。如果售价不能提高或产品成本不能降低，公司应考虑放弃生产产品 C。

表 9-10 两种成本计算方法结果的比较 单位：元

项　目	产品 A		产品 B		产品 C	
	传统成本法	作业成本法	传统成本法	作业成本法	传统成本法	作业成本法
产品成本	207.00	181.44	302.00	261.81	126.00	390.85
目标售价	258.75	226.80	377.50	327.26	157.50	488.56
实际售价	258.75		328.00		250.00	

其中，目标售价=作业成本计算法下产品成本×125%。

由此，我们可以得出，TT 公司的管理人员利用作业成本计算法取得较传统成本计算法更为准确的产品信息，对公司的定价策略进行了及时调整，并进一步利用作业成本计算法提供的相对准确的信息对公司的其他决策进行了分析调整。

传统成本法与作业成本法相比较主要有以下几方面差异。

（1）计算间接费用的差异

在传统成本法下，间接费用指制造成本，就经济内容来看，只包括与生产产品直接、间接有关的费用，而用于管理和组织全厂生产、销售产品和筹集生产资金的支出作为期间费用。在作业成本法下，产品成本则是完全成本，所有费用只要合理有效，都是对最终企业价值有益的支出，都应计入生产成本。它强调的是费用支出的合理有效，而不论其是否与生产直接、间接有关。在这种情况下，期间费用归集的是所有不合理的、无效的支出。

（2）信息准确性的差异

传统成本法计算成本的主要目的是把辅助部门归集的制造费用以一种平均线性的方式分配到各产品中，没有考虑实际生产中产品消耗与费用的配比问题。作业成本法计算出的产品成本信息可视为一种相对准确的信息。作业成本法分配间接费用时着眼于费用、成本的来源，将间接费用的分配与产生这些费用的原因联系起来。在分配间接费用时，选择多样化的分配标准（成本动因），使成本的可归属性大大提高，并将按人为标准分配间接费用的比重降到最低限度，提高了成本信息的准确性。如果把产品的成本视为靶心，作业成本法虽然不能每次都击中这个靶心，但是却能始终如一地击中靶的外环和中环。

（3）生产管理和质量管理方式的差异

传统成本法下的管理生产系统是一种由前向后推的生产系统。即生产从原材料开始进入第一生产工序，第一工序完工后的半成品转入到第二生产工序，以此类推，按部就班，直至最终形成完工产品，从而传统的成本质量管理一般都将工作重点放在半成品和完工产品的质量检测上，一旦出现问题，及时修补或剔除。

而作业成本法下的生产管理系统一般为适时生产系统，它与传统生产不同，是由后向前拉的一种逆推似的生产系统，企业的生产程序环环相扣，衔接非常紧密，提高了工作效率和收益，也使得企业减少了存货带来的费用。

（4）分配基准特性的差异

传统成本法主要采用单一的人工工时等财务变量为分配基准，而忽略了一套良好的非财务变量，因而丧失了一些改善公司管理的有利机会。作业成本法的分配基础是多元的，不但强调如人工工时、机械工时、生产批量、产品的零部件数量等财务变量，也强调如工艺变更指令、调整准备次数、运输距离等非财务变量。采用多元分配基准，提高了产品与其实际消耗费用的相关性，使管理深入到作业层次，以消除“不增值作业”，改进“增值作业”，增加“顾客价值”。

（5）适用条件的差异

传统成本法适用于产品结构单一、制造费用的数额相对较小，且其发生与直接人工成本有事实上关联的劳动密集型企业。作业成本法一般适用于间接费用所占比重较大、产品品种繁多、产品生产工艺复杂多变、生产经营活动十分复杂、较好地实施了适时生产系统和全面质量管理体系、管理当局对传统成本计算系统提供信息的准确度不满意等的技术、资金密集型企业。

作业成本法从根本上克服了传统成本法的缺陷。作业成本计算与传统成本计算相比较，分配基础（成本动因）不仅发生了量变，而且发生了质变，它不再仅限于传统成本计算所采用的单一数量分配基准，而是采用多元分配基准；它不仅局限于多元分配基准，而且融财务变量与非财务变量于一体，并且特别强调非财务变量（产品的零部件数量、调整准备次数、运输距离、质量检测时间等）。这种量变和质变、财务变量与非财务变量相结合的分配基础，由于提高了其与产品实际消耗费用的相关性，使作业成本能提供“相对准确”的产品成本信息。

任务四　作业成本管理在企业中的应用

作业成本管理（Activity-Based Costing Management，ABCM）是以提高客户价值、增加企业利润为目的，基于作业成本法的新型集中化管理方法。它通过对作业及作业成本的确认、计量，最终计算产品成本，同时将成本计算深入到作业层次，对企业所有作业活动追踪并动态反映，进行成本链分析，包括动因分析、作业分析等，为企业决策提供准确信息；指导企业有效地执行必要的作业，消除和精简不能创造价值的作业，从而达到降低成本，提高效率的目的。许多国际性的大型制造企业和 IT 企业如惠普公司都已实施了作业成本管理，中国的一些领先制造企业如许继电气集团等也在尝试开展作业成本管理，其作业精简和效能提高的作用十分明显。

（一）作业成本管理的核算要素

为开展作业成本管理，构筑作业成本核算模型，需要对作业成本进行计算。作业成本管理涉及的四大核算要素：资源、作业、成本对象、成本动因。其中，资源、作业和成本对象是成本的承担者，是可分配对象，在企业中，资源、作业和成本对象往往具有比较复杂的关系；成本动因则是导致生产中成本发生变化的因素，只要能导致成本发生变化，就是成本动因。

1. 资源

资源作为一个概念，其外延非常广泛，涵盖了企业所有价值载体，包括物料、能源、设备、资金和人工等。但在作业成本管理中的资源，实质上是指为了产出作业或产品而进行的费用支出，换言之，资源就是指各项费用总体。作为分配对象的资源就是消耗的费用，或可以理解为每一笔费用。资源如果直接面向作业和成本对象分配，就是传统成本法的直接材料。

2. 作业

作业是指在一个组织内为了某一目的而进行的耗费资源的工作。作业是作业成本管理的核心要素。根据企业业务的层次和范围，可将作业分为以下四类：单位作业、批别作业、产品作业和支持作业。

① 单位作业。使单位产品或服务受益的作业，它对资源的消耗量往往与产品的产量或销量成正比。常见的作业如加工零件、每件产品进行的检验等。

② 批别作业。使一批产品受益的作业，作业的成本与产品的批次数量成正比。常见的如设备调试、生产准备等。

③ 产品作业。使某种产品的每个单位都受益的作业。例如，零件数控代码编制、产品工艺设计作业等。

④ 支持作业。为维持企业正常生产，而使所有产品都受益的作业，作业的成本与产品数量无相关关系。例如，厂房维修、管理作业等。

通常认为前三个类别以外的所有作业均是支持作业。

3. 成本对象

成本对象是企业需要计量成本的对象。根据企业的需要，可以把每一个生产批别作为成本对象，也可以把一个品种作为成本对象。在顾客组合管理等新的管理工具中，需要计算出每个顾客的利润，以此确定目标顾客群体，这里的每个顾客就是成本对象。

成本对象可以分为市场类成本对象和生产类成本对象。市场类成本对象的确定主要是按照不同的市场渠道不同的顾客确定的成本对象，它主要衡量不同渠道和顾客带来的实际收益，核算结果主要用于市场决策，并支持企业的产品决策。生产类成本对象是企业内部的成本对象，包括各种产品和半成品，用于计量企业内部的生产成果。

4. 成本动因

成本动因，指的是解释发生成本的作业特性的计量指标，反映作业所耗用的成本或其他作业所耗用的作业量。成本动因可分为三类：交易性成本动因、延续性成本动因和精确性成本动因。

① 交易性成本动因。反映计量作业发生的频率，例如，设备调整次数、订单数目等。当所有的产出物对作业的要求基本一致时，可选择交易性成本动因，以家电制造企业为例，安排一次某型号冰箱生产或处理同一型号产品订货，所需要的时间和精力与生产了多少产品或订货的数量无关。

② 延续性成本动因。它反映完成某一作业所需要的时间。如果不同数量的产品所要求的作业消耗的资源显著不同，则应采用更为准确的计量标准。例如，工艺流程简单的产品每次所进行的设备调整时间较短，而工艺流程复杂的产品所需要的设备调整时间较长，如果以设备调整次数为成本动因的话，则可能导致作业成本计算的不实，此时以设备调整所需要的时间为成本动因更为合适。

③ 精确性成本动因。即直接计算每次执行每项作业所消耗资源的成本。在每单位时间里进行设备调整消耗的人力、技术、资源等存在显著差异的情况下，则可能需要采用精确性成本动因，直接计算作业所消耗资源的成本。

（二）实施作业成本管理的步骤

企业在开展作业成本管理的过程中，必须结合自身实际情况分步骤实施。但在不同企业的应用中也有相当多的共性因素所在，我们将之归纳为作业成本管理的八大实施步骤。在实施生产作业成本管理的过程中，注重在这八个步骤的基础上创新和灵活应用，是实现 ABCM 成功的关键。

1. 作业调研：具体是要了解企业的运作过程，收集作业信息目标

了解企业的经营和作业过程，理清企业的成本流动次序和导致成本发生的因素，了解各个部门对成本的责任，便于设计作业及责任控制体系。

2. 作业认定：掌握作业流程并分解归并

作业往往分散在企业的组织结构中，因企业的规模、工艺和组织形式的不同而不同，认定作业可采用以下三种方法：一是绘制企业的生产流程图，将企业的各种经营过程以网络的形式表现出来，每一个流程都分解出若干项作业，最后将相关或同类作业归并起来；二是从企业现有的职能部门出发，通过调查分析，确定各个部门的作业，再加以汇总；三是召集全体员工开会，由员工或工作组描述其所完成的工作，再进行汇总。最后一种办法有助于提高全体员工的参与意识，加速作业成本管理的实施，而前两种办法可以较快取得资料，准确性高，不会对员工造成干扰。

3. 成本归集：汇集和分析相关成本和成本动因

各类资源成本在发生时，已由传统会计进行了记录，反映在应付工资、应付账款、存货等日记账中，在本步骤要找出与各项作业相关的资源成本，可以通过现有的计量指标直接进行分配，例如，将材料成本归集到消耗材料的加工作业中，也可以通过分析某一职能部门或某一员工的工作时间在不同作业上的分配来估计该职能部门的成本或该员工的工资如何分配到不同

的作业上。而后，根据作业的类型和资源成本的性质来确定成本动因。

4. 建立成本库：按照同质的成本动因将相关的成本入库

一旦选定作业成本动因后，就可按照同质的成本动因将相关的成本归集起来。每个成本库可以归集直接人工、直接材料、机器设备折旧、管理费用等。如设备调整人员的工资、福利，调整所用的物料、工具的损耗等。有几个成本动因，就建立几个成本库。建立不同的成本库按多个分配标准分配制造费用是作业成本计算优于传统成本计算的表现。

5. 设计模型：建立作业成本核算模型

在对企业的运作进行充分了解与分析的基础上，设计企业的作业成本核算模型，主要确定以下内容：企业资源、作业和成本对象的确定，包括它们的分类，与各个组织层次的关系，各个计算对象的责任主体，资源作业分配的成本动因，资源到作业的分配关系，以及作业到产品的分配关系的建立。

6. 应用软件：选择或开发作业成本实施工具系统

作业成本管理中需要的比传统会计更丰富的信息，是建立在大量的计算基础上的。因此作业成本的实施离不开应用软件工具的支持，软件工具有助于完成复杂的核算任务，有助于对信息进行分析。作业成本软件系统提供了作业成本核算体系构造工具，可以帮助建立和管理作业成本核算体系，并完成作业成本核算。

7. 运行分析：作业成本运行和结果分析

在建立作业成本核算体系的基础上，输入具体的数据，运行作业成本法。对作业成本的计算结果进行分析与解释，如成本偏高的原因，成本构成的变化等。

8. 持续改进：开展相关改进工作以实现增值作业

对作业成本实施过程中发现的问题采取相应措施，实现持续的效果改进，如考核组织和员工，重塑企业生产经营流程，消除不增值作业，提高增值作业运行效率，等等。

（三）作业成本管理实施的现实意义

作业成本管理以作业为成本管理的起点与核心，与传统的以商品或劳务为中心的成本管理相比，是一次深层次的变革和质的飞跃。

1. 适应新经济技术环境的客观要求

随着全球经济一体化和资本国际化进程的加快，科学技术朝着信息化方向迅猛发展，市场需求的多样化、个性化，现代企业商品生产过程的自动化、信息化及制造系统的复杂化是当前不可逆转的大趋势。在这种新的经济技术环境下，若继续采用在商品成本中所占比重越来越小的直接人工去分配所占比重越来越大的制造费用，必将导致商品成本信息的严重失真，进而误导企业的战略决策。

而作业成本管理与传统成本管理的显著区别，在于将企业作为满足顾客需要而设计的一系列作业的集合体，企业商品凝聚了在各个作业上形成而最终转移给顾客的价值，作业链同时表现为价值链。从而将成本管理的着眼点与重点从传统的“商品”转移到了“作业”，以作业为成本分配对象，这样不仅能够科学合理地分配各种制造费用，提供较为客观的成本信息，而且能够通过作业分析，追根溯源，不断改进作业方式，合理地进行资源配置，实现持续降低成本的目标。因此，ABCM能够很好地适应高新经济技术环境对成本管理的客观要求。

2. 有利于加强成本控制

自20世纪80年代以来，现代企业间的市场竞争进入白热化阶段。与此相适应，企业商品通常采用多品种、个性化、小批量的生产经营模式，以适应顾客日新月异的多样化需求。这使得传统的以“商品”为管理的核心与起点，以标准成本与实际成本的差异分析及控制为重点的成本管理，日益难以适应这种新的、动态的、不稳定的生产经营环境。

而作业成本管理则以作业成本为对象，以每一作业的完成及其所耗资源为重点，以成本动因为基础，及时、有效地提供成本控制所需的相关信息。从而可极大地增强管理人员的成本意识，并以作业中心为基础设置成本控制责任中心，将作业员工的奖惩与其作业责任成本控制直接挂钩，充分发挥企业员工的积极性、创造性与合作精神，进而达到有效控制成本的目的。

3. 有利于提高商品的市场竞争能力

随着社会生产的发展和世界经济的一体化，现代企业间的市场竞争也逐渐趋于激烈化和国际化。而我国传统的成本管理模式只注重商品投产后与生产过程相关的成本管理，忽视了投产前商品开发与设计的成本管理，这已越来越难适应当代社会经济发展的需要，极大地阻碍了企业商品市场竞争能力的提高。

作业成本法则能很好地适应现代企业在激烈的市场竞争中的发展需要，从一开始就特别重视商品设计、研究开发和质量成本管理，力求按照技术与经济相统一的原则，科学合理地配置相对有限的企业资源，不断改进商品设计、工艺设计及企业价值链的构成，从而提高企业商品的市场竞争能力。

（四）将作业成本法应用到企业的成功案例

案例　电子电器行业典型案例：许继电气——成本创新塑造顶级企业

一、许继电气简介

许继电气股份有限公司（以下简称许继电气）系国家电力系统自动化及继电保护控制行业大型骨干和主导企业，是国家520家重点企业之一和国家重大技术装备国产化基地之一。许继电气是中国电力装备行业中品种最全、规格最多、配套能力最强、产业链最完整的专业生产企业，产品包括以变压器为代表的一次设备，电厂保护及自动化、电网调度、变电站自动化、配电网自动化等二次设备，国内综合市场占有率在30%以上。目前，许继集团拥有2家上市公司、2家金融机构、8家中外（港）合资公司等21个子（分）公司，成为以电力装备制造为主的国有控股的大型企业集团。

二、许继电气引入作业成本法的动因

2001年许继电气高层决定引入ABC来改变现存的成本管理状况，以提升企业整体管理水平。促使许继电气引入ABC的主要因素有：激烈的竞争环境和传统核算方法的弊端。

1. 激烈的竞争环境

随着我国电力市场的大力发展，尤其是1998年以来，我国政府推出新中国成立以来最大的电网改造计划，即农村电网改造、城市电网改造、电气化铁路改造“三网”改造计划，我国的电力保护行业得到了蓬勃发展。许继电气作为我国电力保护行业的龙头老大，一直受到各级政府的大力支持，市场份额一度占据全国的35%。然而随着国内外同行业厂商技术的提升、营销手段的不断更新，加上许继电气属于传统的国有企业，需要承担很多的历史包袱，同时由于地处河南许昌，在吸引高技术人才方面受到很大的局限，企业的产品技术含量在国内尚不能处于领先地位，许继电气越来越感受到竞争压力的增大。

在高端产品市场，随着我国对外开放的不断扩大，ABB、西门子、GE等国外大型电气公司已加快抢占中国电力市场的步伐。而在国内，有南京南瑞和北京四方两大竞争对手。这两家公司虽然都没上市，但在产品市场销售和技术开发中，都拥有绝对的市场份额和核心技术竞争能力。许继电气为了保持自己在高端市场的地位，除了加大高技术人才的引进力度外，主要依靠为顾客提供长期免费的售后服务策略。但这种策略，使得许继电气的销售费用大量增加。

而在中低端产品市场，由于国家政策的开放，以及众多厂商看好电力保护市场，许多外资企业、民营企业纷纷加入该市场。尤其是那些技术含量不高的产品，出现了供大于求的竞争状况。

激烈的竞争环境，以及企业各种费用的居高不下，加上其他一些不利的内、外部因素，包括地理环境、员工素质等，导致企业在竞争中处于不利地位。许继电气近几年来的净利润率、资产报酬率急剧下降。这种局面迫使许继电气需要勤练内功，加强成本管理，大力降低企业各种不必要的费用，以对付来自竞争对手的挑战。

2. 传统核算方法的弊端

第一，传统的以数量为基础的成本核算系统提供的信息不准确，致使公司各级管理人员对成本科提供的产品成本信息抱有很大怀疑。各级管理人员都表示他们很少利用成本信息进行决策。许继电气招标人员对外报价时，由于没有值得信赖的成本信息作为定价依据，经常处于被动地位。一方面，如果定价过高，以求避免亏损，则会失去市场；另一方面，如果定价过低，以求获得市场，则难免会亏损。公司各级管理人员只能通过其他途径来收集信息进行决策。公司曾经遇到过这样一件事情：许继电气生产的某个产品，在传统成本核算体系下，产品成本为 626 元。而竞争对手东方电子同样的产品，卖价仅需要 500 多元。公司总经理命令成本科在一个月之内搞清楚该产品成本的过高是由于成本控制问题还是成本核算问题。调查结果表明，在该种产品成本构成中，直接人工、直接材料仅 418 元，而制造费用占了 208 元。分析得出其原因是由于该产品主要是手工制作，需要较多人工小时，在传统成本核算系统下，其分配了大量的制造费用。而实际情况是，该产品由于技术比较简单，除了人工消耗较多外，并不消耗企业太多的其他资源。这一事件以后，许继电气高层就迫切需要一套合理的成本核算系统以帮助其做出正确的决策。

第二，传统成本核算、控制系统往往仅关注企业生产性费用，而忽略了企业研发、销售等费用。随着企业研发、销售活动在企业中的地位越来越重要，企业研发、销售等费用随之急剧增加，使得很大部分费用游离于企业控制系统之外。许继电气近几年来管理费用、销售费用总额急剧增加，如何核算、控制这些费用成为企业高层领导急需解决的问题。

以上现象表明：尽快寻找一种全新的成本核算系统取代现有的以数量为基础的核算系统，并建立一套全面的成本控制体系，成为许继电气财务成本管理的当务之急。20 世纪 90 年代西方发达国家大力推广的作业成本法进入了许继电气高层领导的视野。2001 年，许继电气高层领导决心推行 ABC 成本核算系统，以此从根本上改变企业成本核算现状，并为企业各级管理层提供准确的成本信息。

三、结论

许继领导层通过作业成本核算体系的创新，划分各层次作业，设立作业中心，按照不同的资源动因将费用归集到作业中心，形成作业成本库。然后再按照作业动因将成本分配到成本计算对象上，从而可以准确地核算不同复杂程度、不同批量的产品成本。

2003 年，作业成本法开始率先在事业部的各个产品线全面推行。随后，许继电气制定了一套以作业成本法为基础的标准作业成本系统。在此之前，费用归集和费用分配是成本管理的两大难点，作业成本法的实施，不仅提高了费用数据的准确性，同时为成本控制提供了决策依据。

在核算准确的基础上，作业中心成本报表，提供合同的完全成本数据，包含合同的直接材料、直接人工费用，还包含按作业动因分配来的折旧、管理人员工资、研发费用、质量成本等有关此合同的全部资源耗费，为合同盈利分析、报价提供基础数据。从费用分配报表中，可以查看各项费用的来源、资源动因和作业动因等分配依据、费用去向等，真正明确了资源的来龙去脉。

2004 年，自动化生产线管理人员分作业中心来控制成本费用的发生，根据标准作业成本、作业预算来控制各种资源的耗费，尽管销售量增长一倍，制造费用却降低了一个百分点。

这些情况反映出：第一，作业成本提供了准确的成本信息，并利用单位标准作业成本，为开展工程预算提供了帮助；第二，作业成本系统优化了各个生产流程，消除了部分不增值作业，减少了不必要的库存空间，以作业成本数据为依据，自动化产品线进行了产品结构调整，将此前几乎不盈利的产品调整为生产销售盈利能力较高的产品；第三，通过系统，可以及时得到每个作业中心消耗的各项费用数据，从而能了解到各个作业中心是否存在浪费现象，使存货周转率大幅度提高，加快了资金周转；第四，项目的实施使企业缩短了生产周期，实现了提高效率、降低劳动成本的目的。作业成本实施后，自动测试节省了人力 10 人以上，产品号牌的 CAD 自动转化、打印也节省人员 2 人，效率提高 35%以上。

随着作业成本项目的推行，各条产品线的经理都可以得到每月产品的 ABC 信息。通过 ABC 准确计算合同的成本，产品线的经理可以将合同成本与预定的产值进行比较，确定产品的盈利能力，做出生产与否及产品结构调整的决策。

“现在，事业部所支出的各项费用我们都很清晰地知道它的去向”，许继电气成本科科长刘文欣说，“很多产品在外部市场也具备了竞争力，譬如结构公司，对外的销售额从 2 000 万元上升到突破亿元”。同时管理层也可以看到，自动化市场部、协调管理两个作业中心的成本有所降低，但生产调试、工程设计、现场调试及维护三个作业中心的单位实际作业成本均比单位标准作业成本高，也说明了这三个作业中心还有较大的成本可降低空间。

目前，许继电气保护及自动化事业部以作业实际成本为参考，结合工程预算体系，制定各作业中心在某产量下的标准成本，进而对费用进行管控。同时，作业成本核算数据作为绩效考核的基础，已深入应用到事业部整个价值链中。

项目总结

作业成本法（Activity-Based Costing，ABC），是一种通过对所有作业活动进行追踪动态反映，计量作业和成本对象的成本，评价作业业绩和资源利用情况的成本计算和管理方法。它以作业为中心，根据作业对资源耗费的情况将资源的成本分配到作业中，然后根据产品和服务所耗用的作业量，最终将成本分配到产品与服务中去的一种成本核算方法。通过与传统成本法的比较，作业成本法能够对生产流程做出更精细的分析，为企业的管理人员提供更为准确的成本信息。

项目综合训练

一、单项选择题

1．作业成本法的成本计算是以（　　）为中心。

A．产品　　B．作业　　C．费用　　D．资源

2．下列属于增值作业的是（　　）。

A．原材料储存作业　　B．原材料等待作业
C．包装作业　　D．质量检查作业

3．（　）是作业成本的核心内容。
A．作业　　B．产品　　C．资源　　D．成本动因

4．使用作业成本法计算技术含量较高、生产量较小的产品，其单位成本与使用传统成本法计算相比，要（　）。
A．高　　B．低　　C．两者一样　　D．两者不一样

5．传统成本计算法的计算对象为（　）。
A．资源　　B．作业中心　　C．费用　　D．最终产品

6．作业成本计算法计算间接费用分配率应考虑（　）。
A．生产工时　　B．作业目的　　C．总量标准　　D．成本动因

7．作业的主体是（　）。
A．产品　　B．人　　C．劳务　　D．物

8．作业管理的核心是（　）。
A．作业成本计算　　B．作业分析
C．作业重构　　D．作业考评

9．作业成本计算法最重要的优点在于（　）。
A．促进企业组织方式变革　　B．作业的计量和分配较为客观
C．促使管理人员加强成本控制　　D．简化了成本计算程序

10．作业成本计算法下间接成本与产量之间的关系为（　）。
A．订购量越大，采用作业成本法计算的单位成本越低
B．订购量越大，采用作业成本法计算的单位成本越高
C．订购量越小，采用作业成本法计算的单位成本越低
D．无论订购量多少，计算出的单位成本都是相同的

二、多项选择题

1．成本动因选择主要考虑因素有（　）。
A．成本计算　　B．成本动因与所耗资源成本的相关程度
C．成本率　　D．成本中心

2．与作业成本法相比，关于传统成本计算方法下列说法错误的是（　）。
A．传统成本法低估了产量大而技术复杂程度低的产品成本
B．传统成本法高估了产量大而技术复杂程度低的产品成本
C．传统成本法低估了产量小而技术复杂程度高的产品成本
D．传统成本法高估了产量小而技术复杂程度低的产品成本

3．关于作业成本法下列说法正确的是（　）。
A．作业成本法有利于提高成本信息质量，完全克服传统成本分配受主观因素的影响
B．作业成本法有利于分析成本升降的原因
C．作业成本法有利于完善成本责任管理
D．作业成本法有利于成本的预测和决策

4．作业成本计算法与传统成本计算法的主要区别体现在（　）。

A．成本计算基础不同　　B．成本计算对象不同
C．成本计算程序不同　　D．费用分配标准不同
E．提供的成本信息不同

5．采用作业成本计算法应具备的条件有（　　）。
A．制造费用比重相当大
B．产品种类很多
C．作业环节较多
D．生产运行数量相差很大并且生产准备成本昂贵
E．会计电算化程度较高

6．狭义的作业成本计算法一般步骤包括（　　）。
A．明确作业中心　　B．归集成本资源
C．选择成本动因　　D．分配间接费用
E．计算每种产品的作业成本

7．选择适当的成本动因通常应考虑的因素有（　　）。
A．产品的种类　　B．成本动因资料是否易得
C．与作业实际消耗的相关度　　D．成本动因引发的人的行为
E．执行者

8．下列作业的成本驱动因素即成本动因为采购数量的有（　　）。
A．购入材料　　B．移动材料　　C．领用材料　　D．设备管理
E．存货管理

9．下列关于作业成本法的说法，正确的是（　　）。
A．作业成本法强调使用不同层面和数量众多的资源动因将作业成本追溯到产品
B．作业成本法是将间接成本和辅助费用更准确地分配到作业、生产过程、产品、服务及顾客中的一种成本计算方法
C．作业成本法的基本思想是“产品消耗作业，作业消耗资源”
D．作业成本法强调使用直接追溯和动因追溯方式来分配成本

10．与传统的成本管理相比，作业成本管理的特点在于（　　）。
A．传统成本管理的对象主要是产品，作业成本管理的对象不是产品，而是作业
B．传统成本管理关注的重点是成本，而作业成本管理关注的重点是作业
C．传统的成本管理一般以部门（或生产线）作为责任中心，作业成本管理则是以作业及相关作业形成的价值链来划分职责
D．传统的成本管理以现实可能达到的水平作为控制标准，作业成本管理以最优或理想成本作为控制标准

三、判断题

1．（　　）作业成本计算法是通过分析成本发生的动因，对构成产品成本的各种主要间接费用采用不同的间接费用率进行成本分配的成本计算方法。

2．（　　）作业按主次关系分类可分为产品作业和支持作业。

3．（　　）作业是作业成本计算法的核心。

4．（　　）成本动因与作业之间是一对一的对应关系。

5.（　　）作业的目的不同于某一项具体工作目的，作业的划分是循着成本动因展开的，这为按照成本动因分配费用提供了基础。

6.（　　）作业成本计算仅仅是一种成本核算方法，并非是一种现代成本管理的方法。

7.（　　）作业成本计算法与传统成本计算方法两者虽然在整体框架上基本相同，制造费用也分为归集和分配两个过程，但其成本的归集点及分配的方法存在显著的差别。

8.（　　）传统成本计算法分配间接费用采用统一的总量标准进行分配，准确性较好；而作业成本计算法间接费用分配的基础是作业的数量，是成本动因。

9.（　　）传统成本计算法，所有生产成本都将分配到产品中去，而作业成本计算法首先要确定费用单位从事了什么作业，计算出各种作业成本，然后以某种产品对作业的需求为基础，将成本分配到产品中。

10.（　　）作业成本计算法适用于生产经营的作业环节不多，各种产品需要技术服务的程度相差不大的情况。

四、综合分析题

（一）TT 企业生产 A、B 两种产品，有关年产销量、批次、成本、工时等资料见表 9-11。

表 9-11　产销量及直接成本等资料表

项　目	A 产品	B 产品
产销量（件）	200 000	40 000
生产次数（次）	4	10
订购次数（次）	4	10
每次订购量（件）	25 000	2 000
直接材料成本（元）	24 000 000	2 000 000
直接人工成本（元）	3 000 000	600 000
机器制造工时（小时）	400 000	160 000

该企业当年制造费用项目与金额见表 9-12。

表 9-12　制造费用明细表　　单位：元

项　目	金　额
材料验收成本	300 000
产品检验成本	470 000
燃料与水电成本	402 000
开工成本	220 000
职工福利支出	190 000
设备折旧	300 000
厂房折旧	230 000
材料储存成本	140 000
经营者薪金	100 000
合　计	2 352 000

要求：

（1）运用传统成本计算法计算分析A产品和B产品的单位成本和总成本。

（2）运用作业成本计算法计算分析A产品和B产品的单位成本和总成本。

（3）分析两种方法计算的差异及原因。

（二）TT企业某期间生产A产品和B产品。A产品和B产品的生产加工工艺不同，A产品工艺比B产品复杂。A产品每月生产100件，B产品每月生产150件。该期间的相关资料见表9-13、9-14、9-15。

表9-13 A产品和B产品的直接材料和直接人工资料 单位：元

项 目	产品名称	
	A产品	B产品
产品产量（件）	100	150
直接材料	10 000	12 000
直接人工	2 000	3 000

表9-14 A产品和B产品的间接费用

材料领出	包装	质量检验	设备维护	装卸搬运	合 计
15 000	8 000	10 000	12 000	5 000	50 000

表9-15 作业类别和相关作业量

作业类别	成本动因	作业量		
		A产品	B产品	合 计
材料领用	材料领用数量	7	8	15
包装	包装批次	3	5	8
质量检验	质量检验小时	10	15	25
设备维护	设备维护时数	4	8	12
装卸搬运	装卸搬运次数	4	6	10

要求：（1）按作业成本法将间接费用在A产品和B产品之间进行分配。

（2）按作业成本法计算A产品和B产品的总成本和单位成本。

项目 10 责任会计

引导案例

华北公司准备按照分权管理的要求建立责任会计制度，设立内部责任中心。该企业是一个规模较大的机器制造企业，主要有五个生产制造车间和三个辅助性部门，三个辅助性部门分别是维修部门、供电供暖部门和行政管理部门。以上各部门具有较大的独立性。该公司在建立责任会计制度的过程中，业务经理王丽提出以下主要设想供参考。

1. 董事长主持讨论责任会计制度的建立方案，责成总经理具体实施。

2. 建立责任会计制度的宗旨是把它看作企业全面质量管理的有效途径。

3. 该企业内部各机构、部门都可以被确认为一个责任中心，指定专人承担相应的经济责任。

4. 根据分权的原则，企业只要求在执行预算的过程中将信息迅速地反馈给各责任中心，而无须向上级报告。

5. 内部转移价格属于短期决策中的价格决策内容，可由企业的业务部门具体操作，与责任中心无关。

6. 在确保原有组织机构的基础上，可以根据责任会计的要求对企业机构进行适当的调整。

7. 各成本中心为有效地管理该中心而发生的成本应被确定为责任成本。

8. 在未来 5 年的长远计划中，该公司准备再设立两个分部，并将它们设计成利润中心和投资中心，以加大管理力度。

9. 对于利润中心的考核，可以采用投资报酬率和剩余收益来衡量，但要注意前一指标可能导致职能失调的行为。

10. 要求责任中心进行系统的记录和计量，并定期编制业绩报告。

在王丽的设想中，哪些设想有明显的错误？为什么？

学习目标

通过本单元的学习，你应该能够：

- 了解责任会计的概念、原则、作用和内容；
- 了解责任中心的含义及分类；
- 掌握各责任中心考核指标的计算方法；
- 理解内部转移价格的含义、类型及其确定方法。

项目任务

任务一　责任会计概述

任务二　责任中心及考核

任务三 内部转移价格

任务一 责任会计概述

（一）责任会计的产生与发展

责任会计是随着社会的发展而产生的，它是社会化大生产和现代化管理需要的必然产物，经历了一个漫长的发展历程。

1. 责任会计的产生背景

责任会计最早产生于19世纪末20世纪初，此时，正值工业革命爆发后社会生产力的变革期。随着生产技术和生产力的迅速发展，企业的规模越来越大，生产的社会化程度也相继提高，市场竞争愈演愈烈。因此，当时各企业基于现实因素的考虑，必须加强企业的内部管理和控制。生产规模的扩大，使企业内部各单位必须分清各自的经济责任，进行按劳计酬，奖勤罚懒，这就需要更为科学的会计核算和管理的方法，这一系列社会背景，为责任会计的产生奠定了社会基础。

泰勒提出科学管理学说，他深入工厂，制定了多种工作定额，推行“标准成本法”，通过实际成本与标准成本的比较，分析差异及原因，试图找出降低成本的途径。欧洲古典管理理论的创始人法约尔提出责与权的新型关系等。这些都为责任会计的产生奠定了理论基础。

责任会计的产生并不是突然发生的，而是由完全成本会计和差异消极演变而来的。当企业规模扩大后，为了加强内部的管理，企业将内部分工进行细化，将责任落实到人，因而差异的归属也将更加清晰，责任会计正是适应这种社会化大生产的需求，由完全成本会计和差异会计逐步发展而来的。

2. 责任会计的发展

责任会计随着生产力的飞速发展和市场竞争的日益激烈，在科学管理理论与行为科学的影响下，有了进一步的发展。

20世纪初，企业的生产规模逐步扩大，尤其是第二次世界大战以后，企业的发展不再局限于规模的扩大，更多的是趋向于跨行业、跨地区的跨国公司和多角度经营发展；相对的，企业内部管理也面临更加复杂的局面。这个时期的责任会计，由原来的成本责任单位发展成成本、利润、投资三个责任中心，而企业的最高领导对下级单位由原来的行政命令管理发展为编制预算、建立记录和报告制度的方式进行控制和管理。

在此阶段，“行为科学”理论的产生，如“需要理论”“期望理论”“目标理论”“行为效果理论”“激励理论”等，对企业的管理模式及实现目标的方式都有着极大的影响。而这些内容正是责任会计所需要的，即如何通过人的行为、思想、心理变化，去激发责任者的行动，从而实现有效的管理和控制。

20世纪60～70年代，西方责任会计日趋完善，并在多个国家得到推广，特别是在20世纪80年代，美国经济领域“公司文化”的兴起，又将责任会计推向一个新的层面。

（二）责任会计的定义及作用

1. 责任会计的定义

责任会计是管理会计的组成部分，责任会计为了适应企业内部管理的需要，调动各部门与员工的积极性，它要求将单位内部独立发挥作用的各级、各部门确定为权责范围不同的各个责任中心，按其权责范围分别编制预算，记录预算的执行情况并定期提交报表，用来评价考核单位内部责任中心管理业绩的一种会计制度。

2. 责任会计的作用

责任会计是为适应经济责任制的要求，在企业内部建立若干责任单位，并对它们分工负责的经济活动进行规划、控制、考核与业绩评价的一整套会计制度。它实质上是企业为了强化内部经管责任而实施的一种内部控制制度，在企业内部管理中具有十分重要的作用，具体如下。

（1）有利于各级管理人员落实责任

对企业领导来说，责任会计有利于落实任务，控制全局，调动积极性；对企业各部门来说，责任会计使各部门都要制定相应的工作目标，对各部门、对职工能起到激励作用。

（2）有利于强化企业管理，实现效益

在企业推行责任会计，可以落实、巩固、规范企业内部各自责任的有效执行。并且，通过责任会计这个核算形式可以把资金管理、成本管理、利润管理内容结合起来，建立会计管理体系、经济效益保证体系，加强企业内部管理。

（3）有利于完善会计基础工作

推行责任会计，标志着会计工作从传统的记账报账型向经营管理型的重要转型，是会计工作发挥管理作用，更好地为企业管理服务的重要方法和途径，是企业会计工作的重要组成部分，也是企业会计改革的重要内容。所以说，责任会计的实施，促进了企业会计基础工作的完善和健全。

（三）责任会计的基本内容

1. 划分责任中心，明确权责范围

为实行责任会计，首先应根据企业的行政管理体制和经营管理工作的实际需要，把企业所属各部门、各单位划分为若干个责任中心，并根据各责任中心经营活动的特点，明确规定这些中心的责权范围，使它们在企业授予的权利范围内独立自主地行使职责。

2. 编制责任预算，确定考核标准

把全面预算所确定的目标和任务进行层层分解，为每个责任中心编制责任预算，作为今后控制和评价它们的主要依据。为落实责任预算，促使责任预算的顺利实施并保证企业财务预算的顺利完成，必须对责任中心承担者进行考核，考核标准要实际可行，通过考核来规范其行为。

3. 编制责任报告，进行反馈控制

当责任预算确定以后，责任会计应对反映责任中心业绩的会计信息进行归类、加工和整理，定期编制责任报告，并分析预算执行过程中所出现的差异及其原因，最后将信息进行反馈，进一步控制和调节下一步经营活动。

4. 客观评价业绩，设置奖惩制度

根据责任中心的业绩报告，分析预算数与实际数的差异及产生差异的原因，客观评价各责任中心的业绩，揭示在实施过程中所出现的问题，并依据奖惩制度对责任人实施相应的奖惩。

（四）建立责任会计的基本原则

在不同类型的企业中，责任会计的具体做法也不尽相同，但它们都必须遵循责任会计的共同原则。归纳起来，具体包含以下几个原则。

1. 责、权、利相结合的原则

首先，在责任会计中，此原则要求各责任中心明确自身的职责范围；然后，要赋予责任者与其所承担职责大小相适应的权利；最后，依据各责任中心相应的业绩考核标准，明确奖惩条例，积极加强各责任中心的执行力度。

2. 目标一致性原则

此原则是指责任中心的目标要同企业的总目标和整体利益保持一致。局部利益的增长要与整体利益相一致。企业实行责任会计制度，为的是提高企业的整体经济效益，因此，责任指标的下达和考核，一方面要有利于调动责任中心的积极性，使其通过努力，利益得到实现和增长；另一方面要有利于各责任中心之间的相互协调，促进其配合，发挥企业的综合优势。

3. 可控性原则

此原则是指责任中心只能对自己的行为及其结果负责，也就是说只能对其特定权、责范围内的生产经营活动负责。这就要求在划分和确定责任中心的经济责任时，要根据责任中心对其所承担的责任是否可控及可控的程度来决定，这样才能进一步发挥责任会计的积极作用。同时，可控原则还要求尽可能地消除各责任中心之间无法控制的因素的相互影响，以免出现职责不清，挫伤员工积极性的局面产生。

4. 及时反馈原则

责任会计制度要求能准确、及时、可靠地反馈企业内部各环节、各方面的经济责任和经济活动的信息，以便及时、准确地做出决策，加强企业内部的经济管理，从而提高企业的经济效益。

任务二 责任中心及考核

（一）责任中心的含义及特点

为了有效地进行企业内部管理控制，势必要将整个企业进行层层划分，进而建立各责任中心。

1. 责任中心的含义

责任中心是指承担一定经济责任，并享有一定权利和利益的企业内部单位。

2. 责任中心的特点

① 责、权、利相结合。

② 有条件承担责任（即有行为能力并对后果承担责任）。

③ 责任和权利皆可控。

④ 有一定经营业务和财务收支活动。

⑤ 能够进行责任会计核算。

建立责任中心的关键就是分清责任和权限。企业根据各自的具体情况，按照所能控制的范围和承担的不同责任及管理的需要来建立责任中心，一般可划分为三种类型：成本中心、利润中心和投资中心。需要注意的是，责任中心的划分标准并不在于人的多少或该组织的大小，而是凡在管理上可分解责任、可单独考核的单位，大到分公司、分厂或部门，小到商品（产品）、班组甚至柜台，都可以确定为责任中心。

（二）成本中心及考核

1. 成本中心的含义

成本中心指只对其成本或费用承担责任的责任中心，它不对其收入、利润和投资负责，处于企业的基础责任层次。成本中心一般包括负责产品生产的生产部门、劳务提供部门，以及给予一定费用指标的管理部门。

在三类责任中心中，成本中心应用范围最广，任何对成本负有责任的部门都可以是成本中心。例如，企业的分公司、分厂、车间部门一般都是成本中心，在一个成本中心里还可再次分解，如一个分厂可作为一个成本中心，它所属的各车间是次一级的成本中心，在其下属的部门又是次一级的成本中心。

成本中心是只对成本负责的责任中心，其主要任务是控制和降低其责任成本。因此，在实施责任会计时，为了更加准确地计量，还应将成本按其可控性和不可控性原则进行划分。

可控成本是指被责任中心所控制，被其工作环境所影响的成本，一般必须同时具备以下条件。

第一，成本中心能够预知它的发生。

第二，成本中心能够计量它所发生的耗费。

第三，成本中心能够控制和调节它的数量。

不满足以上三个条件的，即为不可控成本。

相对而言，可控成本也只针对其特定的责任中心，即某项成本对于某一责任中心是可控成本，对于另一责任中心却是不可控成本。如直接材料，对其生产部门是可控的，对于采购部门是不可控的，而直接材料则相反。就特定的权限而言，有些成本对下级单位来说是不可控的，而对上级单位而言却是可控的，例如，生产设备的租赁费，对基层单位而言是不可控的，对制造单位而言是可控的。总而言之，相关责任中心对其成本要结合具体情况进行分析。

2. 成本中心的考核指标

成本中心考核的内容是责任成本，其考核指标主要是成本差异，即实际成本和责任预算之间的差异，这种差异主要从成本中心编制的业绩报告中体现出来，具体包括成本（费用）变动额和变动率两个指标。

$$\text{责任成本（费用）变动额}=\text{实际责任成本}-\text{预算责任成本}$$

$$\text{责任成本（费用）变动率}=\frac{\text{责任成本变动额}}{\text{预算责任成本}}\times 100\%$$

在进行成本中心考核时，如果发现预算产量和实际产量不一致，应注意按弹性预算的方法先调整预算指标，再按上述指标计算。

【任务案例 10-1】 2017 年度，某企业第一车间是一个成本中心，只生产 A 产品。其预算产量为 5 000 件，单位标准材料成本为 100 元/件；实际产量为 6 000 件，实际单位材料成本 96 元。假定其他成本暂时忽略不计。要求计算该成本中心消耗的直接材料责任成本的变动额和变动率，分析并评价该成本中心的成本控制情况。

解：依题意

假定单位标准材料成本=10×10=100（元）

假定实际单位材料成本=12×8=96（元）

责任成本变动额=96×6 000−100×6 000=−24 000（元）

$$责任成本变动率=\frac{-24\ 000}{100\times 6\ 000}\times 100\%=-4\%$$

计算结果表明，该成本中心的成本降低额为24 000元，降低率为4%。

由于材料价格上升对成本的影响：（12-10）×8×6 000=96 000（元）

由于材料用量降低对成本的影响：10×（8×6 000-10×6 000）=-120 000（元）

该成本中心的直接材料成本节约了24 000元。

3. 成本中心的考核

由于成本中心只对成本负责，因此，在对其进行考核时，也只考核其责任成本。通常情况下，是以某成本中心的业绩报告为依据的，主要包括预算数、实际数和差异数三项内容。其中，不利差异或者有利差异是评价责任中心好坏的重要标志。成本中心的业绩报告中其预算数是根据责任预算填列，实际数是从产品成本的计算资料取得，或从成本中心设立的账户记录、信息归集的可控成本取得。如表10-1所示，对于不可控成本可以不用列明，但可作为参考资料供管理人员参考。

表10-1　某成本中心业绩报告　　单位：元

项　目	预算数	实际数	差异数
可控成本			
直接材料	20 000	17 800	-2 200
直接人工	6 000	5 400	-600
管理人员工资	1 000	900	-100
间接人工	800	900	100
其他	500	450	-50
合　计	28 300	25 450	-2 850
不可控成本			
设备折旧		3 000	
其他		880	
合　计		3 880	

（三）利润中心及考核

这类责任中心往往处于企业中较高的层次，一般指有产品或劳务生产经营决策权的部门，能够通过生产经营决策，对本单位的盈利施加影响，为企业增加经济效益，如分厂、分公司，以及有独立经营权的各部门等。

1. 利润中心的含义

利润中心是指不仅能对费用成本负责，并且能对收入和利润负责的责任中心。即利润中心的活动不仅能够影响成本的高低、费用的大小，而且会影响收入的多少和利润的大小。它一般指有产品或劳务生产经营决策权的部门，能通过生产经营决策，对本单位的盈利施加影响，为企业增加经济效益，如分厂、分公司，以及有独立经营权的各部门等。按其收入来源的性质，利润中心可分为自然利润中心和人为利润中心。

自然利润中心是指在外界市场上销售产品或提供劳务取得实际收入，给企业带来利润的利润中心。这类利润中心一般是企业内部独立单位，具有材料采购权、生产决策权、价格制定权、产品销售权，有很大的独立性，如分公司、分厂等。它可以直接与外部市场发生业务上的联系，销售其最终产品和半成品或提供劳务，既有收入，又有成本，可以计算利润，将其完成的利润和责任预算中的预计利润对比，评价和考核其工作业绩。

人为利润中心指在企业内部按照内部结算价格将产品或劳务提供给本企业其他责任中心以取得收入，实现内部利润的责任中心。这类利润中心的产品主要在本企业内转移，一般不与外部市场发生业务上联系，它们只有少量对外销售，或者全部对外销售均由企业专设的销售机构完成，如各生产车间、运输队等。由于人为利润中心能够为成本中心相互提供产品或劳务规定一个适当的内部转移价格，使得这些成本中心可以“取得”收入进而评价其收益，因此，大多数成本中心总能转化为人为利润中心。

2. 利润中心的考核指标

利润中心的考核指标主要通过将一定期间实际发生的责任利润与责任利润预算所确定的利润进行比较，将比较的结果编入利润中心的业绩报告，并对所产生的差异和原因进行分析，具体考核指标包括以下几种。

利润中心边际贡献总额=该利润中心销售收入总额−该利润中心变动成本总额

利润中心负责人可控利润总额=利润中心边际贡献总额−利润中心负责人可控固定成本

利润中心可控利润总额=利润中心负责人可控利润总额−利润中心负责人不可控固定成本

公司利润总额=各利润中心可控利润总额之和−公司不可分摊的各种管理费用、财务费用等

【任务案例 10-2】 2017 年，某企业的 B 车间是一个人为利润中心。本期实现内部销售收入 500 000 元，变动成本为 300 000 元，该中心负责人可控固定成本为 40 000 元，中心负责人不可控，但应由该中心负担的固定成本为 60 000 元。要求：计算该利润中心的实际考核指标，并评价该利润中心的利润完成情况。

解：依题意

利润中心边际贡献总额=500 000−300 000=200 000（元）

利润中心负责人可控利润总额=200 000−40 000=160 000（元）

利润中心可控利润总额=160 000−60 000=100 000（元）

计算结果表明了该利润中心各项考核指标的实际完成情况。为对其完成情况进行评价，需要将各指标与责任预算进行对比和分析，并找出产生差异的原因。

3. 利润中心的考核

利润中心不仅对成本负责，还要对收入和利润负责，因而利润中心的考核对象主要是责任利润。即可控收入减去可控成本后的可控净收入即利润中心的责任利润，其考核依据主要是利润中心的业绩报告。

利润中心的业绩报告，通常按利润中心的收入、成本和利润的预算数、实际数和差异数分别罗列，以方便企业管理人员对其形成的差异进行具体分析，有利于管理者对经营管理活动做出正确客观的评价，表 10-2 是某利润中心的业绩报告。

表 10-2 某利润中心的业绩报告 单位：元

项 目	预算数	实际数	差异数
营业收入	15 500	15 000	−500
变动成本			

续表

项 目	预算数	实际数	差异数
变动生产成本	8 250	8 000	−250
变动推销及管理成本	1 980	2 000	20
小 计	10 230	10 000	−230
贡献毛益	5 270	5 000	−270
减：可控的专属固定成本	850	800	−50
可控贡献毛益	4 420	4 200	−220
减：不可控的固定成本	1 000	1 200	200
部门贡献毛益	3 420	3 000	−420
减：上级分配的公司管理费用	1 200	1 000	−200
税前净利润	2 220	2 000	−220

（四）投资中心及考核

1. 投资中心的含义

投资中心指既要对成本、利润负责，又要对投资效果负责的责任中心，它是比利润中心更高层次的责任中心。投资中心是指当下级管理者具有利润中心所描述的全部职责，同时对营运资本和实物资产也具有责任与权利，并以其所使用的有形资产和财务资产的水平作为业绩计量标准的中心，如大型集团所属的子公司、分公司、事业部等。投资中心是利润中心的一般形式，其获利能力与其所使用的创造利润的资产相联系。

投资中心是最高层次的责任中心，它拥有最大的决策权，也承担最大的责任。投资中心必然是利润中心，但利润中心并不都是投资中心。利润中心没有投资决策权，而且在考核利润时也不考虑所占用的资产。

2. 投资中心的考核指标

投资中心主要考核能集中反映利润与投资额之间关系的指标，包括投资利润率和剩余收益。

（1）投资利润率

投资利润率又称投资报酬率，是指投资中心所获得的利润与投资额之间的比率，可用于评价和考核由投资中心掌握、使用的全部净资产的盈利能力。其计算公式为

$$\text{投资利润率}=\frac{\text{利润}}{\text{投资额}}\times100\%=\frac{\text{营业利润}}{\text{资产平均占用额}}=\frac{\text{营业利润}}{\text{销售收入}}\times\frac{\text{销售收入}}{\text{投资额}}$$

$$=\text{销售利润率}\times\text{投资周转率}$$

其中，投资额是指投资中心的总资产扣除对外负债后的余额，即投资中心的净资产。为了评价和考核由投资中心掌握、使用的全部资产的总体盈利能力，还可以使用总资产息税前利润率指标。其计算公式为

$$\text{总资产息税前利润率}=\text{息税前利润}\div\text{总资产}\times100\%$$

投资利润率指标的优点有：能反映投资中心的综合盈利能力；具有横向可比性；可以作为选择投资机会的依据；可以正确引导投资中心的经营管理行为，使其具有长期效应。该指标的最大局限性在于会造成投资中心与整体企业利益的不一致。

【任务案例 10-3】 TT 公司是一家大型企业，该公司有一投资中心，下面是该投资中心

2017 年度资料：

销售收入　150 000 元

营业资产（期初余额）　70 000 元

营业资产（期末余额）　90 000 元

营业利润　15 000 元

解：依题意

$$投资利润率=\frac{营业利润}{营业资产}=\frac{15\,000}{\frac{70\,000+90\,000}{2}}=18.75\%$$

$$投资利润率=\frac{营业利润}{销售收入}\times\frac{销售收入}{营业资产}$$

$$=销售利润率\times投资周转率$$

$$=\frac{15\,000}{150\,000}\times\frac{150\,000}{\frac{70\,000+90\,000}{2}}=18.75\%$$

从资料中，我们可以看出，为了提高投资利润率，不仅要在降低成本，增加销售，提高“销售利润率”上面想办法，同时也要有效地使用营业资产，努力提高“投资周转率”或“资产周转率”。

（2）剩余收益

剩余收益是指投资中心获得的利润，扣减其投资额（或净资产占用额）按规定（或预期）的最低收益率计算的投资收益后的余额。其计算公式为

剩余收益=利润-投资额（或净资产占用额）×规定或预期的最低投资收益率

或　剩余收益=息税前利润-总资产占用额×规定或预期的总资产息税前利润率

剩余收益指标能够反映投入产出的关系，使个别投资中心的利益与整个企业的利益统一起来。

【任务案例 10-4】　资料同任务案例 10-3，假定规定的最低利润率是 6%。

解：依题意

剩余收益=营业利润-（营业资产×规定的最低利润率）

$$=15\,000-\frac{70\,000+90\,000}{2}\times6\%=10\,200（元）$$

这里规定的最低投资利润率，一般是指企业为该投资中心所规定的预期投资利润率。通常可按整个企业投资中心的加权平均投资利润率来计算。

3．投资中心的考核

投资中心的考核同样是以其业绩报告为依据，以方便企业管理者进行全面的考核与评价。投资中心的业绩报告主要包含营业收入、营业成本、营业利润、投资额、投资报酬率及剩余收益等指标的预算数、实际数和差异数，某投资中心的业绩报告见表 10-3。

表 10-3　某投资中心的业绩报告

项　目	预 算 数	实 际 数	差 异 数
1．销售收入	2 924 000	3 056 000	132 000
2．销售成本	2 806 000	2 913 000	107 000

续表

项　目	预 算 数	实 际 数	差 异 数
3. 营业利润（1～2）	118 000	143 000	25 000
4. 营业资产平均占用额	800 000	900 000	100 000
5. 销售利润率（3÷1）	4.04%	4.68%	0.64%
6. 投资周转率（1÷4）	3.66 次	3.4 次	-0.26 次
7. 投资利润率（5×6）	14.79%	15.91%	1.12%
8. 机会成本（4）×12%	96 000	108 000	12 000
9. 剩余收益（3～8）	22 000	35 000	13 000

任务三　内部转移价格

子任务一　内部转移价格的含义及作用

在责任会计中，为了明确各责任中心的经济责任，各责任中心之间需相互提供产品或劳务的结算应按企业规定的计价标准进行，使两个责任中心能够依据此标准计算收入和支出，并对本责任中心的成本负责，这种计价标准即内部转移价格。内部转移价格关系到各责任中心的利益，因此，对于企业内部各责任中心负责人来说，内部转移价格的制定十分重要。

（一）内部转移价格的含义

内部转移价格是指有利益关系的各企业之间、企业集团或公司内部各利润中心之间调拨产品或商品的结算价格。一般由进货价格、流通费用和利润构成。其特点是只反映企业集团或公司内部各利润中心之间的经济联系，一般不直接与消费者发生联系；不作为各种差价、比价的依据和计算基础。

（二）内部转移价格的作用

内部转移价格采取了“价格”形式，使两个责任中心处于交易的“买”和“卖”双方，具有与外部的市场价格相类似的作用，在一定程度上能够促使双方降低成本，提高企业的经济效益。由此可见，正确制定企业的内部转移价格，对责任会计的有力实施起着十分重要的作用。

1. 合理界定各责任中心的经济责任

内部转移价格作为一种计量手段，可以确定转移产品或劳务的价值量。这些价值量既标志着提供产品或劳务的责任中心经济责任的完成，同时也标志着接受产品或劳务的责任中心应负经济责任的开始。

2. 有效测定各责任中心的资金流量

各责任中心在生产经营过程中需要占用一定数量的资金。企业集团可以根据内部转移价格确定一定时期内各责任中心的资金流入量和资金流出量，并可在此基础上根据企业集团资金周转的需求，合理制定各责任中心的资金占用量。

3. 科学考核各责任中心的经营业绩

提供产品或劳务的责任中心可以根据提供产品或劳务的数量及内部转移价格计算本身的

“收入”，并可根据各生产耗费的数量及内部转移价格计算本身的“支出”。

子任务二 制定内部转移价格的原则

制定内部转移价格，要遵循以下原则。

1. 全局性原则

采用内部转移价格的各单位从属于一个企业，与企业总利益是一致的。制定内部转移价格，只是为了分清各单位的责任，有效地考核评价各单位的业绩。在这种情况下，企业制定内部转移价格，要从全局出发，使局部利益和整体利益协调统一，力争使企业整体利益最大化。

2. 公平性原则

内部转移价格的制定应公平合理，防止某些单位因价格上的缺陷而获得一些额外的利益或损失。在商品经济条件下，商品交换是按等价原则进行的，高质高价，低质低价。如果制定的内部转移价格不合理，就会影响单位的生产经营积极性。

3. 自主性原则

高层管理者不应干预各个单位经理（厂长）自主决策。在企业整体利益最大化的前提下，各单位有一定的自主权，如生产权、技术权、人事权和理财权等，制定的内部转移价格必须为各方所接受。

4. 重要性原则

例如，在钢铁企业，由于生产的特殊性，需要制定的内部转移价格的对象成百上千，甚至更多。如果事无巨细，都制定一个详细、准确的价格，不但不必要，而且很难实施。因此，制定内部转移价格，可对那些价高量大，耗用频繁的对象，尽可能地科学计算，从严定价；对一些价低量小，不常耗用的对象，可以从简定价。

子任务三 内部转移价格制定方法

（一）市场价格

以市场价格定价相当于在企业内部引入市场机制，能够较为客观地评价各个利润（投资）中心的经营成果。

对于“出售”部门：按市场价格转移半成品是其形成部门利润的必要条件。

对于“购入”部门：易于计量其对企业整体利润所做的贡献，同时，也有助于半成品和劳务的内部转移或外购的决策。

同向外界购入相比较，当内部转移价格高于现行的市价，“购入”的责任中心可以舍内而求外，不必为此而支付更多的代价；“出售”的责任中心也是如此，应使它不能从内部单位得到比向外界出售更多的收入。这是正确评价各个利润中心经营成果的一个重要条件。换言之，也就是在企业内部引进市场机制，使其中每个利润中心实质上都成为独立机构，各自经营，促使其更好地发挥生产经营主动性，最终再通过利润指标来评价与考核它们的经营成果。

（二）以“成本”作为内部转移价格

从企业整体的决策角度来说，转移价格的制定应根据卖方的生产能力利用情况。如果卖方的生产能力没有充分利用（闲置），可以按变动成本转移；无闲置生产能力的卖方应以市场价格制定转移价格。但是以变动成本作为转移价格的会使“购买”部门过分有利；并且由于对责任中心只计算变动成本，因而不能利用投资利润率和剩余收益对该中心负责人进行业绩评价，则只限用于成本中心；再者，如果简单地将一个责任中心的变动成本转移给另一责任中心，将不利于激励成本中心经理控制成本。

为此，可以采用以变动成本为基础的转移价格、以完全成本为基础的转移价格、以实际成本或标准成本为基础的转移价格。

1. 以完全成本为基础的转移价格

这种方法方便管理者查找相关的成本信息；在一定程度上可以鼓励卖方进行内部转移；与变动成本相比，使用完全成本能够合理地计量到开发、设计工作等间接费用，但是在某一程度上而言，这种方法将不会使公司利润最大化。

2. 成本加成制定转移价格

这里的成本可以是变动成本，也可以是完全成本。在无法及时取得中间产品的市场价格时，一般普遍采用成本加成的价格替代市场价格。

3. 实际成本或标准成本

如果以实际成本作为转移定价的基础，卖方部门任何差异或低效率都会传递给买方部门。分离这些差异对买方部门是个复杂的问题。因此，在以成本为基础的转移定价方法中，常常采用标准成本作为转移价格定价的基础。

（三）双重内部转移价格

所谓双重的内部转移价格，是指对产品（半成品）的供应和耗用单位分别采用不同的内部转移价格作为计价基础。

当转移价格的定价在交易过程中没有给卖方部门带来利润时，转移价格的定价将起不到鼓励卖方部门从事内部交易的作用。因此，为了较好地满足买卖双方在不同方面的需要，激励双方在生产经营方面充分发挥其主动性和积极性，可以采用双重的内部转移价格来取代单一的内部转移价格。转移价格主要运用于业绩评价和考核，因而双方采用的价格无须一致，当然，在计算企业的总成果时，应扣除由双重内部转移价格之差所形成的“内部利润”。

采取双重转移价格定价方法能够使卖方部门获利而买方部门仅负担成本，或者卖方部门以成本加一定的利润作为内部转移价格，而买方部门只支付该产品的成本部分，差额可以记录在一个专门的集中核算的账户中。这种方法为买方部门留下成本数据，且通过转移价格向卖方部门提供了利润，这就会鼓励内部交易活动。

（四）协商转移价格

协商转移价格以正常的市场价格为基础，定期进行协商，确定一个双方可以接受的价格，称为协商的市场价格。协商的转移价格可以使部门经理如同独立公司的经理那样从事管理，从而保留了部门经理的自主权。但是，这种方法在协商过程中可能会浪费经理人员的大量精力，而衡量业绩的最终价格也许取决于经理的协商能力，而不是从对公司最有利的角度考虑，从而达不到目标的一致性。再者，采用协商的转移价格可能发生公司的最高管理当局直接干预转移价格的定价情况。这将使部门经理丧失自主权，削弱分权管理的优势。不过，当转移价格的定价问题不经常发生时，直接干预的好处也许会超过其成本。

项目总结

责任会计是管理会计的组成部分，责任会计为了适应企业内部管理的需要，调动各部门与员工的积极性，它要求将单位内部独立发挥作用的各级、各部门确定为权责范围不同的各个责任中心，按其权责范围分别编制预算，记录预算的执行情况并定期报出报表，用来评价考核单位内部责任中心管理业绩的一种会计制度。

责任会计的主要内容具体包括：划分责任中心，明确权责范围；编制责任预算，确定考核标准；编制责任报告，进行反馈控制；客观评价业绩，设置奖惩制度四项内容。按照所能控制的范围和承担的不同责任，以及管理的需要来建立责任中心，一般可划分为三种类型：成本中心、利润中心和投资中心。这三个责任中心有着各自不同的考核标准，均以各责任中心编制的业绩报告为考核依据。制定内部转移价格应遵循全局性、公平性、自主性和重要性原则，通常有市场价格、以“成本”作为内部转移价格、双重内部转移价格、协商转移价格四种类型。

项目综合训练

一、单项选择题

1. 计算投资报酬率时，其经营资产计价是采用（　　）。
   A. 原始价值　　B. 账面价值　　C. 评估价值　　D. 市场价值
2. 责任会计的主体是（　　）。
   A. 管理部门　　B. 责任中心　　C. 销售部门　　D. 生产中心
3. 投资中心的利润与其投资额的比率是（　　）。
   A. 内部收益率　　B. 剩余收益　　C. 部门贡献边际　　D. 投资报酬率
4. 责任会计中确定责任成本的最重要的原则是（　　）。
   A. 可避免性　　B. 因果性　　C. 可控性　　D. 变动性
5. 成本中心的责任成本是指该中心的（　　）。
   A. 固定成本　　B. 产品成本　　C. 可控成本之和　　D. 不可控成本之和
6. 下列项目中，不属于利润中心负责范围的是（　　）。
   A. 成本　　B. 收入　　C. 利润　　D. 投资效果
7. 以获得最大净利为目标的组织单位是（　　）。
   A. 责任中心　　B. 成本中心　　C. 利润中心　　D. 投资中心
8. 对于成本中心来说，考核的主要内容是（　　）。
   A. 标准成本　　B. 可控制成本　　C. 直接成本　　D. 可变成本
9. 为了使部门经理在决策时与企业目标协调一致，应该采用的评价指标为（　　）。
   A. 投资报酬率　　B. 剩余收益　　C. 现金回收率　　D. 销售利润率
10. 在以成本作为内部转移价格制定基础的条件下，如果产品的转移涉及利润中心或投资中心时，下列方法中能够采用的只能是（　　）。
   A. 标准成本法　　B. 变动成本法　　C. 实际成本法　　D. 标准成本加成法

二、多项选择题

1. 建立责任会计应遵循的基本原则有（　　）。

A．反馈原则　　B．可控性原则
C．责、权、利相结合原则　　D．目标一致性原则

2．责任中心按其所负责任和控制范围不同，分为（　　）。
A．成本中心　　B．费用中心　　C．投资中心
D．收入中心　　E．利润中心

3．责任中心考核的指标包括（　　）。
A．可控成本　　B．产品成本　　C．利润
D．投资报酬率　　E．剩余收益

4．对投资中心考核的重点是（　　）。
A．贡献边际　　B．销售收入　　C．营业利润
D．投资报酬率　　E．剩余收益

5．利润中心分为（　　）。
A．自然利润中心　　B．人为利润中心　　C．实际利润中心
D．预算利润中心　　E．标准利润中心

6．成本中心可以是（　　）。
A．车间　　B．个人　　C．工段
D．班组　　E．分厂

7．下列有关成本中心的说法中，正确的是（　　）。
A．成本中心一般不具备经营权和销售权
B．成本中心不进行设备购置决策
C．成本中心只对可控成本负责
D．成本中心的考核指标是“单位产品成本”

8．下列表述中，正确的说法是（　　）。
A．高层责任中心的不可控成本，对于较低层次的责任中心来说，一定是不可控的
B．低层次责任中心的不可控成本，对于较高层次的责任中心来说，一定是可控的
C．某一责任中心的不可控成本，对另一个责任中心来说则可能是可控的
D．某些从短期看属不可控的成本，从较长的期间看，可能又成为可控成本

9．甲利润中心常年向乙利润中心提供劳务，在其他条件不变的情况下，如提高劳务的内部转移价格，可能出现的结果是（　　）。
A．甲利润中心内部利润增加
B．乙利润中心内部利润减少
C．企业利润总额增加
D．企业利润总额不变

10．下列关于人为利润中心的说法，正确的是（　　）。
A．该中心可以向其他责任中心提供产品
B．该中心可以取得对外销售收入
C．能确定合理的内部转移价格
D．具有投资决策权

11．投资利润率是广泛采用的评价投资中心业绩的指标，它的优点有（　　）。
A．避免本位主义

B．能反映投资中心的综合盈利能力

C．具有横向可比性

D．可以正确引导投资中心的经营管理行为，使其行为长期化

12．在采用市场价格作为内部转移价格时，在不影响企业整体利益前提下，应遵循的原则有（　　）。

A．当供应方愿意对内销售，且售价不高于市价时，使用方有购买的义务，不得拒绝“购进”

B．当供应方售价高于市场价格，使用方有转向市场购入的自由

C．当供应方宁愿对外界市场销售，则应有不对内销售的权利

D．当市场上有不止一种市价时，供求双方应进行协商

三、判断题

1．（　　）一般来说，成本中心的变动成本大多是可控成本，而固定成本大多是不可控成本；直接成本大多是可控成本，间接成本大多是不可控成本。

2．（　　）成本中心、利润中心和投资中心都不可能是独立法人。

3．（　　）内部转移的市场价格可较好地满足供应方和使用方的不同需要，能激励双方发挥其主动性和积极性。

4．（　　）协商价格的上限是单位变动成本，下限是市价，具体价格应由各相关责任中心在这一范围内协商议定。

5．（　　）在企业的不同管理层次上，责任报告的侧重点应有所不同，最高层次的责任中心的责任报告应当最详细。

6．（　　）投资利润率可以使投资中心的近期目标与整个企业的长远目标保持一致。

7．（　　）投资中心与利润中心的区别主要是权利不同，但它们的考核办法是相同的。

8．（　　）自然利润中心具有产品销售权、价格制定权、材料采购权、生产决策权和投资决策权。

9．（　　）技术性成本可以通过弹性预算予以控制，而酌量性成本的控制应着重于预算总额的审批上。

10．（　　）纠正性控制是针对某些环节的不足或缺陷而采取的控制措施，它的目的主要是把风险水平限制在一定范围内。

四、计算分析题

1．某投资中心2017年度投资额100 000元，年净利润20 000元，公司为该投资中心规定的最低投资报酬率15%。请计算该投资中心的投资报酬率和剩余收益。

2．大华公司某部门业绩考核的有关数据如下：销售收入40 000元，已销产品变动成本和变动销售费用15 000元，利润中心负责人可控固定间接费用4 000元，利润中心不可控固定间接费用6 000元。要求：计算该部门的边际贡献、利润中心负责人可控利润总额、利润中心可控利润总额。

3．某公司下设投资中心甲和投资中心乙，该公司加权平均最低投资利润率为10%，现对两中心追加投资。要求填写表中空白处。

项 目		投资额	利润	投资利润率	剩余收益
追加投资前	甲	20	1		
	乙	30	4.5		
	合计				
投资中心甲追加投资 10	甲	30		6%	
	乙	30	4.5		
	合计				
投资中心乙追加投资 20	甲	20	1		
	乙	50	7.4		
	合计				

4．某公司下设甲、乙两中心，年度有关资料见表 10-4。

表 10-4 资料

项 目	甲中心	乙中心
销售收入	200 万元	1 500 万元
变动成本率	60%	50%
固定成本	30 万元	500 万元
其中：折旧	10 万元	100 万元

要求：

（1）若各部门为利润中心，其固定成本中只有折旧为不可控的，试评价各部门负责人的经营业绩。

（2）若各部门为投资中心，其所占用的资产总额甲为 100 万元，乙为 1 000 万元，若该公司加权平均最低投资利润率为 15%，试计算各部门的投资利润率、剩余收益。

5．某公司下设 A、B 两个投资中心，有关资料见表 10-5。

表 10-5 资料 单位：万元

投资中心	A 中心	B 中心
息税前利润	120 000	450 000
经营总资产平均占用额	2 000 000	3 000 000
总公司规定的总资产息税前利润率	10%	10%

现有两个追加投资的方案可供选择：第一，若 A 中心追加投入 1 500 000 元经营资产，每年将增加 120 000 元息税前利润；第二，若 B 中心追加投入 2 000 000 元经营资产，每年将增加 290 000 元息税前利润。假定资产供应有保证，剩余资金无法用于其他方面，暂不考虑剩余资金的机会成本。

要求：

（1）计算追加投资前 A、B 中心，以及总公司的总资产息税前利润率和剩余收益指标。

（2）计算 A 中心追加投资后，各中心及总公司的总资产息税前利润率和剩余收益指标。

（3）计算B中心追加投资后，各中心及总公司的总资产息税前利润率和剩余收益指标。

（4）根据总资产息税前利润率指标，分别从A中心、B中心和总公司的角度评价上述追加投资方案的可行性，并据此评价该指标。

（5）根据剩余收益指标，分别从A中心、B中心和总公司的角度评价上述追加投资方案的可行性，并据此评价该指标。

附录1 复利终值系数表

N	1%	2%	3%	4%	5%	6%	7%	8%	9%
1	1.010	1.020	1.030	1.040	1.050	1.060	1.070	1.080	1.090
2	1.020	1.040	1.061	1.082	1.103	1.124	1.145	1.166	1.188
3	1.030	1.061	1.093	1.125	1.158	1.191	1.225	1.260	1.295
4	1.041	1.082	1.126	1.170	1.126	1.263	1.311	1.361	1.412
5	1.051	1.104	1.159	1.217	1.276	1.338	1.403	1.469	1.539
6	1.061	1.126	1.194	1.265	1.340	1.419	1.501	1.587	1.677
7	1.072	1.148	1.230	1.316	1.407	1.504	1.606	1.714	1.828
8	1.082	1.171	1.267	1.369	1.478	1.594	1.718	1.851	1.993
9	1.093	1.195	1.305	1.423	1.551	1.690	1.839	1.999	2.172
10	1.104	1.218	1.344	1.480	1.629	1.791	1.967	2.159	2.367
11	1.115	1.243	1.384	1.540	1.710	1.898	2.105	2.332	2.580
12	1.126	1.268	1.426	1.601	1.796	2.012	2.252	2.518	2.813
13	1.138	1.293	1.469	1.665	1.886	2.133	2.410	2.720	3.066
14	1.149	1.319	1.513	1.732	1.980	2.261	2.579	2.937	3.342
15	1.160	1.345	1.558	1.801	2.079	2.397	2.759	3.127	3.643
16	1.172	1.372	1.605	1.873	2.183	2.540	2.952	3.426	3.970
17	1.184	1.400	1.653	1.948	2.292	2.693	3.159	3.700	4.328
18	1.190	1.428	1.702	2.026	2.407	2.854	3.380	3.996	4.717
19	1.208	1.456	1.754	2.107	2.527	3.026	3.617	4.316	5.142
20	1.220	1.485	1.806	2.191	2.653	3.207	3.870	4.661	5.604
21	1.232	1.515	1.860	2.279	2.786	3.400	4.141	5.034	6.109
22	1.244	1.545	1.916	2.370	2.925	3.604	4.430	5.437	6.659
23	1.257	1.576	1.974	2.465	3.072	3.820	4.741	5.872	7.258
24	1.269	1.608	2.033	2.563	3.225	4.049	5.072	6.341	7.911
25	1.282	1.640	2.094	2.666	3.386	4.292	5.427	6.849	8.623
26	1.295	1.673	2.157	2.773	3.556	4.549	5.807	7.396	9.399
27	1.308	1.706	2.221	2.883	3.734	4.822	6.214	7.988	10.245
28	1.321	1.741	2.288	2.999	3.920	5.112	6.649	8.627	11.167
29	1.334	1.775	2.357	3.119	4.116	5.418	7.114	9.317	12.172
30	1.347	1.811	2.427	3.243	4.322	5.744	7.612	10.063	13.268

续表

N	10%	11%	12%	13%	14%	15%	20%	25%	30%
1	1.100	1.110	1.120	1.130	1.140	1.150	1.200	1.250	1.300
2	1.210	1.232	1.254	1.277	1.300	1.322	1.440	1.562	1.690
3	1.331	1.368	1.405	1.443	1.482	1.520	1.728	1.593	2.197
4	1.464	1.518	1.574	1.631	1.689	1.749	2.073	2.441	2.856
5	1.611	1.685	1.762	1.842	1.925	2.011	2.488	3.051	3.712
6	1.772	1.870	1.974	2.082	2.195	2.313	2.985	3.814	4.826
7	1.949	2.076	2.211	2.353	2.502	2.660	3.583	4.768	6.274
8	2.144	2.305	2.476	2.658	2.853	3.059	4.299	5.960	8.157
9	2.358	2.558	2.773	3.004	3.252	3.518	5.159	7.450	10.604
10	2.594	2.839	3.106	3.395	3.707	4.046	6.191	9.131	13.785
11	2.853	3.152	3.479	3.836	4.226	4.652	7.430	11.641	17.921
12	3.138	3.499	3.896	4.335	4.818	5.350	8.916	14.551	23.298
13	3.452	3.883	4.364	4.898	5.492	6.152	10.699	18.189	30.287
14	3.798	4.310	4.887	5.535	6.261	7.075	12.839	22.737	39.373
15	4.177	4.785	5.474	6.254	7.138	8.137	15.407	28.421	51.185
16	4.595	5.311	6.130	7.067	8.137	9.357	18.488	35.527	66.541
17	5.055	5.895	6.866	7.986	9.277	10.761	22.186	44.408	86.504
18	5.560	6.544	7.690	9.024	10.575	12.375	26.623	55.511	112.45
19	6.116	7.263	8.613	10.197	12.056	14.231	31.947	69.388	146.19
20	6.728	8.062	9.646	11.523	13.744	16.366	38.337	86.736	190.04
21	7.400	8.949	10.804	13.021	15.668	18.821	46.005	108.42	247.06
22	8.140	9.934	12.100	14.714	17.861	21.645	55.206	135.52	321.18
23	8.954	11.026	13.552	16.627	20.362	24.892	66.247	169.40	417.53
24	9.850	12.239	15.179	18.788	23.212	28.625	79.246	211.75	542.80
25	10.835	13.586	17.000	21.231	26.462	32.919	95.396	264.69	705.64
26	11.918	15.080	19.040	23.991	30.167	37.856	114.47	330.87	917.33
27	13.109	16.739	21.325	27.109	34.390	43.535	137.37	413.59	1192.5
28	14.420	18.580	23.884	30.634	39.205	50.605	164.84	516.98	1550.2
29	15.863	20.624	26.750	34.616	44.693	57.575	197.81	646.23	2015.3
30	17.449	22.892	29.960	39.116	50.950	66.211	237.37	807.79	2619.9

附录 2　复利现值系数表

N	1%	2%	3%	4%	5%	6%	7%	8%	9%
1	0.990	0.980	0.971	0.962	0.952	0.943	0.935	0.926	0.917
2	0.980	0.961	0.943	0.925	0.907	0.890	0.873	0.857	0.842
3	0.971	0.942	0.915	0.889	0.864	0.840	0.816	0.794	0.772
4	0.961	0.924	0.889	0.855	0.823	0.792	0.763	0.735	0.708
5	0.951	0.906	0.863	0.822	0.784	0.747	0.713	0.681	0.650
6	0.942	0.888	0.838	0.790	0.746	0.705	0.666	0.630	0.596
7	0.933	0.871	0.813	0.760	0.711	0.665	0.623	0.583	0.547
8	0.923	0.853	0.789	0.731	0.677	0.627	0.582	0.540	0.502
9	0.914	0.837	0.766	0.703	0.645	0.592	0.544	0.500	0.460
10	0.905	0.820	0.744	0.676	0.614	0.558	0.508	0.463	0.422
11	0.896	0.804	0.722	0.650	0.585	0.527	0.475	0.429	0.388
12	0.887	0.788	0.701	0.625	0.557	0.497	0.444	0.397	0.356
13	0.879	0.773	0.680	0.601	0.530	0.469	0.415	0.368	0.326
14	0.870	0.758	0.661	0.577	0.505	0.442	0.388	0.340	0.299
15	0.861	0.743	0.642	0.555	0.481	0.417	0.362	0.315	0.275
16	0.853	0.728	0.623	0.534	0.458	0.394	0.339	0.292	0.252
17	0.844	0.714	0.605	0.513	0.436	0.371	0.317	0.270	0.231
18	0.836	0.700	0.587	0.494	0.416	0.350	0.296	0.250	0.212
19	0.828	0.686	0.570	0.476	0.396	0.331	0.277	0.232	0.195
20	0.820	0.673	0.554	0.465	0.377	0.312	0.258	0.215	0.178
21	0.811	0.660	0.538	0.439	0.359	0.294	0.242	0.199	0.164
22	0.803	0.647	0.522	0.422	0.342	0.278	0.226	0.184	0.150
23	0.795	0.643	0.507	0.406	0.326	0.262	0.211	0.170	0.138
24	0.788	0.622	0.492	0.390	0.310	0.247	0.197	0.158	0.126
25	0.780	0.610	0.478	0.375	0.295	0.233	0.184	0.146	0.116
26	0.772	0.598	0.464	0.361	0.281	0.220	0.172	0.135	0.106
27	0.764	0.586	0.450	0.347	0.268	0.207	0.161	0.125	0.098
28	0.757	0.574	0.437	0.333	0.255	0.196	0.150	0.116	0.090
29	0.749	0.563	0.424	0.321	0.243	0.185	0.141	0.107	0.082
30	0.742	0.552	0.412	0.308	0.231	0.174	0.131	0.099	0.075

续表

N	10%	11%	12%	13%	14%	15%	20%	25%	30%
1	0.909	0.901	0.893	0.885	0.877	0.870	0.833	0.800	0.769
2	0.826	0.812	0.797	0.783	0.770	0.756	0.694	0.640	0.592
3	0.751	0.731	0.712	0.693	0.675	0.658	0.579	0.512	0.455
4	0.683	0.659	0.636	0.613	0.592	0.572	0482	0.410	0.350
5	0.621	0.594	0.567	0.543	0.519	0.407	0.402	0.328	0.269
6	0.565	0.535	0.507	0.480	0.451	0.432	0.335	0.262	0.207
7	0.513	0.482	0.452	0.425	0.400	0.376	0.279	0.210	0.159
8	0.467	0.434	0.404	0.376	0.351	0.327	0.233	0.168	0.123
9	0.424	0.391	0.361	0.333	0.308	0.284	0.194	0.134	0.094
10	0.386	0.352	0.322	0.295	0.270	0.247	0.162	0.107	0.073
11	0.351	0.317	0.287	0.261	0.237	0.215	0.135	0.086	0.056
12	0.319	0.286	0.257	0.231	0.208	0.187	0.112	0.069	0.043
13	0.290	0.258	0.220	0.204	0.182	0.163	0.094	0.055	0.033
14	0.263	0.232	0.205	0.181	0.160	0.141	0.078	0.044	0.025
15	0.239	0.209	0.183	0.160	0.140	0.123	0.065	0.035	0.020
16	0.218	0.188	0.163	0.142	0.123	0.107	0.054	0.028	0.015
17	0.198	0.170	0.146	0.125	0.108	0.093	0.045	0.023	0.012
18	0.180	0.153	0.130	0.111	0.095	0.081	0.038	0.018	0.009
19	0.164	0.138	0.116	0.098	0.083	0.070	0.031	0.014	0.007
20	0.149	0.124	0.104	0.087	0.073	0.061	0.026	0.012	0.005
21	0.135	0.112	0.093	0.077	0.064	0.053	0.022	0.009	0.004
22	0.123	0.101	0.083	0.068	0.056	0.046	0.018	0.007	0.003
23	0.112	0.091	0.074	0.060	0.049	0.040	0.015	0.006	0.002
24	0.102	0.082	0.066	0.053	0.043	0.035	0.013	0.005	0.002
25	0.092	0.074	0.059	0.047	0.038	0.030	0.010	0.004	0.001
26	0.084	0.066	0.053	0.042	0.033	0.026	0.009	0.003	0.001
27	0.076	0.060	0.047	0.037	0.029	0.023	0.007	0.002	0.001
28	0.069	0.054	0.042	0.033	0.026	0.020	0.006	0.002	0.001
29	0.063	0.049	0.037	0.029	0.022	0.017	0.005	0.002	0.001
30	0.057	0.044	0.033	0.026	0.020	0.015	0.004	0.001	

附录 3 年金终值系数表

N	1%	2%	3%	4%	5%	6%	7%	8%	9%
1	1.000	1.000	1.000	1.000	1.000	1.000	1.000	1.000	1.000
2	2.010	2.020	2.030	1.040	2.050	2.060	2.070	2.080	2.090
3	3.030	3.060	3.091	3.122	3.153	3.184	3.215	3.246	3.278
4	4.060	4.120	4.184	4.247	4.310	4.375	4.440	4.506	4.573
5	5.101	5.204	5.309	5.416	5.526	5.637	5.751	5.867	5.985
6	6.152	6.308	6.468	6.682	6.802	6.975	7.153	7.356	7.523
7	7.213	7.434	7.663	7.808	8.142	8.394	8.654	8.923	9.200
8	8.285	8.582	8.892	9.214	9.549	9.898	10.260	10.637	11.029
9	9.368	9.754	10.159	10.583	11.207	11.491	11.978	12.488	13.021
10	10.462	10.949	11.464	12.006	12.578	13.181	13.816	14.487	15.193
11	11.566	12.168	12.808	13.486	14.207	14.972	15.784	16.646	17.500
12	12.682	13.412	14.192	15.026	15.917	16.870	17.889	18.977	20.141
13	13.809	14.680	15.618	16.627	17.712	18.882	20.141	21.495	22.953
14	14.947	15.937	17.030	18.292	19.599	21.015	22.551	24.215	26.019
15	16.096	17.293	18.599	20.024	21.579	23.275	25.129	27.152	29.361
16	17.257	18.639	20.157	21.825	23.658	25.673	27.888	30.324	33.003
17	18.430	20.012	21.762	23.698	25.810	28.213	30.840	33.750	36.974
18	19.614	21.412	23.414	25.645	28.132	30.906	33.999	37.450	41.301
19	20.810	22.840	25.117	27.671	30.539	33.759	37.378	41.446	46.019
20	22.019	24.297	26.870	29.778	33.066	36.886	40.996	45.761	51.160
21	23.239	25.783	28.677	31.969	35.719	39.993	44.865	50.443	56.765
22	24.471	27.298	30.537	34.247	38.505	43.392	49.006	55.547	62.873
23	25.716	28.844	32.453	36.618	41.431	46.996	53.436	60.893	69.532
24	26.973	30.421	34.427	39.083	44.501	50.816	58.177	66.765	76.780
25	28.243	32.030	36.450	41.646	47.727	54.865	63.249	73.106	84.701
26	29.525	33.670	38.553	44.312	51.114	59.156	68.677	79.954	93.324
27	30.820	35.344	40.710	47.084	54.669	63.706	74.484	87.351	102.723
28	32.129	37.051	42.931	49.968	58.403	68.528	80.698	95.339	112.968
29	33.450	38.792	45.219	52.966	62.323	73.640	87.347	103.966	124.935
30	34.784	40.568	47.575	56.085	66.439	79.058	94.461	113.283	136.308

续表

N	10%	11%	12%	13%	14%	15%	20%	25%	30%
1	1.000	1.000	1.000	1.000	1.000	1.000	1.000	1.000	1.000
2	2.100	2.110	2.120	2.130	2.140	2.150	2.200	2.250	2.030
3	3.310	3.342	3.374	3.407	3.440	3.472	3.640	3.812	3.990
4	4.461	4.710	4.779	4.850	4.921	4.993	5.668	7.765	6.187
5	6.105	6.228	6.353	6.480	6.610	6.742	7.440	8.207	9.043
6	7.716	7.913	8.115	8.323	8.536	8.753	9.929	11.258	12.756
7	9.487	9.783	10.089	10.405	10.731	11.066	12.915	15.073	17.582
8	11.436	11.859	12.280	12.757	13.233	13.726	16.499	19.841	23.857
9	13.580	14.164	14.776	15.416	16.085	16.785	20.798	25.802	32.014
10	15.937	16.722	17.549	18.420	19.337	20.303	25.958	33.252	42.619
11	18.351	19.561	20.655	21.814	23.045	24.349	32.150	42.566	56.405
12	21.384	22.713	24.133	25.650	27.271	29.011	39.580	54.207	74.326
13	24.523	26.212	28.029	29.985	32.089	34.351	43.496	68.759	97.625
14	27.975	30.095	32.393	34.883	37.581	44.504	59.195	86.949	127.912
15	31.773	34.405	37.280	40.418	43.842	47.580	72.035	109.686	167.286
16	35.950	39.190	42.753	46.672	50.980	55.717	87.442	138.108	218.472
17	40.545	44.501	48.884	53.739	59.118	65.075	105.930	173.635	285.013
18	45.599	50.396	55.750	61.725	68.394	75.836	128.116	218.044	371.518
19	51.159	56.940	63.440	70.749	78.969	88.211	154.739	273.555	483.973
20	57.274	64.203	72.052	80.947	91.025	102.443	186.687	342.944	630.165
21	64.003	72.265	81.699	92.470	104.768	118.810	225.025	429.680	820.215
22	71.403	81.214	92.503	105.491	120.436	137.631	271.030	538.101	1067.27
23	79.543	91.148	104.603	120.205	138.297	159.276	326.236	673.626	1388.46
24	88.497	102.174	118.155	136.832	158.659	184.167	392.484	843.032	1806.00
25	98.347	114.413	133.334	155.620	181.871	212.793	471.981	1054.79	2348.80
26	109.182	127.999	150.334	176.850	208.333	245.711	567.377	1319.48	3054.44
27	121.100	143.079	169.374	200.841	238.499	283.568	681.852	1650.36	3971.77
28	134.210	159.817	190.699	227.950	272.889	327.104	819.223	2063.95	5164.31
29	148.631	178.397	214.583	258.583	312.094	377.169	984.067	2580.93	6714.60
30	164.494	199.021	241.333	293.199	356.787	434.745	1181.88	3227.17	8729.98

附录4 年金现值系数表

N	1%	2%	3%	4%	5%	6%	7%	8%	9%
1	0.990	0.980	0.971	0.962	0.952	0.943	0.935	0.926	0.917
2	1.970	1.942	1.914	1.886	1.859	1.833	1.808	1.783	1.759
3	2.941	2.884	2.329	2.775	2.723	2.673	2.624	2.577	2.531
4	3.092	3.808	3.717	3.630	3.545	3.465	3.387	3.312	3.240
5	4.353	4.713	4.580	4.452	4.330	4.212	4.100	3.993	3.890
6	5.795	5.601	5.417	5.242	5.076	4.917	4.767	4.623	4.486
7	6.278	6.472	6.230	6.002	5.786	5.582	5.389	5.206	5.033
8	7.652	7.352	7.020	6.733	6.463	6.210	5.971	5.747	5.345
9	8.566	8.162	7.786	7.435	7.108	6.802	6.515	6.247	5.995
10	9.471	8.983	8.530	8.111	7.722	7.360	7.024	6.710	6.418
11	10.368	9.787	9.253	8.760	8.306	7.887	7.499	7.139	6.805
12	11.255	10.575	9.954	9.385	8.863	8.384	7.943	7.536	7.161
13	12.134	11.343	10.634	9.986	9.394	8.853	8.358	7.904	7.487
14	13.004	12.106	11.296	10.563	9.899	9.295	8.746	8.244	7.786
15	13.865	12.849	11.938	11.118	10.380	9.712	9.108	8.559	8.061
16	14.718	13.578	12.561	11.652	10.838	10.106	9.447	8.851	8.313
17	15.562	14.292	13.166	12.166	11.274	10.477	9.763	9.122	8.544
18	16.398	14.992	13.754	12.659	11.690	10.828	10.059	9.372	8.756
19	17.226	15.678	14.324	13.134	12.085	11.158	10.336	9.604	8.950
20	18.046	16.351	14.878	13.590	12.462	11.470	10.594	9.818	9.129
21	18.857	17.001	15.415	14.029	12.821	11.764	10.836	10.017	9.292
22	19.660	17.658	15.937	14.451	13.163	12.042	11.061	10.201	9.442
23	20.456	18.292	16.444	14.857	13.489	12.303	11.272	10.371	9.580
24	21.243	18.914	16.936	15.247	13.799	12.550	11.469	10.529	9.707
25	22.023	19.523	17.413	15.622	14.094	12.783	11.654	10.675	9.823
26	22.795	20.121	17.877	15.982	14.375	13.003	11.826	10.810	9.929
27	23.560	20.707	18.327	16.330	14.643	13.211	11.987	10.935	10.027
28	24.316	21.281	18.764	16.663	14.989	13.406	12.137	11.051	10.116
29	25.066	21.844	19.189	16.984	15.141	13.591	12.278	11.158	10.198
30	25.808	22.396	19.600	17.292	15.373	13.765	12.409	11.258	10.274

续表

N	10%	11%	12%	13%	14%	15%	20%	25%	30%
1	0.909	0.901	0.893	0.885	0.877	0.870	0.833	0.800	0.769
2	1.736	1.713	1.690	1.668	1.647	1.626	1.528	1.440	1.361
3	2.487	2.444	2.402	2.361	2.332	2.283	2.106	1.952	1.816
4	3.170	3.102	3.037	2.975	2.914	2.855	2.589	2.362	2.166
5	3.791	3.696	3.605	3.517	3.443	3.352	2.991	2.689	2.436
6	4.355	4.231	4.111	3.996	3.889	3.784	3.326	2.951	2.643
7	4.868	4.712	4.564	4.423	4.288	4.160	3.605	3.161	2.802
8	5.335	5.146	4.968	4.799	4.639	4.487	3.837	3.329	2.925
9	5.759	5.537	5.328	5.132	4.946	4.772	4.031	3.463	3.019
10	6.145	5.889	5.650	5.426	5.210	5.019	4.192	3.571	3.092
11	6.495	6.207	5.937	5.687	5.453	5.233	4.327	3.656	3.147
12	6.814	6.492	6.194	5.918	5.660	5.421	4.439	3.725	3.190
13	7.103	6.750	6.424	6.122	5.842	5.583	4.533	3.780	3.223
14	7.367	6.982	6.628	6.303	6.002	5.724	4.611	3.824	3.249
15	7.606	7.191	6.811	6.462	6.142	5.847	4.675	3.859	3.268
16	7.824	7.379	6.974	6.604	6.265	5.954	4.730	3.887	3.286
17	8.002	7.549	7.120	6.729	6.373	6.047	4.775	3.910	3.295
18	8.201	7.702	7.250	6.840	6.467	6.128	4.812	3.928	3.304
19	8.365	7.839	7.366	6.938	6.550	6.198	4.844	3.942	3.311
20	8.514	7.963	7.469	7.025	6.623	6.230	4.870	3.954	3.316
21	8.649	8.075	7.562	7.102	6.687	6.310	4.891	3.963	3.320
22	8.772	8.176	7.615	7.170	6.743	6.320	4.909	3.970	3.323
23	8.883	8.266	7.718	7.230	6.792	6.380	4.925	3.976	3.325
24	8.985	8.348	7.784	7.283	6.839	6.434	4.937	3.981	3.327
25	9.077	8.422	7.843	7.330	6.873	6.461	4.948	3.985	3.329
26	9.161	8.488	7.896	7.372	6.906	6.491	4.956	3.988	3.330
27	9.237	8.548	7.943	7.409	6.935	6.514	4.964	3.990	3.331
28	9.307	8.602	7.984	7.441	6.961	6.534	4.970	3.992	3.331
29	9.370	8.650	8.022	7.470	6.983	6.551	4.975	3.994	3.332
30	9.427	8.694	8.055	7.496	7.003	6.566	4.979	3.995	3.332

参 考 文 献

[1] 孔德兰. 管理会计实务[M]. 辽宁：东北财经大学出版社，2017.
[2] 余绪缨. 管理会计（第二版）[M]. 辽宁：辽宁人民出版社，2004.
[3] 韩艳华. 作业成本法与传统成本核算的区别与联系[J]. 商场现代化，2007，(2).
[4] 甄立. 传统的成本管理观念亟待转变[J]. 中国农业会计，2006，(5).
[5] 陈葭. 作业成本管理在成本和利润管理中的革新[J]. 会计之友，2004，(3).
[6] 李晓艳. 作业会计对传统会计成本观的突破[J]. 财会月刊，2003，(10).

反侵权盗版声明

举报电话：（010）88254396；（010）88258888

传　　真：（010）88254397

E-mail:　　dbqq@phei.com.cn

通信地址：北京市海淀区万寿路 173 信箱

电子工业出版社总编办公室

邮　　编：100036